Il filellenismo nella cultura italiana dell'Ottocento

PETER LANG
Lausanne - Berlin - Bruxelles - Chennai - New York - Oxford

Andrea Scardicchio (ed.)

Il filellenismo nella cultura italiana dell'Ottocento

Il secolo lungo
Letteratura italiana (1796–1918)
n°4

In copertina: Giovanni Migliara, *Veduta animata della Acropoli di Atene con la Torre dei Venti e il Partenone*, circa 1820; matita, inchiostro e acquerello su carta 205x240 mm. Collezione privata, courtesy Il Bulino Antiche Stampe, Milano.

Questo volume è stato pubblicato con il contributo della Banca Popolare Pugliese e dell'Università del Salento - Dipartimento di Studi Umanistici.

Banca
Popolare
Pugliese

Il presente volume è stato sottoposto alla procedura di doppia revisione paritaria.
This volume has been submitted to a double peer review process.

Éditions scientifiques internationales
Bruxelles, 2023
1 avenue Maurice, B-1050 Bruxelles, Belgique
www.peterlang.com ; brussels@peterlang.com

ISSN 2034-564X
ISBN 978-2-87574-629-0
ePDF 978-2-87574-630-6
ePUB 978-2-87574-631-3
DOI 10.3726/b21066
D/2020/5678/66

Information bibliographique publiée par « Die Deutsche Bibliothek »

« Die Deutsche Bibliothek » répertorie cette publication dans la « Deutsche Nationalbibliografie » ; les données bibliographiques détaillées sont disponibles sur le site <http://dnb.ddb.de>.

Indice

Nota del curatore

Nelle giornate del 27 e del 28 ottobre 2021, in pieno clima celebrativo del secondo centenario della rivoluzione greca (1821), si svolse presso l'Università del Salento di Lecce il convegno internazionale *Il Filellenismo nella cultura italiana dell'800*, di cui questo volume presenta il grosso delle relazioni. Studiosi provenienti da università italiane, greche e francesi si assunsero il compito di fare luce sull'attività di alcuni letterati non ancora esaminati dalla prospettiva del contributo offerto alla produzione di argomento filellenico del XIX secolo. Lo fecero intervenendo su segmenti specifici della produzione di autori quali Vincenzo Monti, Ugo Foscolo, Andrea Mustoxidi, Cristina di Belgiojoso, Giuseppe Pecchio, Vito Domenico Palumbo, allo scopo di dimostrare che la sensibilità *sub speciae litteraria* manifestata all'indirizzo del popolo greco e della sua lotta per la libertà non era semplicemente ascrivibile all'ammirazione per l'antichità classica o all'adesione alla moda romantica coeva, oppure ancora alla devozione verso la madrepatria come nel caso degli italo-greci Foscolo e Mustoxidi. L'analisi, quindi, di esperienze meno note di condivisione dell'afflato filellenico che proruppe in Europa a inizio secolo fino a propagarsi per tutto l'Ottocento servì a esaminare ancor più in profondità i caratteri del filellenismo italiano, anche in raffronto alla più ampia risonanza europea che scandì le tappe della riscossa greca contro la tirannia ottomana: lungo e sofferto processo storico-politico che poté contare sull'efficace opera di mediazione transfrontaliera messa in atto da un gruppo tenace di esuli delle Isole Ionie giunto in Italia nel periodo napoleonico.

Nelle vicende e nelle testimonianze documentate ora in queste pagine, dunque, contrassegnate unanimemente da un sincero, partecipe, commosso tributo intellettuale alla causa libertaria greca nel fondale dei turbolenti rivolgimenti politici che ne determinarono gli altalenanti esiti, mi pare di poter dire che trovi inveramento l'obiettivo di fondo che il convegno leccese si era prefissato: quello cioè di scrivere una nuova pagina - senza ovviamente alcuna pretesa di esaustività - dell'avvincente capitolo di storia letteraria ottocentesca che corrisponde alla stagione del filellenismo italiano. Stagione che anziché ridursi a una «passione del tempo romantico» (D'Annunzio) rappresentò invece l'occasione per rinsaldare un legame storico mai reciso, per riattivare insomma un dialogo culturale mai sopito tra Italia e Grecia, sodali nella buona e nella cattiva sorte per quello *status* di "nazioni sorelle" che le tenne unite nel tempo indissolubilmente.

Un ringraziamento sentito va a coloro che hanno reso possibile la realizzazione del convegno prima e della stampa di questo volume ora, con la partecipazione, il patrocinio o il supporto finanziario: dagli illustri colleghi intervenuti al Gruppo RRR dell'ADI; dall'Istituto Veneto di Studi bizantini e post-bizantini di Venezia al Comitato greco delle celebrazioni dei duecento anni dalla rivoluzione ellenica; dal Dipartimento di Studi Umanistici dell'Università del Salento alla Banca Popolare Pugliese. Devo alla generosa disponibilità di Claudio Gigante e Dirk Vanden Berghe la collocazione del libro nell'accreditata collana che lo ospita; alla casa editrice Peter Lang, invece, segnatamente alla pregevole consulenza di Ilaria De Seta, il merito di aver creduto e scommesso su questa nuova iniziativa editoriale.

Andrea Scardicchio

Introduzione

Franco D'Intino

Università La Sapienza (Roma)

Dal 1770, anno della ribellione ai turchi ottomani nel corso della guerra russo-turca, alla conclusione della Guerra d'indipendenza greca, e poi giù, sino all'ultimo quarto del XIX secolo, le alterne vicende dell'Ellade non smisero mai di suscitare il più vivo e partecipato interesse dell'opinione pubblica per le sorti della Grecia. Il filellenismo che ne scaturì, non importa se di matrice classica o romantica, fu un fenomeno talmente cruciale, e di così vasta portata, che pervase e influenzò gli scenari e l'immaginario politico, i programmi letterari, la produzione artistica e, più in generale, la cultura dell'Europa moderna tra Sette e Ottocento.

Il titolo del volume è una dichiarazione inequivocabile di intenti: *Il Filellenismo nella cultura italiana dell'800* non pretende affatto di abbracciare con un colpo d'occhio l'intero scenario europeo – anche se, si capisce, a esso si fa continuo riferimento, a volte per contestualizzare gli eventi storici evocati sulla scena, altre per inquadrare i programmi letterari italiani nel più ampio contesto delle strategie politiche e culturali promosse in Europa. Piuttosto, il volume si confronta da vicino con le declinazioni e gli addentellati propriamente italiani di quell'ampio fenomeno, puntando tanto a gettare una nuova luce sulla grande vitalità e sulla capillare diffusione del filellenismo nella penisola, quanto a fornire al lettore le chiavi di una esaustiva e meglio articolata conoscenza dell'intero Ottocento italiano.

Al raggiungimento di questo obiettivo cospira innanzitutto l'articolazione interna del volume in due distinte macro-sezioni, la prima delle quali inquadra il movimento filellenico in una prospettiva letteraria e storica a campo largo.

Ioannis Tsolkas inaugura la propria inchiesta dispiegando il ventaglio delle peculiarità del filellenismo italiano ottocentesco alla luce del reciproco e continuo contatto tra Italia e Grecia, le «nazioni sorelle» animate dalla «gloria dell'incivilimento» nella lotta contro l'occupazione straniera. Una volta chiarito il supporto dato da riviste come l'«Antologia» e il «Conciliatore» alla causa del movimento, lo studioso ne individua il baricentro nel marcato rilievo accordato agli eventi storici (in particolare, la cessione di Parga all'impero ottomano, 1819; l'assedio di Missolungi, 1825; e la battaglia navale di Navarino, 1827) nelle produzioni artistiche e nelle riflessioni giornalistiche dell'Ottocento, lungo un arco cronologico che muove da Ugo Foscolo e giunge sino a *Le confessioni di un italiano* (1867) di Ippolito Nievo.

Più circoscritto, invece, è l'arco preso a riferimento da Gerassimos Pagratis per la sua indagine sulla Repubblica Settinsulare delle isole ionie, istituita dalle potenze russa e turca nel 1800 come deterrente alla diffusione delle idee rivoluzionarie portate dalle armate napoleoniche, e infine sciolta e ceduta nel 1807 allo stesso Napoleone, con il trattato di Tilsit. Quale fu per il movimento filellenico primottocentesco il reale significato della Repubblica, sempre assente nelle varie ricostruzioni elaborate *a posteriori* (quella di Ioannis Filimonas, ad esempio, o l'altra di Vassilis Panagiotopoulos) delle vicende che portarono all'emancipazione politica dei greci? E cosa significò per le stesse Isole Ionie, per l'opinione pubblica internazionale, o ancora per le due potenze che a Costantinopoli, nel 1800, avevano contributo alla sua creazione? Sono queste le principali domande cui lo studioso intende rispondere nel suo contributo.

La seconda macro-sezione presenta invece una nutrita serie di primi piani su alcuni alfieri del filellenismo italiano, con esiti di grandissimo interesse e di ben marcata innovatività. A cominciare dal contributo di Angelo Colombo, che trascrive e studia con finezza la redazione originaria del sonetto *Ben vieta alle mie ciglia empio dolore* di Vincenzo Monti, tradita da un testimone manoscritto sinora sconosciuto; per passare poi alle ricerche di Andrea Scardicchio, focalizzate su due lettere inviate da Andrea Mustoxidi a Claude Fauriel, da lui recentemente scoperte nella Biblioteca Apostolica Vaticana; e giungere infine al vaglio della reale portata del filellenismo foscoliano che Christian Del Vento prima, e Francesca Sensini poi, effettuano in due distinte ricostruzioni genetiche della riflessione foscoliana sul diritto internazionale. Nuovi materiali affiorano dalle accurate indagini che Silvia Tatti e Vincenzo Bianco dedicano alle scritture odeporiche di Cristina di Belgiojoso e di Giuseppe Pecchio, autori generalmente considerati 'minori' nel panorama letterario italiano, ma che, come mostrano i due esegeti, rivestirono un ruolo di primo piano a livello diplomatico e culturale. Lo studio di Francesco Giannachi, che suggella il volume, si segnala invece per le preziose osservazioni su una figura assai poco conosciuta nell'ambito degli studi filellenici: quella di Vito Domenico Palumbo, poeta e traduttore, simbolo della minoranza ellenofona salentina del terzo quarto dell'Ottocento.

Particolarmente proficua è inoltre la decisione di ordinare i materiali della seconda macro-sezione assecondando l'ordine cronologico degli scritti via via richiamati sotto la lente di ingrandimento. L'alba degli eventi del *Filellenismo nella cultura italiana dell'800* è fissata al 1822: è l'anno in cui Monti stese i celebri tre sonetti filellenici che poi Carducci, nelle *Poesie liriche di Vincenzo Monti* a sua cura (1862), riunirà sotto la rubrica *Su la rigenerazione della Grecia*. Ma è anche l'anno in cui lo stesso poeta romagnolo diede alle stampe gli otto sonetti inclusi nella raccolta *Un sollievo nella malinconia*, uscita prima in opuscolo, poi su rivista. In questi due microcanzonieri in forma di corona poetica cala lo scandaglio Colombo, ricostruendo e ampliando con perizia la sbriciolata compagine testuale degli scritti filellenici montiani.

All'estate del 1824 risalgono invece le due lettere che Andrea Mustoxidi, discepolo di Monti a Pavia, inviò all'amico Claude Fauriel in viaggio tra Venezia e Trieste presso le comunità greche locali, alla ricerca di ulteriori materiali per il secondo volume della sua celebre raccolta di *Chants populaires de la Grèce moderne* (1824–1825). Se ne avvale Scardicchio per studiare la produzione filellenica di Mustoxidi (che va dagli scritti di storia patria del 1804 all'articolo *Alcune considerazioni sulla presente lingua de' Greci*, apparso sull'«Antologia» nel 1825) e per illustrare la posizione che quest'ultimo assunse all'interno della polemica classico-romantica, «fra i classici non pedanti e i romantici non pazzi» (lettera a Felice Bellotti, 18 luglio 1836).

Gli scavi di Bianco e di Tatti spostano decisamente il *focus* sull'esperienza reale del Paese greco maturata da due esuli italiani, entrambi autori di disincantate scritture odeporiche. Il primo in ordine di tempo è il romantico milanese Giuseppe Pecchio, il quale, giunto in Grecia nella primavera del 1825 come diplomatico in missione per conto del *London Greek Committee* (il Comitato filellenico londinese), fu testimone oculare dei tragici eventi rivoluzionari culminati con l'assedio di Navarino e la presa dell'isola di Sfactèria. Al cuore della ricerca impostata da Bianco vi è l'analisi della poetica odeporica cristallizzatasi in *A picture of Greece in 1825* (ed. italiana Lugano 1826), il resoconto che il sedicente Proteo delle pagine azzurre del «Conciliatore» affida al «New Monthly Magazine», una volta ritornato a Londra.

Nei *Souvenirs dans l'exil*, la raccolta di lettere inviate fittiziamente all'amica Caroline Joubert e pubblicate nel 1850, Cristina di Belgiojoso si confronta invece con la Grecia *reale* uscita dalla guerra d'indipendenza, e con tutti i suoi limiti: il degrado, la corruzione, l'ignoranza del diritto e di ogni buona educazione da parte del popolo, e infine il mancato rispetto per la donna. Come dimostra Silvia Tatti, l'esilio greco-turco (1849–1853) costituisce un punto di svolta biografica e letteraria nella vita della principessa, che per la prima volta nella sua carriera di intellettuale militante decise di affidare alla narrativa odeporica il compito di rilanciare l'idea e il credo del progresso oltre le fragili soluzioni politiche e sociali imposte alla Grecia dalle potenze europee.

A mo' di cerniera tra i contributi su Monti e Mustoxidi da una parte (1822–1825), e sugli esuli narratori dall'altra (1825–1850), sono collocate le ricerche di Del Vento e Sensini sugli interventi foscoliani relativi alle vicende della piccola Repubblica di Parga. Si tratta di tre scritti che coprono l'arco cronologico degli eventi compresi tra l'istituzione del protettorato inglese sull'isola (1815) e la cessione della Repubblica all'impero ottomano (1819): lo *Stato politico delle Isole Ionie* (1817), l'articolo *On Parga* (1819) e l'incompleta *Narrative of Events illustrating the Fortune and Cession of Parga* (1819–1820).

I due studiosi riflettono sugli stessi testi lavorando in polifonia, senza sovrapporsi. Secondo la tesi di Del Vento, le istanze filelleniche e orientaliste che emergono prepotentemente dall'articolo *On Parga* si attenuano vistosamente nella *Narrative*; l'etichetta che Foscolo le attribuisce nella *Lettera apologetica*, chiamandola «il volumetto intorno al nuovo diritto delle genti», suggerisce che l'opera andrebbe piuttosto collocata nell'alveo delle riflessioni sul diritto positivo inaugurate con l'orazione pavese *Sull'origine e i limiti della giustizia* (1809), e poi proseguite nei quattro *Discorsi «Della servitù dell'Italia»* (1815–1816). Dal canto suo, Francesca Sensini mette a fuoco i medesimi scritti foscoliani – stavolta, però, con particolare attenzione all'articolo *On Parga* – per rintracciarvi i riflessi del pensiero politico ormai maturo di Foscolo (posto esplicitamente sotto l'egida del realismo di Machiavelli) e i vari tasselli dell'immagine della Grecia ritratta dall'autore; per il poeta di Zante, infatti, la patria greca non fu solo un «modello storico e culturale» da studiare, ma anche un «abito etico», uno stile di vita profondamente interiorizzato.

È anche per questo motivo che, nella lettera spedita al diplomatico prussiano Jacob Salomon Bartholdy il 29 settembre 1808, l'immagine della Grecia *ideale* si incarna in quella della Grecia *storica* e moderna:

> Percorrendo la terra, cercai indarno tra popoli dotti e ingentiliti l'amore ostinato del suolo natio, l'antica ospitalità, la riverenza alla vecchiaia, la pietà materna e le altre schiette virtù che risplendevano tra la barbarie, le superstizioni, il servaggio e le tenebre della Grecia moderna.

Curiosamente, le «schiette virtù» che Foscolo vede ancora rilucere nella tenebra della modernità sono le medesime che sostanziano quell'«umanità degli antichi» cui si richiamerà Giacomo Leopardi in diverse pagine dello *Zibaldone di pensieri*, almeno a partire dal 1829. Come giustamente segnalano prima Tsolkas e poi Sensini, questo lettore innamorato della poesia e della prosa greche mai distolse gli occhi dalle vicende della guerra d'indipendenza greca (i fatti di Parga, ad esempio, ispirano l'abbozzo della *Canzone sulla Grecia*, forse del 1819; e si veda l'abbozzo di un confronto tra Grecia e Spagna in *Zib.* 3583, nell'ottobre 1823) né dalla letteratura filellenica sette-ottocentesca – in particolare, dagli scritti di Mustoxidi, cui Leopardi dedicò il *Saggio sopra gli errori popolari degli antichi* (1815), e col quale condivise, tra le altre cose, l'interpretazione della storia e della cultura greca come *continuum* (per es. in *Zib.* 995, aprile 1821, significativamente appena scoppiata l'insurrezione). Non c'è nel *Filellenismo nella cultura italiana dell'800* un contributo espressamente dedicato a Leopardi; ciò non toglie che anche l'appassionato di cose leopardiane in questo volume potrà trovare stimolanti riferimenti al fondatore della lirica moderna, che «non credett*e* d'esser poeta, se non dopo letti parecchi poeti greci».

I.

Prospettive preliminari

La diversità del filellenismo italiano nel quadro europeo

Ioannis Dim. Tsolkas

Università Nazionale e Capodistriaca (Atene)

Nell'Ottocento e nel quadro della costituzione di stati-nazioni la letteratura greca e italiana ricoprirono un ruolo importante e primario. Il reciproco e continuo contatto tra la Grecia e l'Italia ispirò molti e importanti letterati italiani e greci, dato che la Grecia occupava un posto importante nell'ideologia e nella politica del Risorgimento italiano, ma d'altra parte anche l'Italia costituiva il più significativo polo di diffusione di idee nuove per i greci.

Due nazioni con le loro speranze, le loro delusioni, le loro umiliazioni e i loro successi. Due nazioni, «sorelle nella tradizione, nella cultura, nella gloria e nelle sciagure...», che indipendentemente da opportunità politiche e diplomatiche restano luna per l'altra «terra sorella, [...] cui rallegra uno stesso sorriso di cielo, [...] con cui noi dividemmo nella storia la gloria dell'incivilimento»[1]. La civiltà era l'elemento unificatore delle lotte dei due popoli nella nascita del Risorgimento greco e italiano.

Il filellenismo italiano si distingue dalle correnti filelleniche degli altri Paesi europei. Anch'esso si sviluppa a poco a poco all'inizio del XIX secolo, ma mentre negli altri Paesi europei l'interesse per la Grecia va diminuendo, in Italia il filellenismo conosce una diffusione ulteriore.

In Italia la lotta di liberazione nazionale dei greci ebbe una risonanza notevole a causa della situazione politica in cui versava il Paese, dal momento che, come la Grecia, si trovava sotto occupazione straniera e

---

1 G. Setti, *Una recente escursione in Grecia,* in «Nuova Antologia», a. XXI, s. 3a, vol. II, n. VI, 16 marzo 1886, p. 276.

non esisteva uno Stato. Così se in Grecia i despoti erano i turchi, in Italia gli occupanti erano gli austriaci[2].

Per gli italiani scrivere della liberazione della Grecia non era soltanto un fatto di moda o di ispirazione momentanea, come in altri Paesi europei, ma un bisogno patriottico. La maggior pare degli intellettuali, letterati e politici di ogni colore, dai più importanti ai meno rilevanti, furono ispirati, composero e scrissero opere dedicate alla Grecia in rivolta. Per la lotta dei greci, ma anche per la produzione filellenica, una 'miscela' favorevole furono il 'mito' e il 'risveglio della nazione' - elementi indispensabili per il movimento romantico - la percezione dell'antica Grecia come luogo ideale per i neoclassicisti e, infine, il sentimento religioso, nonostante lo scisma, relativo allo scontro tra la Croce e la Mezzaluna[3].

Politici delle più svariate posizioni politiche e ideologiche, come Giuseppe Mazzini, Cesare Balbo, Vincenzo Gioberti, letterati che cominciarono a scrivere sulla Grecia ancor prima della rivoluzione del 1821, come Giovanni Berchet, ma anche alla fine del XIX secolo, come Giosuè Carducci, trassero in vario modo ispirazione dall'eroica lotta della Grecia.

Il materiale a disposizione degli studiosi è importante in quanto l'ampiezza di dati del filellenismo italiano è notevole, e lo spettro della produzione spazia in campi molteplici, dalla letteratura alla danza, dalla politica alla scultura, fino alla musica. Un ambiente più ospitale e favorevole allo sviluppo di sentimenti filellenici e della solidarietà nei confronti della lotta dei greci non sarebbe potuto esistere. In tal modo è

2 Il presente contributo si basa sulle seguenti fonti: I. Τσόλκας, *Η Ελληνική Παλιγγενεσία και ο αντίκτυπος της στη Λογοτεχνία της Ιταλίας κατά το 19° αιώνα*, *Διδακτορική* Διατριβή, Θεσσαλονίκη 2004 στην ιστοσελίδα του ΕΑΔΔ https://thesis.ekt.gr/thesisBookReader/ id/14565#page/l/mode/2up [I. Tsolkas, *Echi della Palingenesi greca nella letteratura italiana del XIX secolo,* tesi dottorale, Salonicco 2004, disponibile in https://thesis.ekt.gr/thesisBookReader/ id/14565#page/l/mode/2up; I.D. Tsolkas, *Gli eventi storici di Parga, G. Berchet e A. Kalvos* in «Παρνασσός» [Parnassos], vol. 45, Atene, 2003, pp. 287–298; I.D. Tsolkas, *La Palingenesi Greca e il Risorgimento Italiano* in *Il Risorgimento visto dagli altri*, a cura di M. Dillon e G. Ferroni, Roma, Edizioni di Storia e Letteratura, 2013, pp. 1–12.d); I.D. Tsolkas, *Ο συνεπής 'άγνωστος' φιλέλληνας και 'Μεσολογγίτης' Angelo Brofferio (1802–1866)* [*Il 'coerente' e 'ignoto' filelleno di Missolungi Angelo Brofferio 1802–1866*] in «Τα Αιτωλικά» *[Ta Aitolika]*, vol. 7, Atene, 2006, pp. 130–142.

3 L. Mascilli Migliorini, *Il mito della Grecia nella cultura italiana dell'Ottocento* in *Indipendenza e unità nazionale in Italia ed in Grecia*, Atti del Convegno di studio di Atene (2–7 ottobre 1985), Firenze, Olschki, 1987, pp. 50–51.

possibile spiegare lo sviluppo e la profondità del movimento filellenico e, nel contempo, l'attrazione del mondo classico e romantico per la questione greca[4].

All'inizio il filellenismo fu un'espressione di protesta contro regimi e governanti dispotici, condivisa da una parte della letteratura italiana, che cercava di individuare un comune nemico nella Santa Alleanza e negli interessi da questa portati avanti.

Fino al 1831 nell'arte filellenica italiana a dominare sono la questione di Parga, l'eccidio di Chios, l'eroica difesa e lo sgombero di Missolungi, le lotte di Suli contro il dispotismo e la tirannia, la battaglia navale di Navarino, il Trattato di Adrianopoli (Edirne), l'assassinio di Kapodistrias e l'istituzione della monarchia assoluta con l'arrivo di Ottone, assieme alle figure di eroi greci come Bòtsaris e Kanaris, e degli stranieri che sacrificarono la propria vita per la libertà dei greci, come Lord Byron e Santarosa.

Innanzitutto, vale la pena menzionare il circolo, calorosamente filellenico, della rivista letteraria «Antologia» (1821–1833), pubblicata a Firenze, che rappresentava in generale la Toscana, a cura di G. P. Vieusseux (1779–1863). Collaboratori della rivista furono dotti, poeti, filosofi e politici di primo piano, tra cui G. Capponi, G. Leopardi, P. Giordani, P. Colletta, E. Mayer, R. Lambruschini, N. Tommaseo - dal 1828–1830 autore di articoli ispirati da un sincero filellenismo -, il dotto, politico e rivoluzionario G. Mazzini, che si firmava semplicemente «un Italiano», e il giovane T. Mamiani - futuro primo ambasciatore d'Italia ad Atene - che in questa prima fase di creazione filellenica produsse ispirate poesie. Importante è la posizione assunta dall'«Antologia» all'inizio del 1821 (giunta appena al secondo numero) a proposito della Rivoluzione greca:

> Per quattro secoli la Grecia ha sofferto sotto un barbaro dispotismo... ma ha saputo mantenere inviolabile il suo carattere nazionale... Quattrocento anni di giogo ferreo, ma la lingua, i costumi, le usanze, poco differiscono da quelli che i turchi trovarono occupandola[5].

Un'altra serie di articoli, testi e interventi, tra il 1819 e il 1820, era stata suscitata dalla vendita della città di Parga da parte degli inglesi, ai quali apparteneva dal 1814, ad Ali Pascià, con il conseguente trasferimento

---

[4] Z. Ciuffoletti, *Mito e realtà della rivoluzione greca in Italia* in *ivi*, p. 44.

[5] C. Ceccuti, *Risorgimento greco e filoellenismo nel mondo dell'"Antologia"* in *ivi*, p. 80.

obbligato degli abitanti a Corfù. Tra questi ricordiamo *Exposé des faits qui ont prècèdè et suivi la cession de Parga* di Andreas Mustoxidis (Parigi, 1820), l'interesse di Ugo Foscolo (1778–1827), il «poeta nazionale italiano», ma nato a Zante, il quale nell'ottobre del 1819, all'epoca dell'esilio londinese, scrisse l'articolo *On Parga* sulla «Edinburgh Review», e l'opera solo parzialmente stampata dal titolo *Narrative ofevents illustrating the vicissitudes and the cession of Parga (1819–1820),* dal contenuto soprattutto politico e storico.

Della storia di Parga si occupò anche l'ultimo numero della rivista «Il Conciliatore» - organo dei romantici italiani -, domenica 17 ottobre 1819, con un articolo di Luigi Porro Lambertenghi (1780–1860): «Sotto ai quali i poveri abitanti di Parga, piuttosto che curvarsi hanno testé dato all'Europa l'esempio forte di emigrare e bruciare le ossa de' loro padri»[6].

Nel 1819, alla Grecia come «nostra amica, madre, nelle scienze ed arti e lettere maestra;[…] Per confortarla a confidar di vincere i turchi, bisogna ricordarle le sue antiche vittorie sui barbari […]»[7] si rivolge anche Giacomo Leopardi (1798–1837) in un abbozzo di *Canzone sulla Grecia,* affermando nello Zibaldone, il 30 agosto 1821:

> L'odierna rivoluzione della Grecia, alla quale prendono parte i greci di quasi tutti i paesi i più segregati; la quale ha riunito una nazione schiava in maniera da renderla formidabile [...] dimostra qual sia lo spirito nazionale dei greci, la ricordanza e la tenacità delle cose loro, l'unione singolarissima fra gl'individui di un popolo schiavo, l'odio che portano a quello straniero con cui e sotto cui vivono da sì gran tempo, l'odio nazionale insomma inseparabile dall'amor nazionale, e fonte di vita [...][8].

E conclude: «L'affare di Parga […] fa pure al proposito»[9] alludendo al suo interesse anche per i fatti di Parga, con tutte le caratteristiche d'ingiustizia della sua epoca, la cui conseguenza fu la Rivoluzione greca e la massiccia partecipazione di tutti i greci.

Dei fatti di Parga si occuparono tutti i maggiori intellettuali italiani del tempo imprimendo un impulso notevole alla poesia epico-lirica e patriottica. Ai romantici offrì la possibilità di cimentarsi con un

---

[6] L. Porro Lambertenghi, in «Il Conciliatore», n. 118, domenica 17 ottobre 1819.

[7] G. Leopardi, *Canzone sulla Grecia* in *Scritti vari inediti di Giacomo Leopardi dalle carte napoletane*, Firenze, Le Monnier, 1906, p. 54.

[8] G. Leopardi, *Zibaldone,* Roma, Newton, 2001, p. 356.

[9] *Ibidem.*

argomento di attualità e ai circoli patriottici di mettere alla berlina la Santa Alleanza.

Prendendo le mosse da Foscolo, Giovanni Berchet compose l'opera poetica *I profughi di Parga* (1819–1820), capolavoro poetico del romanticismo italiano. Fu stampato a Parigi e Claude Fauriel lo tradusse in francese. Nell'opera Berchet tratta dell'esilio, tema che occupa un posto di particolare rilevanza nel movimento romantico. *I profughi di Parga* ebbe una risonanza notevole e si calcola che tra il 1823 e il 1861 fu pubblicato in ventiquattro diverse edizioni, tra italiane e straniere. Alcune di queste edizioni circolavano clandestinamente in Italia, e i patrioti avevano la possibilità di copiarle, mandarle a memoria e declamarle nel corso delle loro riunioni[10].

In altre parole, a livello politico, Parga offrì lo spunto a Berchet per celebrare l'amore nei confronti della patria e mantenere inestinguibile l'odio per l'occupante. Occorre aggiungere che circa un anno dopo la pubblicazione dell'opera, Francesco Hayez raffigurò la scena dei versi 216–218, in cui tutti gli abitanti di Parga, prima di salire a bordo delle imbarcazioni che li avrebbero portati a Corfù, prendono con sé qualcosa che li aiuti a tener desto il ricordo della patria: «E chi un ramo, un cespuglio, chi svolta/ Dalle patrie campagne traea/ Una zolla nel pugno raccolta»[11].

Inoltre, il pittore esterna i propri sentimenti patriottici[12] dipingendo il proprio autoritratto nella figura alle spalle del prete. Il quadro di Hayez costituisce forse l'esempio più importante di arte figurativa romantica, così come l'opera di Berchet lo è in campo letterario.

Anche il napoletano Cesare Malpica (1804–1848) si occupò di Parga nel componimento poetico *L'orfana di Parga*[13]. Malpica, già studente di Giurisprudenza, aveva intrapreso l'attività politica sostenendo idee liberali, cosicché nel 1828 fu arrestato e imprigionato a Napoli con l'accusa di partecipazione a una congiura antiborbonica; si dedicò al giornalismo

---

10 Sull'influenza di Berchet cfr. G. Mazzini *Note autobiografiche*, in Id., *Scritti editi ed inediti*, Imola, Galeati, 1938, vol. 77, p. 14: «Parlammo… di Giovanni Berchet delle cui poesie, magnifiche d'ira italiana, moltiplicavamo allora noi studenti le copie…».

11 G. Berchet, *I profughi di Parga* in *Poesie di Giovanni Berchet*, Londra, R. Taylor, 1829, p. 38 (dalla seconda parte «Il racconto»).

12 F. Hayez, *Le mie memorie*, a cura di F. Mazzocca, Vicenza, Neri Pozza, 1995, p. 168.

13 C. Malpica, *Ore melanconiche*, Napoli, Dalla stamperia dell'Ariosto, 1836.

e fu autore assai prolifico[14]. Sulla sua scrittura grande influenza ebbero l'attività politica e l'esperienza del carcere[15]. Dalla Grecia in rivolta trasse ispirazione affermando: «Romantica fonte è questa, da far divenire poeta anche colui che ha l'anima aritmetica»[16]. Nel libro di viaggio dal titolo *La Toscana, l'Umbria e la Magna Grecia* menziona anche *L'orfana di Parga* di cui riporta i versi seguenti: «Gemebonda abbandonata/ Sta di Parga una donzella/ Su la riva desolata/ Che il Britanno profanò./ Son tre dì che della bella/ L'eco il pianto replicò»[17].

L'orfana di Parga fu scritta nel 1836 e fa parte di una serie di undici *Canti Ellenici,* secondo il titolo dato dallo stesso Malpica, con sovratitolo *Valore e Costanza.* Le opere sono: I. *Marco Bozzari,* II. *L'ultimo giorno di Parga,* III. *L'orfana di Parga,* IV. *Le donne di Scio,* V. *L'orfana di Scio,* VI. *La donzella Greca alla tomba di L. Byron,* VII. *La schiava Cristiana nel castello del Pascià di Giannina,* VIII. *La liberazione,* IX. *La Vergine di Missolungi,* X. *Canto d'un marinaro a bordo della flotta Greca,* XI. *Le Termopili*[18].

Ne *L'ultimo giorno di Parga* si scorge l'influenza di Giovanni Berchet. Quattro versi di una sestina ribadiscono con chiarezza che Parga fu acquistata e non conquistata: «Parga vinta senza guerra/ se obbedisce al traditor,/ non quell'ossa abbelliranno/ il trionfo al comprator»[19].

In entrambi i componimenti dedicati a Parga, Malpica si attiene all'arte poetica descrittiva per eccellenza. Ne *L'orfana di Parga,* che si sviluppa su sei strofe, viene descritta l'attesa di una fanciulla che evidentemente non aveva seguito i concittadini nell'esilio e sperava di veder arrivare anche lei una nave capace di sottrarla all'inevitabile schiavitù. Malpica chiude con un epilogo carico di disperazione: «Ma una nave

---

14 A. Carrannante, *Malpica Cesare* in *Dizionario biografico degli Italiani*, 68, Roma, Istituto della Enciclopedia italiana, 2007 (rinvio alla versione elettronica https://www.treccani.it/enciclopedia/ricerca/cesare-malpica).

15 E. Persico, *Letteratura filellenica italiana. 1787–1870*, Roma, Tipografia Bondi, 1920, p. 91.

16 C. Malpica, *La Toscana, l'Umbria e la Magna Grecia*, Napoli, Tip. Andrea Festa, 1846, p. 268.

17 Cit. Si tratta della prima strofa dell'*Orfana di Parga.*

18 C. Malpica, *Canti Ellenici,* in Id., *Religione, gloria e amore*, vol. II, Napoli, Tip. Raffaele Trombetta, 1842, pp. 48–81.

19 C. Malpica, *L'Ultimo giorno di Parga, ivi*, p. 51.

salvatrice/ Pur non vien di questa bella-/ Ah nel Ciel per l'infelice/ Dunque è spenta la pietà!/ Deh! di Parga all'orfanella/ Un asil chi porgerà!»[20].

Il classicista, poeta, scrittore e studioso Cesare Arici[21] (1782–1836) scrisse l'ode *I Parganiotti,* influenzato dal quadro di Hayez. È lo stesso Arici a scrivere nell'exergo: «Quadro di meraviglioso effetto, dipinto a olio da Giuseppe Hayez, per commissione del Nob. Conte Paolo Tosi»[22]. Anche Arici si attiene all'arte poetica descrittiva, come Malpica. Di fatto, descrive il quadro di Hayez così come lo vedeva, senza approfondire né evidenziare particolarmente gli ideali patriottici, tanto caratteristici del componimento di Berchet. Arici conclude il suo componimento di 28 quartine con la minaccia e la speranza della vittoria della Grecia in rivolta che si vendicherà di quanto accaduto a Parga: «Farà sua vendetta chi pianse in catena./ Di Grecia risorta nei campi t'aspetta/ Di Parga mal compra l'acerba vendetta»[23].

In questa prima fase del filellenismo italiano la presenza di eventi storici è rilevante, come dimostra il poema epico di settantuno ottave di endecasillabi scritto dall'abate Luigi Spessa e dedicato all'assedio e all'abbandono di Missolungi. Il lungo poema si dilunga nella descrizione di numerosi dettagli storici e l'autore allude persino a episodi di antropofagia[24]. Spessa conclude l'opera con l'ottimistica constatazione, tipica dei circoli classicistici, che grazie al nuovo re (ossia Ottone), la Grecia conoscerà di nuovo giorni di prosperità e serenità («E un re tu vedi giovinetto in trono/ che col regal suo lume ei sia che torni/ sereni ancor del tuo bel cielo i giorni»)[25].

La presa di Missolungi ispira anche il componimento dal titolo *La caduta di Missolongi,* opera giovanile di Angelo Brofferio (1802–1866)[26]. Giovanissimo, studente di Giurisprudenza, partecipò ai moti del 1821

---

[20] C. Malpica, *L'orfana di Parga, ivi*, pp. 54–55.

[21] N. Tanda, *Cesare Arici* in *Dizionario biografico degli Italiani, cit.*, 4, 1962 (rinvio a https://www.treccani.it/enciclopedia/cesare-arici).

[22] C. Arici, *I Parganiotti*, in Id., *Poesie e prose inedite*, Brescia, Fr. Cavalieri, 1838, p. 73.

[23] *Ivi*, p. 79.

[24] L. Spessa, *Missolungi caduta il dì 23 Aprile 1826. Stanze del professore ab. Luigi Spessa lettenella pubblica tornata dell'Ateneo di Treviso 11 Agosto 1833*, Treviso, G. Paluello,1833.

[25] *Ivi*, p. 70.

[26] Per la biografia e l'epoca di Brofferio le fonti più importanti sono: G. Verucci, *L'Italia laica prima e dopo l'unità 1848–1876,* Roma-Bari, Laterza, 1996; P. Orsi, *L'Italia moderna (1750–1923),* Milano, Hoepli, 1923; A. Giardina, G. Sabbatucci, V. Vidotto, *Profili storici dal 1650 al 1900,* Roma-Bari, Laterza, 1997; F. Bertolini,

in Piemonte per la liberazione dall'Austria assieme a Santorre de Rossi di Santarosa (1783–1825), Cesare Balbo (1789–1853), Luigi Ornato (1787–1842) e Luigi Provana Del Sabbione (1786–1856). Brofferio, coerente radicale, combattente per gli ideali della libertà e dell'unità d'Italia, fu influenzato dalla lotta dei greci e scrisse *Scene elleniche* con riferimenti sia alla Grecia moderna sia alla Grecia antica.

Questo 'apostolo della libertà' fu a più riprese ispirato e commosso dalla questione greca: durante la fase 'calda' della lotta di liberazione nazionale, ma anche dopo il 1830 e la nascita del primo Stato greco.

In questa prima fase viene a sapere della presa della Sacra Città di Missolungi (tra il 9 e il 10 aprile 1826). Ispirato dall'evento e temendo per il futuro della Rivoluzione, così come tutti i patrioti e intellettuali avversari della Restaurazione e della Santa Alleanza, nel prologo dell'ode *La caduta di Missolongi,* tradotta e pubblicata[27] a Parigi e inedita in greco, scrive il 17 maggio 1826:

> Niuna sublime impresa è più degna nel secolo nostro di essere a lungo avvenire conservata, che la costanza e il valore di un popolo già per sei anni dalle guerre miseramente desolato per la indipendenza, e la religione della propria terra. La giustizia ha preso le armi contro l'oppressione, il coraggio ha trionfato del numero, e la bandiera della Croce si è veduta, come nei campi della Palestina, risorgere in mezzo alle sconfitte degli infedeli. Già la dura schiavitù degli Elleni toccava al suo termine, e già la fede di Cristo si prometteva nuovi successi, e più belle vittorie... Ma ecco smarrirsi ad un tratto le più felici speranze, e dal sommo dell'allegrezza piombare la Grecia nell'estremo del dolore[28].

Straordinario nel rappresentare la delusione suscitata in lui dalla notizia della presa della città, l'espone attraverso un ventaglio di sentimenti che vanno dalla gioia derivante dall'andamento fino ad allora positivo della lotta di liberazione, allo sconforto e alla disperazione.

Storia del Risorgimento italiano, vol. II, Milano, 1889; *Dizionario bio-bibliografico e indici. Gli autori*, vol. I, Torino, Einaudi, 1990; *Enciclopedia Italiana fondata da G. Treccani,* vol. VII, [1930], Roma, 1949; *Dizionario letterario Bompiani degli Autori*, vol. I, Milano, Bompiani, 1968.

27 L. Lajolo, *Angelo Brofferio, uno spirito libero,* in *Bicentenario di Brofferio e Siccardi,* Torino, I tascabili di Palazzo Lascaris, n. 16, 2003, p. 12.

28 A. Brofferio, *La caduta di Missolongi,* Parigi, Dai Torchi di Firmino Didot, 1826, p. 1.

Di particolare importanza la chiusa dell'ode, in cui maledice i non pochi mercenari europei che rinforzavano la fanteria e la marina ottomane combattendo contro i greci cristiani, augurandosi che vivano una vita lunga e piena di dolori, sia loro sia i loro figli: la condanna morale contro i traditori dei principi e degli ideali è un motivo caratteristico della poesia patriottica italiana dell'epoca.

Nel seguito vediamo in che modo descrive i combattenti di Missolungi: «Grecia sorge. Nel sangue de' vinti/ Seguitando l'ultrice fortuna/ Sul domato segnai della Luna/ Pianta il sacro vessil di Gesù»[29].

Anche la natura e il cielo condividono la muta sofferenza della città conquistata:

> Già l'Eccidio con mano di sangue/ Ha spezzato le mura e le porte/ Il Terror, la Vendetta, e la Morte/ Già stan sopra la muta città./ Delle stragi all'orribile aspetto/ Si fa un manto di nuvole il Cielo/ La Natura si cuopre di un velo/ Che la porge la mesta Pietà[30].

Nel finale, Brofferio maledice i traditori:

> Nell'esilio dei figli di Adamo/ Anzi che abbian la strada compita/ Soffran lunga, e penosa la vita/ Nel rimorso, nell'onta, e nel duol,/ E allor quando sull'ali degli anni/ Venga il dì che la vita dissolve,/ Ne disperdano i venti la polve,/ Che rifiuti di accogliere il suol[31].

Un altro tema storico che ispirò i dotti italiani fu la battaglia navale di Navarino. I reazionari cominciarono a occuparsi di Grecia a intervento ormai avvenuto delle Grandi Potenze europee dell'epoca, ma celebrando con una serie di odi la Santa Alleanza e non la Grecia, e dopo che i liberali tacquero ritenendo un errore imperdonabile l'accordo del 6 luglio 1827 con la battaglia navale di Navarino[32].

L'abate Giuseppe Borghi compose *La battaglia di Navarino,* esempio di poesia eroico-encomiastica, ma soprattutto di ispirazione religiosa, dal momento che la vittoria dei greci contro i turchi viene considerata un'opera divina[33]. Su quest'opera notevole fu l'influenza esercitata dagli

---

[29] Brofferio qui si riferisce da un lato alla mezzaluna e dall'altro alla croce.

[30] *Ivi*, p. 7.

[31] *Ivi*, p. 8.

[32] E. Persico, *Letteratura filellenica italiana*, *cit*, p. 76.

[33] G. Borghi, *La battaglia di Navarino,* in *Poesie liriche di Giuseppe Borghi*, seconda edizione riveduta e corretta dall'autore, Firenze, G. Giorgi, 1845, vol. II, pp. 18–22.

Inni Sacri di Alessandro Manzoni, in particolare la *Resurrezione,* con cui condivide la stessa tematica trionfale.

Un legato importante è costituito dall'opera poetica *Fasti della Grecia nel XIX secolo*[34] di Antonio Mezzanotte, professore di Medicina all'Università di Perugia, grecista, membro dell'Arcadia e traduttore di Pindaro, il quale ripercorre le maggiori tappe storiche della rinascita nazionale greca con odi, inni, canti di forma classica. Egli suddivide il libro in ventiquattro capitoli, ognuno dei quali è preceduto da una premessa di contenuto storico, rigorosamente di una sola pagina. L'autore, pertanto, crea l'epos della Grecia moderna, come si evince già dal titolo, che riemerge dopo la rottura creata da secoli di servaggio. L'opera si apre con la morte del Patriarca Ecumenico Gregorio V, e continua con la rivolta generale dei greci.

Notevoli sono la celebrazione delle eroine greche e delle imprese di Markos Bòtsaris, che si concludono con la sua morte a Karpenisi, delle vittorie riportate dalla flotta greca dopo l'eccidio di Psarà, e la celebrazione delle imprese compiute da Nikitaràs nel 1825 nella Grecia occidentale. Ma forse le tre odi più importanti sono quelle che descrivono l'assedio della Sacra Città di Missolungi e l'eroico abbandono da parte degli assediati.

La menzione dei grandi successi riportati da Karaiskakis e della morte di quest'ultimo, la battaglia navale di Navarino - culminante nell'ode *Alla Nuova Grecia* dopo la rivoluzione e la formazione del primo embrione di Stato greco -, completano il tributo che Mezzanotte rivolge ai trionfi della Grecia contemporanea. Mezzanotte inviò la sua opera a Re Ottone, dal quale l'autore ricevette una lusinghiera risposta[35].

Oltre alla vastità tematica, rappresentativa, forse, di tutto il movimento filelleno, colpiscono l'arco temporale e la descrizione di eventi che si svolgono nel corso di dodici anni, a partire dalla tragica morte del Patriarca Ecumenico Gregorio V fino all'assassinio di Kapodistrias e all'ascesa al trono di Ottone. Occorre inoltre evidenziare la corretta narrazione e descrizione del paesaggio, particolarmente importanti nel caso di autori che non hanno mai visitato la Grecia e in un periodo in

[34] A. Mezzanotte, *Fasti della Grecia nel XIX sec. Poesie liriche,* Pisa, Tip. N. Capurro e comp., 1832.

[35] G. Muoni, *La letteratura filellenica nel Romanticismo italiano,* Milano, Società editrice libraria, 1907, p. 64.

cui l'aggiornamento e l'informazione non erano agevoli. Mezzanotte ad esempio descrive magistralmente Missolungi, la montagna di Arakynthos, Klìsova, Vasiladi e le imprese militari compiute in quei luoghi.

L'autore ammira e celebra la Grecia per la preziosa e agognata libertà con il sentire del classicista che trae alimento dall'antica civiltà, così come il riferimento alla guerra di religione e alla solidarietà 'da crociata' è frutto del pensiero e della scuola classici[36]; la descrizione del trasferimento della Santa Croce da Samotracia a Idra, per sottrarla ai maomettani, ha appunto lo scopo di enfatizzare l'aspetto religioso della guerra, così come il gesto dell'ammiraglio Miaoulis che depone la spada sull'altare, supplicando e pronunciando il seguente giuramento:

> Per la tua Croce, e per la Patria, io giuro/ Pugnar, tutto versando il sangue mio:/ Sotto l'usbergo di tua Fè securo,/ Bella chiamar potrò la morte anch' io./ E Voi, [...], o generosi Martiri di Scio,/ Porgete a Lui, che l'Eliade protesse,/ il giuramento, che il mio labbro espresse/[37].

Dalla lotta della Grecia viene ispirato anche Cesare Balbo (1789–1853). Il leader moderato e mentore di Camillo Benso conte di Cavour è forse uno dei primi a occuparsi della lotta di liberazione nazionale dei greci.

Nell'opera *Considèrations sur le soulèvement des Grecs* (1821), scritta soltanto quattro mesi dopo l'inizio della Rivoluzione, Balbo descrive il valore militare dei greci e il modello di una nazione che rinasce, ma il punto più importante è che in quest'opera si ravvisano i primi accenni al concetto di civiltà cristiana, che occuperà parte considerevole della storiografia della prima metà del XIX secolo[38].

Qui Balbo sottolinea la differenza tra la Rivoluzione greca e le rivoluzioni precedenti, descrivendo, con straordinario piglio filellenico, la situazione e il buon diritto dei greci:

> I turchi... I più tiranni tra i tiranni, i più stranieri tra gli stranieri! I più barbari tra i barbari! Un'orda di briganti accampati ancora sotto le tende, che dopo quattrocento anni ancora non sono riusciti a insediarsi nel centro

---

36 E. Persico, *Letteratura filellenica italiana*, *cit.*, p. 81.

37 Cfr. A. Mezzanotte, *Fasti della Grecia nel XIX sec.*, *cit.*, p. 105.

38 I. *Τσόλκας*, *Η Ελληνική Παλιγγενεσία και ο αντίκτυπος της στη Λογοτεχνία της Ιταλίας κατά το 19° αιώνα*[I. Tsolkas, *Echi della Palingenesi Greca nella letteratura italiana del XIX secolo*], *cit.*, p. 95.

della lingua più elegante, nel centro della civiltà europea, nel centro della Cristianità, occupati com'erano a mantenere soprattutto se stessi e cercando di trasmettere ai loro servi sventurati il barbaro idioma che parlano, i rozzi costumi che hanno, la religione assurda e infame che professano! Un popolo intero ridotto al servaggio [...] ha trovato la forza di sollevarsi, [...] senza proclamare altro diritto che quello, imprescrittibile, alla libertà e alla vendetta, e si appella al nome di Dio, al nome di Cristo, giurando soltanto su questi e desiderando vincere soltanto con questi, e suggellando col sangue i giuramenti a essi prestati [...][39].

Completiamo con Terenzio Mamiani (1799–1885), primo ambasciatore dello Stato italiano ad Atene (1861–1863)[40]. Illustre esponente delle lettere italiane del XIX secolo fu, tra le altre cose, ministro dell'Istruzione (1860–1861) nel governo Cavour e fino alla fine della sua vita fu riconosciuto e onorato dallo Stato italiano[41]. Fu autore e dotto assai prolifico, e la sua formazione culturale si deve soprattutto alla frequentazione del circolo della rivista «Antologia» di Vieusseux, che lo aiutò a maturare e a definire il campo di valori in seguito conosciuto come 'cattolicesimo liberale'. La sintesi del suo pensiero filosofico è costituita dai due volumi, pubblicati nel 1865, dal titolo *Confessioni di un metafisico,* in cui il sistema definitivo della sua ontologia e cosmologia viene integralmente illustrato.

Nell'ambito della creazione dello Stato unitario italiano, egli, al pari di altri illustri dotti italiani, trovò nella Grecia la scintilla e il conforto per accendere la fiamma del sollevamento nazionale[42].

Mamiani è uno dei filelleni che, per tutta la vita, serbò intatta nel cuore l'ammirazione sia per la Grecia classica sia per l'ideale neoellenico della libertà e dell'indipendenza nazionale.

---

39 M. Avetta, *Uno scritto inedito di Cesare Balbo sull'insurrezione greca del 1821,* in «Il Risorgimento Italiano rivista storica», anno VI, fasc. 4, luglio-agosto 1913, p. 639.

40 A. Brancati, *Mamiani Della Rovere Terenzio,* in *Dizionario biografico degli Italiani, cit.*, 68, 2007 (rinvio a https://www.treccani.it/enciclopedia/mamiani-della-rovere-terenzio).

41 Onorificenze e omaggi come: «Fu membro del Consiglio di Stato, vicepresidente del Senato, vicepresidente del Consiglio superiore della Pubblica Istruzione (1868–84) e membro del Consiglio del contenzioso diplomatico. Nel 1872 Roma gli concesse la cittadinanza onoraria insieme con Alessandro Manzoni e Gino Capponi e lo elesse consigliere comunale a vita».

42 I. Τσόλκας, *Η Ελληνική Παλιγγενεσία και ο αντίκτυπος της στη Λογοτεχνία της Ιταλίας κατά το 19ο αιώνα*, Διδακτορική Διατριβή, Θεσσαλονίκη 2004 [I. Tsolkas, *Echi della Palingenesi greca nella letteratura italiana del XIX secolo,* tesi dottorale, Salonicco, 2004], *cit.*, pp. 6–7.

Ancor giovane, nel 1829, pubblicò a Lugano, con lo pseudonimo di Arnaldo, una raccolta di versi che intitolò *Rime Volgari di Arnaldo,* contenente *Sei Canzoni filelleniche:* il libro era dedicato alla donna amata, ormai defunta, e in esso l'autore spiega di aver adottato il nome Arnaldo perché, come lui, anche il trovatore provenzale era stato l'amante più celebre ma anche più riservato[43].

> Sotto il nome di Arnaldo si nasconde uno dei più colti, ed insiememente de' più gentili Cavalieri della nostra Italia, il quale persuaso non esservi che una via che conduca alla gloria, e le altre tutte fallaci ed incerte, su le pagine immortali de' classici, unici maestri del retto e del bello, diremo coll'inimitabile Venosino, *sudavit et alsit:* e ben ne ottenne il premio; che lui ancor giovinetto onorarono di amicizia e di Iodi il Monti e il Perticari, e l'incoraggiarono, né senza prò, a seguire la nobile impresa di farsi chiaro negli studi[44].

Nelle *Lettere dall'esilio* Mamiani spiega che ha cominciato a familiarizzare con la scrittura poetica attingendo ispirazione e idee dai classici, la cui presenza verrà riconosciuta spesso dai lettori nella raccolta di poesie intitolata *Juvenilia,* anch'esse comprendenti alcune odi dedicate alla Grecia[45].

Nell'introduzione alla raccolta l'autore si rivolge al lettore spiegando che le date preposte a ciascuna ode hanno lo scopo di delimitare l'ambito nel quale si pongono. La stessa introduzione è presente nella ristampa del 1836 in cui Mamiani spiega:

> Mentre la causa del popolo greco pendeva incerta, lecito era per soccorrere quella schiatta gloriosa e infelice, di portar voti ed encomj innanzi al trono di tali che riscossero da poi il biasimo e l'indignazione d'Europa[46].

---

43 G. Muoni, *La Letteratura filellenica nel Romanticismo Italiano, cit.*, p. 43.

44 T. Mamiani, *Rime Volgari di Arnaldo* in «Poligrafo giornale di Scienze Lettere ed Arti», Verona, vol. III (novembre), 1830, p. 18.

45 T. Mamiani, *Lettere dall'esilio.* Raccolte e ordinate da E. Viterbo, Biblioteca Storica del Risorgimento italiano, serie II, n. 5–6, Società Editrice Dante Alighieri, Roma, 1899 (versione elettronica University of Toronto Library 2009, tratto da https://archive.org/details/letteredallesil00rovegoog), pp. 51–52.

46 T. Mamiani, *Juvenilia* in Id., *Poesie*, Firenze, Le Monnier, 1857 (versione elettronica University of Oxford Library of the Taylor Institution 1937, tratto da http://books.google.com), p. 316.

Poeti filorussi, tra cui anche Mamiani, versificatori maldestri ma diplomatici consumati, nei loro componimenti accennano all'eco del Trattato di Adrianopoli e al ruolo della Russia negli affari politici e nella guerra contro gli Ottomani[47].

Mamiani già in una fase precedente si era rivolto allo zar Alessandro I con un'ode (sei strofe di tredici versi più una strofa conclusiva di sette versi) dal titolo *Alla Imperiale maestà di Alessandro I* (1824), in cui esprime le proprie perplessità in merito al ritardo dello zar di Russia nell'attaccare gli Ottomani. Pertanto, di fronte all'aspettativa della vendetta divina («A l'aspettata in ciel sacra vendetta»), l'autore invita il sovrano ad affrettarsi domandandosi quale sia la ragione dell'impedimento: «Vedi la man che t'à sortito a l'opra / Come par dalle nubi e come indice [...] Che fai dunque, Signor, che più s'allenta / La tua virtude e la grand'ira tace?» senza dare ascolto a Markos (Bòtsaris) che ruggisce come un leone spargendo ovunque il sangue crudele degli Ottomani («Che di Marco il leon mosse a' ruggiti, / Che vermigli nel reo sangue ottomano»). Non pensa, lo zar, alle rovine, al fuoco, alle stragi, alla cenere ancora calda lasciata dai turchi dopo l'eccidio di Patrasso? («E le fiamme e le stragi e le ruine / Onde pur caldo il cener di Patrasso»)[48].

Nel secondo componimento rivolto a uno zar, dal titolo *Alla Imperiale maestà di Nicolao I* (1827) (sette strofe di diciassette versi), si rivolge di nuovo con fervore e speranza al sovrano di Russia scongiurandolo di intervenire lui contro gli Ottomani[49]. L'autore gli consiglia di non perdere altro tempo perché «mille vedrai spade fuggir dalla vagina», e lo esorta a combattere contro il nemico fino ai confini della terra («Guerra dai gorghi ove fu merso Achille,/ Guerra risonerà fino alle prode / Ove salda di ghiaccio è la marina»), giacché la terribile mano indebolirà il barbaro ed è scritto nel sangue che Dio onnipotente lo sconfiggerà[50].

Una particolare menzione Mamiani, così come la maggioranza dei letterati italiani, la riserva alla personalità e al coraggio di Markos Bòtsaris in un componimento del 1826 dal titolo *Invocazione dello stratego di Missolungi alla morte* (nove strofe di dieci versi), in cui l'eroe di Suli, al

---

47 G. Muoni, *La letteratura filellenica nel Romanticismo italiano, cit.*, p. 62.

48 *Poesie di Terenzio Mamiani, per la prima volta unite e ordinate con aggiunta di molte inedite,* Parigi, Baudry, 1843, pp. 345–348.

49 G. Muoni, *La letteratura filellenica nel Romanticismo italiano, cit.*, p. 63.

50 *Poesie di Terenzio Mamiani, per la prima volta unite e ordinate con aggiunta di molte inedite, cit.*, pp. 353–357.

termine di una vita costellata di battaglie vittoriose e leggendarie contro i turchi, trova la morte a Kefalòvryso, presso Karpenisi, la notte del 20 agosto 1823 contro i soldati di Mustafà Pascià diretto a Missolungi.

Caratteristici sono gli ultimi versi, che da una parte descrivono il coraggio di Bòtsaris e dall'altra sorprendono piacevolmente per le modalità in cui viene celebrato il sacrificio del condottiero greco: Bòtsaris non esita a supplicare, a scongiurare la benedetta terra di Grecia di accogliere il suo sangue. La Grecia, magnanima, culla di eroi, madre benigna e veneranda, santa, forte e giusta, piange con devozione e Markos la esorta a elevarsi, a vendicarsi in nome di tutti i combattenti, a opporsi al fato avverso, a ravvivare la fiamma nel cuore e a punire gli empi.

> O Grecia, o suol che io bacio ancora, augusta
> Culla d'eroi, madre benigna e pia
> Tutto il mio cor t' invia
> Tutta l'alma ti grida ultimo vale.
> O santa, o forte, o giusta,
> Il mio sangue ricevi, e in mezzo all'ira
> E alla pietà sospira
> Sorgi, vendica noi, sforza il letale
> Fato, raccendi i cor, fulmina, piomba
> Sugli empi, o sia di te solo una tomba[51].

La scelta tematica di Mamiani indica da un lato l'attenzione e lo scetticismo con cui il poeta si pone rispetto agli eventi, e dall'altro che la poesia, senza perdere nulla del suo fascino, può diventare un forte mezzo di civilizzazione, partecipando al nuovo mondo e alle questioni politiche e sociali, incitando mediante le immagini e le emozioni quanti non riesce a convincere la razionalità delle argomentazioni. È ancora Mamiani, infatti, ad affermare che:

> Nella canzone *all'Imperatore Nicolao* I in quella sulla *Umana felicità* e nell'ode su *Missolungi* paiono già talune faville di novità, anzi ve adombrata una forma di canzone morale e politica a cui, per vantare un carattere proprio, manca solo a quel che mi sembra più fermezza, più spontaneità e più invenzione di stile[52].

---

[51] *Ivi*, p. 352.

[52] T. Mamiani, *Lettere dall'esilio*, *cit.*, p. 52.

Il grande scrittore Ippolito Nievo (1831–1861), combattente, patriota e uno dei Mille della spedizione di Garibaldi, nel romanzo forse più importante dell'Ottocento per la letteratura italiana, *Le confessioni di un italiano*, dedica cinque capitoli (dal 19 al 24) alla rivoluzione greca e alla Grecia rivoluzionaria nell'Ottocento. Sottolineando la rivoluzione dei greci, il figlio primogenito dell'eroe che viene in Grecia, afferma:

> Ecco ch'io ho diviso il mio cuore fra le due patrie più grandi e sventurate che uomo mai possa sortire nascendo. [...] Fu soltanto al toccare il suolo della Laconia che mi sentii ruggir nel cuore lo spirito delle antiche spartane. Qui le donne sono le compagne degli uomini non le ministre dei loro piaceri. La moglie e la sorella di Tzavellas precipitavano dalle rupi di Suli sassi e macigni sulle cervici dei Musulmani cantando inni di trionfo[53].

Le opere letterarie prese in esame dimostrano l'esistenza di una corrente filellenica con caratteristiche particolari. Esse costituiscono una delle dimensioni in cui si sviluppò la collaborazione tra Grecia e Italia. Due nazioni con le loro speranze, le loro delusioni, le loro umiliazioni, i loro successi.

---

[53] I. Nievo, *Le Confessioni d'un Italiano*, Roma, Gherardo Casini editore, 1968, pp. 688–689.

I Greci delle Isole Ionie e il filellenismo. La Repubblica Settinsulare (1800–1807)

Gerassimos D. Pagratis

Università Nazionale e Capodistriaca (Atene)

Tra i fattori che favorirono la manifestazione di sentimenti filellenici sul piano morale, materiale, militare e politico durante lo scoppio della Rivoluzione greca sono da annoverare, tra l'altro, le idee politiche coltivate negli anni dell'Illuminismo, come il liberalismo e il radicalismo rivoluzionario, l'ammirazione per l'antica civiltà greca, il romanticismo, l'emozione per i primi successi dei rivoluzionari, le atrocità turche, ecc.[1].

Uno dei temi di ricerca più significativi è il contributo degli stessi Greci allo sviluppo del movimento filellenico che coinvolse l'opinione pubblica internazionale. Oltre a studenti e intellettuali greci della diaspora, ad altri membri delle principali comunità greche in Europa che vennero influenzati dalle idee illuministe ed ebbero legami con le comunità locali facilitando la diffusione del filellenismo, un certo ruolo ebbero anche alcuni viaggiatori europei interessati allo studio dei centri della cultura classica, che nello stesso tempo diffusero immagini dei Greci loro contemporanei, a volte tentando anche correlazioni con l'antichità.

Molto dibattuti sono stati anche i limiti cronologici relativi alla manifestazione del filellenismo, soprattutto per quanto riguarda le origini del fenomeno, e in particolare il ruolo che la rivolta appoggiata dai fratelli Orlov nel Peloponneso (Orlofikà) ebbe come preludio alla Rivoluzione

---

1 La bibliografia sul filellenismo è molto vasta. Vedi in particolare L. Droulia, *Philhellénisme. Ouvrages inspirés par la guerre de l'indépendance grecque 1821–1833. Répertoire bibliographique*, Atene, Fondation Nationale de la Recherche Scientifique, 1974. Vedi anche in https://www.openarchives.gr/aggregator-openarchives/portal/search?keywords%5B0%5D.value="φιλελληνισμός"&page.page=1 (ottobre 2021).

greca, durante il quale si formarono e si diffusero nel mondo europeo le immagini di una insurrezione scoppiata grazie all'intervento russo, il cui fallimento, però, gravò esclusivamente sulla popolazione locale. Nel periodo delle rivolte degli Orlov si possono rintracciare le prime fasi della formazione di potenti comunità greche nella Russia meridionale, così come di un gruppo di persone che avrebbero prestato servizio nell'esercito russo e avrebbero sostenuto i progetti rivoluzionari dei Greci in una prospettiva russa.

Il presente studio si concentra sull'esame degli effetti che l'istituzione nel 1800 della Repubblica Settinsulare (d'ora in poi RS) produsse sulla formazione del movimento filellenico. Su questo caso particolare sono state espresse diverse posizioni, che a volte convergono e a volte divergono nettamente dal punto di vista da cui si affronta di solito la storia di questa entità statale e se ne esamina il grado di indipendenza.

Il primo Stato fondato da Greci nel 1800 fu un modello e un precursore della libertà greca? In altre parole, suscitò aspettative di indipendenza nazionale tra i Greci, quando si resero conto che alcuni loro connazionali erano riusciti nel loro intento e che dunque una speranza di successo esisteva anche per gli altri? Il costituirsi della Repubblica Settinsulare provocò sentimenti di simpatia in ambienti stranieri, che sarebbero stati incanalati, al momento opportuno, in atti di sostegno alle lotte rivoluzionarie? Queste domande indicano gli assi attorno ai quali ci muoveremo concentrandoci in particolare su cosa significasse la Repubblica Settinsulare: a) per le due potenze che avevano contribuito alla sua creazione, b) per le Isole Ionie stesse, e c) per Greci e stranieri.

La RS fu il prodotto dell'incontro dei timori russi per la rapida diffusione delle idee della Rivoluzione francese attraverso Napoleone Bonaparte, loro principale "propagandista armato", con posizioni analoghe da parte degli Ottomani. Tale comunità d'intenti avrebbe aperto la strada a un'alleanza che sarebbe culminata nella firma, il 21 marzo 1800, del Trattato di Costantinopoli con cui fu istituito lo Stato Ionio sotto il controllo russo e ottomano e con il consenso degli Inglesi[2].

In base ai trattati di fondazione, il nuovo Stato godeva di una limitata indipendenza in politica interna ed estera, condizione che si accentuò dal 1802 in poi, quando i Russi vi stabilirono la loro base navale nel

---

[2] N. Saul, *Russia and the Mediterranean 1798–1807*, Chicago, Chicago University Press, 1970, p. 96 e ss.

Mediterraneo, assumendo non solo la difesa ma anche l'effettivo controllo generale dello Stato ionio. Nell'attuazione di questa politica, un ruolo decisivo fu svolto da Giorgio Mocenigos, il plenipotenziario dello zar, che con vari interventi in quasi tutte le funzioni della RS sarebbe diventato il personaggio-chiave di questi sviluppi.

A. Il modo in cui le due potenze vedevano lo Stato da esse attivamente sostenuto si riflette eloquentemente nel vocabolario delle Costituzioni ionie e in altre leggi fondamentali della RS: uno Stato tributario del sultano, sotto la protezione dello zar, con un esercito guidato dalla Russia, una flotta mercantile che si muoveva in base a un firmano sultaniale e batteva bandiera russa o settinsulare, ecc.

La bandiera scelta nei negoziati di Costantinopoli riuniva in sé vari simbolismi e obiettivi politici. Il leone di San Marco, nella parte centrale dell'emblema ionio, seppur leggermente modificato, era il punto di convergenza dei tre poli che regolavano le sorti della RS.

Per la comunità locale, che era rappresentata nelle trattative da membri di famiglie aristocratiche, simboleggiava il predominio delle strutture statali e delle gerarchie sociali dell'Ancien Régime, in questo caso del periodo veneziano, con l'unica differenza del voto e dell'attuazione di una Costituzione.

Per i Russi i motivi di soddisfazione erano le strutture conservatrici del nuovo Stato ma anche il suo carattere ortodosso, evidenziato dalla rimozione dalla bandiera della scritta latina PAX TIBI MARCE EVANGELISTA MEUS, e dall'aggiunta, sopra il Vangelo che regge il leone, di una croce con l'asse verticale.

Grazie a una serie di interventi successivi, i Russi avrebbero promosso la RS come la loro prima acquisizione territoriale nel Mediterraneo e ne avrebbero usato la flotta come mezzo per commercializzare la produzione di grano della Russia meridionale e per soddisfare le esigenze di consumo degli abitanti dell'Eptaneso.

Per gli Ottomani che comunicavano tradizionalmente, come i Veneziani e i Russi, con un numero ristretto di esponenti delle classi privilegiate, l'inserimento del simbolo veneziano in un riquadro rosso e l'indicazione dell'anno di fondazione della RS secondo l'anno dell'Egira (1214 = 1800)[3] simboleggiavano l'integrazione del leone di San Marco nel sistema politico ottomano dopo secoli di tentativi infruttuosi.

---

[3] Sebbene le bandiere superstiti non rechino indicato l'anno di costituzione dello Stato secondo la datazione in base all'anno dell'Egira, ciò non significa che tale

La concessione di una serie di privilegi ai mercanti e agli imprenditori dell'Eptaneso mirava a formare un altro gruppo di mercanti e proprietari di navi che riconoscessero la sovranità del sultano e la protezione dello zar, e godessero, in cambio, di condizioni preferenziali di commercio marittimo nell'area ottomana e nel Mar Nero. Avrebbero così potuto soddisfare il fabbisogno in generi alimentari e in materie prime delle zone della Nuova Russia e di Costantinopoli, gli interessi dei produttori di grano russi, dei mercanti e capitani di navi settinsulari, e dei mercanti inglesi con sede a Livorno che ricevevano la maggior parte di questi carichi.

B. L'opinione che gli Ioni avevano del loro Stato è riscontrabile a vari livelli: sul piano istituzionale, come si riflette nei testi ufficiali, e nelle posizioni di persone che erano in qualche modo legate alla RS. I più importanti dei testi istituzionali, le Costituzioni, ben cinque in soli otto anni, rispecchiano le priorità non solo delle forze che contribuirono alla creazione della RS, ma anche degli Ioni che parteciparono alle trattative per la loro stesura e riuscirono a farvi valere la propria posizione: nella proposta della commissione costituente presso l'assemblea legislativa del 1803 si sottolineava che gli Ioni avrebbero rivendicato il "luminoso nome di Greco e di Cittadino" («λαμπρό όνομα του Έλληνα και του Πολίτη»)[4].

Per Ioannis Capodistrias, uno dei personaggi-chiave della Repubblica Settinsulare, come si evince da un suo memorandum scritto il 22 settembre 1815 in qualità di plenipotenziario dello zar nelle trattative per la firma del Trattato di Parigi, memorandum diretto a Robert Stewart, visconte di Castlery e procuratore del re d'Inghilterra, la modifica della protezione russa in quasi completa sovranità avvenne su richiesta delle autorità ionie per salvare le Isole dal disordine e dai conflitti causati dai Russi, dagli Ottomani e da agenti di potenze straniere[5].

---

data non vi venisse riportata, come conferma I. Capodistrias. *Αρχείον Ιωάννου Καποδίστρια*, Γ'[III], Corfù, Εταιρεία Κερκυραϊκών Σπουδών [Eteria Kerkyraikòn Spudòn], 1980, pp. 314–316.

4 A. Nikiforou (a cura di), *Συνταγματικά Κείμενα των Ιονίων Νήσων*, p. 421.

5 P. Chiotis, *Ιστορία του Ιονίου Κράτους από συστάσεως αυτού μέχρις Ενώσεως (έτη 1815–1864)*, Zante, Τυπογραφείον η Επτάνησος [Tipografeion I Eptanisos], 1874, pp. 23, 25. *Αρχείον Ιωάννου Καποδίστρια*, V, Corfù, Εταιρεία Κερκυραϊκών Σπουδών [Eteria Kerkyraikòn Spudòn, 1984, pp. 96–107. Si veda a riguardo anche Z.N. Tsirpanlìs, *Υπομνήματα και Έκθεσις του Ιωάννη Καποδίστρια (1809–1822). Προβλήματα και έρευνα*, in «Επετηρίς της Φιλοσοφικής Σχολής του Πανεπιστημίου Ιωαννίνων», VI, 1977, pp. 99–133. Le idee della citazione sono ampiamente riprodotte nel testo

Questi ultimi avevano identificato i propri interessi con quei gruppi di cittadini ioni che Capodistrias chiamava rispettivamente democratici e nobili. Capodistrias riteneva che con l'arrivo dell'esercito russo nel 1802 e l'insediamento del plenipotenziario zarista a Corfù le cose erano subito migliorate, grazie anche alla carta costituzionale che aveva recato soltanto progressi, soprattutto nella scienza del governare, senza specificare se egli intendesse la Costituzione liberale del 1803 o la cosiddetta Costituzione russa del 1806, che aboliva nelle Isole Ionie ogni traccia di autonomia residua.

Gli «agenti delle potenze straniere», e in particolare quelli della Francia a cui si riferiva I. Capodistrias, avevano una propria visione in merito alle cause della vita turbolenta delle Isole, visione incentrata sulle continue crisi costituzionali. Alla radice di tali crisi c'erano i contrasti tra i vari gruppi sociali che sostenevano ognuno una 'sua' Costituzione e gli interventi dei Russi, in particolare di G. Mocenigos, che tendevano a trasformare i testi costituzionali essenzialmente in strumenti utili soltanto agli interessi di chi li aveva redatti[6].

Nello spirito delle opinioni di I. Capodistrias sembra muoversi Ugo Foscolo nel suo memorandum *Sullo stato politico delle Isole Ionie*[7]. È stato confermato che i due uomini si mantennero in contatto e in una certa misura concordarono con la prospettiva che le Isole diventassero un

---

autobiografico presentato da Capodistrias allo zar Nicola I nel 1826 contemporaneamente alle sue dimissioni, in cui illustra i punti salienti della sua carriera politica dal 1798 al 1822 (*Αρχείον Ιωάννου Καποδίστρια*, I, Corfù, Εταιρεία Κερκυραϊκών Σπουδών [Eteria Kerkiraikòn Spudòn], 1976). Il testo completo dell'autobiografia, scritto in francese, fu pubblicato nel 1868 con traduzione russa e poi ripubblicato in greco nel 1940 e 1962 da M. Laskaris, *Αυτοβιογραφία Ιωάννου Καποδίστρια*, Atene, 1940, pp. 18–19.

6 D. Anogiatis Pelé, *Εκτιμήσεις για τα νησιά του Ιονίου κατά την περίοδο της ρωσικής παρουσίας μέσα από επίσημες γαλλικές μαρτυρίες*, in «Περί Ιστορίας», IV, 2003, pp. 13–22.

7 A. Nikiforou (a cura di), *Συνταγματικά Κείμενα των Ιονίων Νήσων*, pp. 850–851. Il testo originale del memorandum, redatto in francese, è stato pubblicato da G. Gambarin (a cura di), *Prose politiche e apologetiche (1871–1827). Parte prima. Scritti sulle Isole Ionie e su Parga*, Firenze, Le Monnier, 1964, pp. 44–55. Sull'interesse di Ugo Foscolo per le Isole Ionie vedi F. Sensini, *Il filellenismo di Ugo Foscolo. "Lo stato politico delle Isole Ionie"*, in «Rivista di letteratura comparata italiana, bizantina e neoellenica», IV, 2020, pp. 15–27.

protettorato britannico, al fine di evitare l'occupazione austriaca, una politica che fu infine sostenuta con successo da I. Capodistrias[8].

Nel corso degli eventi, nel 1802, fu pubblicato da Giorgio Paulini un libro sulla storia della fondazione della RS, che esaminava il passato storico come un'esperienza vissuta con finalità educativa, sull'esempio di Rousseau. Paulini, un "repubblicano" di origine aristocratica di Citera, fino al 1797 fu segretario dell'ultimo Provveditore Generale da Mar veneziano, Widmann, e poi lavorò per i Democratici francesi a Corfù. In questa sua opera, pubblicata mentre era in esilio in Italia[9], Paulini descrive le esperienze vissute dall'arrivo dei Democratici francesi (1797) fino alla fine del 1801, quando si rese conto che lo Stato ionio non era la democrazia da lui sognata ma un ritorno al "peso della schiavitù".

I ceti sociali inferiori dei centri urbani e delle campagne mostrarono la loro opposizione allo Stato che si era creato nello Ionio, concentrandosi in particolare sulla forma statale della RS, non appena si seppe dell'esito dei negoziati di Costantinopoli e furono pubblicati i primi testi costituzionali e i simboli politici.

La svolta degli eventi sembrò annullare ciò che gli strati sociali svantaggiati avevano realizzato nei diciassette mesi dell'esperienza rivoluzionaria francese. Sembrò anche condurre a una sorta di restaurazione della vecchia aristocrazia. I violenti scontri tra i nobili e l'alleanza dei contadini con la borghesia avrebbero afflitto quasi tutta la breve vita della RS.

I disordini sociali nelle Isole Ionie furono attribuiti dai diplomatici francesi che vi risiedevano, all'odio di lunga data che separava i nobili dagli altri gruppi sociali e alla frustrazione del popolo per il ritorno al potere degli aristocratici. Rapporti francesi commentano la rivolta

---

8 *Αρχείον Ιωάννου Καποδίστρια*, VII, Corfù, Εταιρεία Κερκυραϊκών Σπουδών [Eteria Kerkyraikòn Spudòn], 1986, pp. 233–237.

9 G. Paulini, *Memorie storiche sulla fondazione della Republica Ionica*, Italia [Milano], 1802. D. Arvanitakis, *Τάσεις στην ιστοριογραφία του Ιόνιου χώρου (17^{ος} - αρχές 19^{ου} αι.)*, in *Πρακτικά Ζ' Πανιονίου Συνεδρίου (Λευκάδα, 26–30 Μαΐου 2002), Πρώτο Τμήμα, Ζητήματα Πολιτισμικής Ιστορίας*, Atene, Εταιρεία Λευκαδικών Μελετών [Eteria Lefkadikòn Meletòn], 2004, pp. 106–107. Sull'opera di Paulini si veda G. Moschopoulos, *Το βιβλίο του Κυθήριου Giorgio Paulini «Memorie Storiche sulla Fondazione della Repubblica Ionica ossia delle Sette Isole Ionie Unite»*, Italia 1802, in A. Glikofridi Leontsini, G. Leontsinis, G. Kouneli (a cura di), *Πρακτικά Α' Διεθνούς Συνεδρίου Κυθηραϊκών Μελετών. Κύθηρα: Μύθος και Πραγματικότητα*, Citera, Ελεύθερο Ανοιχτό Πανεπιστήμιο Δήμου Κυθήρων [Eleftero Anichtò Panepistimio Dimou Kithiron], 2003, pp. 407–414.

generale scoppiata nel luglio 1801 dopo il ritiro delle truppe russe dall'Eptaneso.

C. Ma qual era la posizione del nuovo Stato nell'opinione pubblica internazionale, soprattutto agli occhi di persone provenienti da Paesi che avrebbero avuto un ruolo negli sviluppi politici del Mediterraneo orientale, e che sostanzialmente erano proprio i paesi da cui provenivano i Filelleni, ma anche altri Greci al di fuori dell'area ionia?

Ci soffermeremo qui su vari esempi, alcuni conosciuti e altri meno[10]:

L'archeologo inglese Edward Dodwell, che visitò le Isole nel 1801, rappresentava il tipo di viaggiatore interessato principalmente alle antichità greche, senza però essere indifferente alla minuziosa rappresentazione di ciò che vide con i propri occhi e al confronto del presente con il passato classico[11]. Nella sua opera fornisce informazioni sugli scontri tra i corfioti e gli equipaggi delle navi turche in una cruciale e cruenta battaglia avvenuta nel 1801 e terminata per l'intervento della guarnigione russa. Ritiene deboli le forze militari di Corfù e tratta con simpatia il presidente del Senato ionio, il conte Spyridon Georgios Theotokis. Dodwell sottolinea il ruolo speciale delle Isole come rifugio per le persone perseguitate da 'Alī Pascià, e dà informazioni sul declino della popolazione di Leucade, sull'esistenza nell'Isola di alcune famiglie veneziane e sulla capacità dei membri della classe dirigente di esprimersi in greco e in italiano[12].

Estremamente concise sono le notizie riferite da Jacob Bartholdy, un viaggiatore prussiano che visitò, tra l'altro, il Mar Ionio nel 1803–04, e si riferisce in particolare alle Sette Isole[13], al conte Giorgio Mocenigo e al "governo ionico".

---

10 L'argomento è stato studiato da S. Ploumidis, *Η Επτάνησος Πολιτεία (1800–1807) στη μνήμη των συγχρόνων*, in D. Michàlaga, P. Moschonà (a cura di), Επτάνησος *Πολιτεία 1800–1807,* Atene, Κέντρο Μελετών Ιονίου [Kentro Meletòn Ioniou], 2016, pp. 486–490, che utilizziamo in questa parte del nostro studio.

11 E. Dodwell, *A classical and topographical tour through Greece during the years 1801, 1805 and 1806,* I, Londra, Cambridge Library Collection, 1819, p. 1: «My intention was to visit Greece, to explore its antiquities, to compare its past with its present state, and to leave nothing unnoticed, which, to the classical reader, can be an object of interest, or a source of delight».

12 *Ivi*, pp. 29–31, 53–54, 58–59, 73.

13 J. Salomon Bartholdy, *Voyage en Grèce fait dans les annees 1803 et 1804,* II, Parigi, Dentu, 1807, p. 290.

L'esatto contrario accade con il colonnello britannico William Leake, che teneva note su persone, cose e situazioni con grande attenzione, collegando ciò che vedeva con il passato classico, dato il suo particolare interesse "per la storia e la geografia antica". Sottolinea inoltre l'ingerenza dei Russi nella vita politica del luogo attraverso Mocenigo.

Nel caso di Leucade c'e un riferimento a un colonnello russo che comandava la guardia locale e considerava un fatto negativo il suo trasferimento nell'Isola. Nel settembre 1806 Leake partecipò a una riunione del Senato di Leucade che iniziò con un discorso del "Rettore" accompagnato da riferimenti alla storia dell'antica Grecia. Tutti i Senatori consideravano comunque tale organo di governo niente più che una 'farsa', e questo perché la sua composizione era emersa da una votazione che aveva eletto 26 nomi, tra i quali il Senato ne avrebbe scelti quattro. Tutti e quattro questi nomi, però, erano diventati noti due settimane prima della votazione in quanto scelti dal plenipotenziario inviato dallo zar a Leucade[14].

Il rapporto speciale degli Ioni con i Russi era certamente ben noto ai Francesi, che erano stati cacciati dalle Isole proprio dalla flotta alleata russo-turca. La diplomazia francese, dopo tutto, considerò il periodo dal 1799 al 1807 come un periodo di influenza russa che dall'agosto 1802 divenne una effettiva occupazione russa delle Isole Ionie. Proprio per questo motivo i corsari francesi attaccavano le navi ionie indipendentemente dalla bandiera che avevano issato; dal 1801 fino al 1807 essi furono responsabili di un terzo degli attacchi ai danni di tali navi (35 %)[15].

Le impressioni riportate dai viaggiatori stranieri sulla RS rimasero pressoché invariate negli anni successivi al suo crollo. John Cam Hobhouse, amico intimo di Byron e compagno di viaggio di quest'ultimo in Grecia tra il 1809 e il 1810, dedica diverse pagine al sentimento patriottico e alle insurrezioni dei Greci dopo il 1774, senza alcun riferimento alla partecipazione degli Ioni. Commenta le fluttuazioni nei rapporti tra Greci e Russi e tenta descrizioni dettagliate sia del presente delle Isole che delle antichità classiche e della storia delle zone da lui visitate.

---

14 W.M. Leake, *Travels in Northern Greece*, III, Londra, J. Rodwell, New Bond Street, 1835, pp. 3, 12–14, 21–22.

15 G.D. Pagratis, *War at sea and trade routes in the Mediterranean during the Napoleonic period through the reports of Septinsular Republic's diplomatic representatives*, in «Mediterranean Chronicle», VIII, 2018, pp. 67–81.

Il comandante britannico di Cefalonia (1810–13) e Parga (1816–1817) Charles Philippe de Bosset fa riferimento alla RS come a uno Stato autonomo posto sotto la protezione della Turchia e della Russia, e anche alle circostanze che portarono alla sua formazione[16].

Il medico inglese Henry Holland, tra il 1812 e il 1813, dopo aver completato gli studi all'Università di Edimburgo, fece un viaggio nei territori dominati da ʿAlī Pascià partendo dalle Isole Ionie, ispirato dalle impressioni di Lord Byron e di Hobhouse. Quanto alla RS, egli dedica un breve cenno alla storia della sua fondazione e della sua popolazione (200.000 persone), ma anche alle difficoltà di questa impresa politica che, nonostante gli elementi positivi (origine, lingua e costumi comuni), non poté durare a lungo a causa della frammentazione geografica del territorio.

Holland chiama gli abitanti delle Isole Ionie "semi-greci", particolarmente adatti alla servitù "perché sono veloci e vivaci, parlano solitamente italiano e hanno una certa familiarità con i costumi dell'Europa occidentale". Ritiene evento possibile, seppur lontano, che i Greci si rendano liberi da soli o con aiuti esterni, visti i progressi che hanno fatto nel corso del tempo nell'istruzione, nel commercio, nelle lettere e nelle attività della popolazione, ma articola la sua riflessione sui difetti e le alterazioni che i secoli di schiavitù avevano apportato al loro carattere[17].

I viaggiatori russi che visitano zone del Mediterraneo dalla fine del XVIII secolo in poi sono ovviamente una categoria speciale. Molti di loro sono impressionati dalla presenza della Russia nel Mediterraneo come parte della sua espansione coloniale a sud. La liberazione dei Greci e di altri popoli dal giogo turco è considerata un evento degno di nota. Non sembra tuttavia essere stato l'obiettivo principale delle truppe russe, ma una conseguenza inevitabile dell'espansione della

---

16 C.P. De Bosset, *Proceedings in Parga and the Ionian Islands with a series of correspondence and other justificatory documents,* Londra, Longman, Hurst, Rees, Orme, and Brown, 1819, pp. 59–62.

17 H. Holland, *Travels in the Ionian Isles, Albania, Thessaly, Macedonia, &c. during the Years 1812 and 1813*, Londra, Longman, Hurst, Rees, Orme, and Brown, 1815, pp. 27–28, 530–531. In traduzione greca: H. Holland, *Ταξίδια στα Ιόνια Νησιά, Ήπειρο και Αλβανία (1812–13)*, πρόλογος-επιμέλεια Τάσος Βουρνάς, μτφρ. Χρήστος Ιωαννίδης, Atene, Αφοί Τολίδη, 1989.

Russia nella regione[18]. Negli stessi testi, le Isole Ionie sono trattate se non come una colonia, almeno come un satellite semi-indipendente dell'Impero russo nella regione, mentre i Greci sono indicati quasi come nuovi sudditi dello zar.

Sulla Repubblica Settinsulare, l'ufficiale russo Vladimir Bronevsky si esprime come se facesse parte dell'Impero russo con uno status speciale. È indicativo quanto scrive: «Corfù è giustamente considerata la capitale dei nostri possedimenti nel Mar Mediterraneo. Sembra più una colonia russa che una città greca, incontri Russi ovunque, la gente del posto si è abituata alle nostre usanze, molti di loro hanno imparato a parlare la nostra lingua, mentre i ragazzini cantano canzoni russe».

Le posizioni espresse dai Russi sulle aspirazioni dei Greci sono di particolare importanza, poiché considerano quasi evidente il desiderio di questi ultimi di far parte dell'impero zarista.

Ma come vedevano questo Stato i combattenti della Rivoluzione greca? La RS funzionò nella loro coscienza come un modello applicabile al resto della Grecia, un modello che avrebbe permesso ai Greci di raggiungere l'indipendenza nazionale?

Tra i pochi esempi a nostra disposizione spicca il caso di Theodoros Kolokotronis, che prestava servizio nell'esercito della RS e più tardi nelle Isole Ionie occupate dall'Inghilterra. La RS, la "repubblica" di Kolokotronis, aveva un'amministrazione greca ma una forte presenza russa.

Grazie all'appello dello zar Alessandro I, la RS formò un corpo militare di cittadini greco-ottomani sotto il comando di ufficiali russi di origine greca guidati da Emmanuele Papadopoulos, con la promessa che avrebbero operato non solo per proteggere lo Stato Ionio ma anche in una guerra di liberazione contro i Turchi quando se ne fosse presentata l'occasione[19].

Kolokotronis rimase fedele a questo obiettivo. Così, quando i Russi nel 1805 trasferirono le loro truppe dalle Isole Ionie a Napoli per combattere contro i Francesi nella seconda coalizione antifrancese, egli rifiutò di prendervi parte perché non vedeva alcun motivo per farlo. Tuttavia,

---

[18] T. Giannitsi, *Ιδεαλισμός και πραγματισμός στους Ρώσους περιηγητές*, in O. Katsiardì-Hering, A. Kolia-Dermitzaki, K. Gardika (a cura di), *Η Ρωσία και η Μεσόγειος. Πρακτικά Συνεδρίου*, I, Atene, Ηρόδοτος [Irodotos], 2005, pp. 375 e ss.

[19] T. Kolokotronis, *Διήγησις των συμβάντων της Ελληνικής φυλής από τα 1770 έως το 1836*, Atene, Εταιρεία Πελοποννησιακών Σπουδών, 1846, pp. 15–18, 28–32.

accettò di effettuare incursioni contro i Turchi in Acaia, mentre combatteva contro 'Alī Pascià in difesa di Leucade, dove ebbe l'opportunità di collaborare con Capodistrias[20].

Cristoforos Perrevòs, collaboratore di Rigas e uno dei protagonisti della lotta per l'indipendenza greca, si concentra, come Kolokotronis, sulla dominazione politica russa nelle Isole Ionie. Questa sua posizione si sovrappone a tutti gli altri dibattiti sullo Stato ionio. Nella sua opera *Storia di Suli e Parga* (*Ιστορία του Σουλλίου και Πάργας περιέχουσα την χρονολογίαν αυτών, τας προς τους Οθωμανούς μάχας, κυρίως δε τας προς τον Αλή Πασά Σατράπην της Ηπείρου,* I, Atene, 1857, pp. 137–138, 171–173 & II, p. 40), Perrevòs si riferisce, tra l'altro, a un discorso rivolto nel 1803 da Tzavellas ai Parginoti, in cui li invitava a mediare con le autorità russe delle Isole Ionie per accogliere a Corfù le donne e i bambini profughi da Souli.

Adamantios Koraìs esprime eloquentemente le sue mutevoli posizioni riguardo al funzionamento dello Stato Ionio attraverso un'intera gamma di emozioni, dalle aspettative inizialmente elevate al suo completo rifiuto di includere la RS tra gli esempi positivi. Nel 1799 Korais dedicò ai Greci liberi del Mar Ionio Ionio («aux Grecs libres de la Mer Ionienne») la pubblicazione del testo dei *Caratteri* di Teofrasto accompagnato dalla sua traduzione in francese[21].

Gli Ioni, per Korais, con la loro annessione alla Francia democratica avevano ottenuto la libertà, cioè erano stati liberati dai fardelli sociali e culturali del dominio aristocratico veneziano, e potevano ora intraprendere un percorso di rinascita spirituale che, a suo avviso, sarebbe stato ottenuto attraverso la grecizzazione dell'istruzione e il riavvicinamento ai valori classici[22].

---

20 *Ivi*, p. 16. Vedi anche S. Loukatos, *Ο Ιωάννης Καποδίστριας και η Επτάνησος Πολιτεία*, Atene, 1959, pp. 79–92.

21 Vedi anche I. Di Salvo, *Korais e i "Caratteri" di Teofrasto,* Palermo, Istituto di Filologia Greca, Universita' di Palermo, 1986

22 G. Tolias, *Κοραής και Επτάνησα (1798–1814): Αποδοχή και Ενδοιασμός των Ιδεολόγων*, in A. Nikiforou, (a cura di), *Επτάνησος Πολιτεία (1800–1807): Τα μείζονα ιστορικά ζητήματα,* Κέρκυρα, Γ.Α.Κ. – Αρχεία Νομού Κερκύρας [Corfù, AS – Archivi di Stato di Corfù], 2001, pp. 82–84.

Nel 1802 dedicò alla RS (con la concisa formula «Al neonato Stato greco delle Sette Isole») la traduzione greca dell'opera di Cesare Beccaria *Dei delitti e delle pene*[23]. La situazione in cui questa formazione statale versava in termini di condizione sociale, educativa e istituzionale non corrispondeva allo schema ideologico nazionale su cui Koraìs avrebbe lavorato negli anni successivi.

Egli considerava la democrazia borghese come il pilastro di questo schema che avrebbe assicurato la libertà e l'uguaglianza e sarebbe stato sostenuto da un'istruzione, una lingua e una storia ellenizzate.

Non esitò a sottolineare questa sua opposizione sia indirettamente sia direttamente in una nota della sua traduzione dell'opera di Beccaria. Lo status sociale delle Isole con la restaurazione dell'aristocrazia e dell'ingiustizia sociale tramite l'introduzione di istituzioni non familiari alla società greca e associate a dominazioni straniere, fu secondo Koraìs la causa principale dei conflitti di classe che affliggevano lo Stato Ionio[24].

Nel 1805, nel suo *Dialogo dei due Greci residenti a Venezia, all'udire le gloriose vittorie dell'imperatore Napoleone* (*Διάλογος δύο Γραικών, Κατοίκων της Βενετίας όταν ήκουσαν τας λαμπράς νίκας του Αυτοκράτορος Ναπολέοντος*), che fu pubblicato anonimo, rimproverava la democratizzazione delle Isole con l'imposizione del dominio e dei barbari costumi russi, ed anche la ritardata fondazione di scuole greche locali[25].

D'ora in poi, Koraìs avrebbe affrontato il caso della RS o con il silenzio o con il rifiuto. Come nota G. Tolias, sarebbe stato «infastidito dall'esistenza stessa della realtà ionia con la sua doppia istruzione, la sua società aristocratica e i suoi meccanismi, questa *petite noblesse* che traeva i suoi privilegi dall' asservimento alla dominazione straniera e che continuava a mantenerli nonostante i successivi cambi di regime».

Ritornerà sull'argomento nel 1823, nel prologo alla seconda edizione della traduzione dell'opera di Beccaria, in cui critica le istituzioni

---

23 Vedi anche I. Di Salvo, *L'opera "Dei Delitti e delle Pene" di Cesare Beccaria nella traduzione di A. Korais*, Galatina, Studi Bizantini e Neogreci, Congedo Editore, 1983, pp. 561–574.

24 Tolias, *Κοραής και Επτάνησα (1798–1814): Αποδοχή και Ενδοιασμός των Ιδεολόγων*, *cit.* pp. 82–101.

25 *Διάλογος δύο Γραικών, Κατοίκων της Βενετίας όταν ήκουσαν τας λαμπράς νίκας του Αυτοκράτορος Ναπολέοντος*, Venezia (= Parigi), ἐκ τῆς τυπογραφίας Χρυσίππου τοῦ Κριτοβούλου, 1805, pp. 35–36. Cfr. Tolias, *Κοραής και Επτάνησα (1798–1814): Αποδοχή και Ενδοιασμός των Ιδεολόγων*, *cit.*, p. 87.

aristocratiche e i gruppi sociali che conservano i loro privilegi. In questa occasione avrebbe espresso il suo disappunto verso lo Stato ionio che aveva deluso le aspettative nate con la sua fondazione[26].

Tutte le valutazioni, contemporanee o di poco posteriori al costituirsi della RS che sono state finora commentate, vertono principalmente sul ritorno al potere degli aristocratici locali e sulla dominazione russa nelle Isole. Nel complesso, non sembrano tener conto del fatto che nella vita politica dello Stato ionio furono previste e in qualche misura attuate iniziative legislative volte a sostenere l'intenzione della classe politica ionia di seguire il moderno percorso di creazione di uno Stato, e soprattutto di uno Stato greco.

La presenza nella RS di istituzioni e strumenti giuridici che stabilivano limiti di separazione tra i tre principali poteri, nonché regole per la partecipazione dei cittadini al loro esercizio, l'istituzione di una scuola pubblica che aveva il compito di formare «i giovani Greci» – l'espressione è usata in una lettera di I. Capodistrias al sacerdote e maestro Andrea Idromeno, preside della scuola pubblica nel 1803–, l'obbligo per il personale dei servizi amministrativi di saper parlare e scrivere bene la lingua greca, che dal 1810 in poi sarebbe diventata l'unica lingua usata dalla pubblica amministrazione, la promozione dell'educazione greco-ortodossa e il graduale declino del latino sono alcuni dei passi compiuti dagli Ioni per gettare le fondamenta di uno Stato greco.

Le persone che avrebbero gestito l'amministrazione pubblica resero possibile l'emergere di uno staff politico che si era formato nel contesto particolare delle guerre napoleoniche, acquisendo preziose esperienze per il futuro. Alcuni di loro continuarono anche dopo la fine della RS a servire altri Paesi, come G. Mocenigos, che tornò all'Ambasciata russa a Firenze e poi fu nominato console di Russia a Torino[27]. Un altro esempio è naturalmente lo stesso I. Capodistrias, ma anche persone della sua cerchia come G. B. Theotokis, dal 1828 comandante politico di Tinos e di Nauplia.

La creazione di corpi militari da territori ortodossi dominati dagli ottomani con la partecipazione di persone come Th. Kolokotronis e altri

---

[26] Koraìs criticò aspramente la «lebbra della nobiltà ereditaria». Tolias, *Κοραής και Επτάνησα (1798–1814): Αποδοχή και Ενδοιασμός των Ιδεολόγων*, *cit.*, pp. 100–101.

[27] *Αρχείον Ιωάννου Καποδίστρια*, III, Κέρκυρα, Εταιρεία Κερκυραϊκών Σπουδών [Corfù, Eteria Kerkyraikòn Spoudòn], 1980, pp. 466–467.

provenienti dai ranghi dei Sulioti, delle formazioni irregolari dei Kleftes e degli Armatolì, diedero all'esercito ionio le caratteristiche di un campo di esercitazione privilegiato per i Greci in guerra.

E questo perché era la prima volta che i soldati greci dell'area occupata dai Turchi si organizzavano in un esercito comune sotto la bandiera ionia[28] con l'obiettivo finale, basato sulle promesse russe, di generalizzare la lotta per la liberazione della nazione ellenica[29].

Infine, il personale consolare e diplomatico della RS, e soprattutto i suoi membri operanti nella penisola italiana, collaborarono a vario titolo all'organizzazione dei Greci in società segrete anche prima della Filikì Eteria, società con un raggio d'azione più limitato, come la società dei Cinque o quella detta Silenzio dei Greci, e altre[30].

Queste società, così come la Filomusos Eteria, che sarebbe stata fondata nel 1815 a Vienna, avrebbero raccolto fondi per la concessione di borse di studio a studenti greci, mentre dopo lo scoppio della Rivoluzione, con l'aiuto delle comunità greche, avrebbero inviato munizioni e curato l'accoglienza dei profughi di guerra[31].

---

28 Sull'esercito della Repubblica Settinsulare vedi in N. K. Kourkoumelis, *Εμμανουήλ Παπαδόπουλου: Διδασκαλίαι Στρατιωτικαί. Ένας πρώιμος κανονισμός των στρατευμάτων της Επτανήσου Πολιτείας* (1804), in G. Moschopoulos, G.S. Ballas, *Επτάνησος Πολιτεία* (1800–1807), 200 *χρόνια από την ίδρυσή της* (1800–2000), in G. Moschopoulos, G.S. Ballas, *Επτάνησος Πολιτεία (1800–1807), 200 χρόνια από την ίδρυσή της (1800–2000),* Argostoli, Εταιρεία Κεφαλληνιακών Ιστορικών Ερευνών, 2003, pp. 229–237. Idem, *Δομή και οργάνωση των στρατιωτικών δυνάμεων της Επτανήσου Πολιτείας*, in D. Michàlaga, P. Moschonà (a cura di), *Επτάνησος Πολιτεία 1800–1807*, Atene, Κέντρο Μελετών Ιονίου [Kentro Meletòn Ioniou], 2016, pp. 229–294, con la relativa bibliografia. Vedi pure Pappas, *Greeks in Russian Military Service in the Late Eighteenth and Early Nineteenth Centuries*, cap. IV-VII.

29 Un tale piano non sembra fosse contemplato dalla politica estera russa dell'epoca, come sostiene G.L. Arsh, *Η αποστολή του Δημητρίου Ναράντζη, αντιπροσώπου της Επτανήσου Πολιτείας, στην Πετρούπολη (1803–1807)*, in D. Michàlaga, P. Moschonà (a cura di), *Επτάνησος Πολιτεία 1800–1807*, Atene, Κέντρο Μελετών Ιονίου [Kentro Meletòn Ioniou], 2016, p. 37.

30 A. Xanthopoulou-Kiriakoù, *Η Ελληνική Κοινότητα Βενετίας (1796–1866). Διοικητική και οικονομική οργάνωση, εκπαιδευτική και κοινωνική δραστηριότητα*, Διδακτορική Διατριβή [Tesi di dottorato], Salonicco, ΑΠΘ [Università Aristotele di Salonicco], 1978, pp. 126–134. G.D. Pagratis, *Η Επτάνησο Πολιτεία ως φυτώριο Φιλικών: μελέτες περίπτωσης, Πρακτικά της Ημερίδας* [Atti della Giornata di Studio]*: «200 χρόνια από την Εγκατάσταση των Εφοριών της Φιλικής Εταιρείας στην Επτάνησο»*, Corfù, Αναγνωστική Εταιρεία Κερκύρας – Κερκυραϊκή Ένωση Αθηνών [Anagnostikì Eteria Kerkiras – Kerkiraikì Enosi Athinòn], 2021, pp. 323–333.

31 Cfr. gli studi citati nella nota precedente.

I risultati citati non sembrano essere stati pienamente compresi dai contemporanei dei fatti qui narrati e naturalmente neppure dai combattenti greci, anche se basterebbe un semplice confronto tra il percorso della società ionia nei 7–8 anni di vita della RS e le realtà vissute fino al 1797.

L'immagine della RS agli occhi dei Greci e degli stranieri, indipendentemente dalla durata della loro permanenza nell'Eptaneso, era offuscata da vari fattori. Il collegamento delle Isole con la protezione-sovranità russa nella politica interna ed estera era uno di questi fattori, forse il più importante.

Il regresso sociale con il predominio dei vecchi aristocratici, anche nell'ambito di una nobiltà sancita dalla Costituzione, fu un altro fattore. In campo culturale, gli Ioni utilizzarono veicoli alternativi per avvicinarsi alla Grecità classica e alle idee dell'Illuminismo, e soprattutto la lingua e la cultura italiana.

Queste particolari condizioni culturali, almeno dell'alta borghesia, alimentavano i dubbi sulla grecità del luogo e dei suoi abitanti, mentre i conflitti di classe mettevano in discussione il consenso sociale assicurato dal nuovo Stato, che si sapeva essere stato istituito per servire strategicamente scelte di altre potenze.

Quello che sembrava mancare di più e che ostacolò il completamento del progetto per la formazione di uno Stato greco fu il fattore tempo. Con il Trattato di Tilsit del luglio 1807, la RS fu disciolta e le due potenze protettrici si accordarono per cedere le Isole alla Francia di Napoleone.

Come nota Vassilis Panagiotopoulos, questa formazione innovativa, nonostante la sua grecità, non riuscì a maturare linguisticamente e ideologicamente, a trasmettere il suo messaggio politico o a consolidare questo messaggio nella memoria e nelle coscienze dei contemporanei in modo da farne un supporto per i Greci destinati a sostenere la lotta di liberazione nazionale[32].

Così, quando Ioannis Filimonas elencò i passi che avevano progressivamente portato all'emancipazione politica dei Greci, la RS sarebbe stata

[32] V. Panagiotopoulos, *Εισαγωγή – Α'. Ένα δοκίμιο για τον Αλή Πασά, Αρχείο Αλή Πασά Συλλογής Ι. Χωτζή Γενναδείου Βιβλιοθήκης της Αμερικανικής Σχολής Αθηνών*, [Archivio 'Alī Pascià, fondo I. Chotzì Biblioteca Ghennadios della Scuola Americana di Atene] IV, Atene, Εθνικό Ίδρυμα Ερευνών. Ινστιτούτο Νεοελληνικών Ερευνών, 2009, p. 76.

assente. Il punto di riferimento per l'inizio della Rivoluzione sarebbe stato spostato al 1814, anno della fondazione della Filikì Eteria, frutto, tra l'altro, di una fiorente classe mercantile di Greci che aveva cominciato a formarsi nel mondo della diaspora[33].

---

[33] I. Filimon, *Δοκίμιον Ιστορικόν περί της Ελληνικής Επαναστάσεως*, Atene, Τύποις Π. Σούτσα και Α. Κτενά [Per i Tipi P. Soutsas e A. Ktenàs], I, 1859, p. 3.

II.

Idealità filelleniche

Atene, «scuola d'ogni valor». Conferme e acquisizioni per il filellenismo di Vincenzo Monti

Angelo Colombo

Université de Franche-Comté (Besançon)

Benché l'odierna celerità di accesso agli archivi dei saperi consenta di investigare in forme all'apparenza più sistematiche ed estese che non in passato le simpatie maturate nell'Europa del primo Ottocento verso la Grecia, «terra di sangue, di sudori e di ladri; di malaria e di stenti»[1], il contributo prestato da Vincenzo Monti alla diffusione degli entusiasmi filellenici nella penisola italiana prosegue a non essere conosciuto in misura del tutto soddisfacente. Per quanto è dato di stabilire compulsando gli scarni elementi testimoniali fino ad ora emersi, la grecofilia del poeta romagnolo sembra essersi convertita in un'esperienza di riflessione e di scrittura circoscritte dentro un perimetro di forte riserbo

---

[1] C. Carpinato, *Filellenismo minore ai tempi della rete. Qualche spunto di riflessione attraverso testimonianze letterarie italiane e greche*, in S. Fornasiero, S. Tamiozzo (a cura di), *Studi sul Sette-Ottocento offerti a Marinella Colummi*, Venezia, Edizioni Ca' Foscari, 2015, p. 32. È impossibile, naturalmente, dare conto in questa sede della vastità raggiunta dagli studi sul filellenismo; ci limitiamo perciò a segnalare un'iniziativa specifica e recente: D. Lefèvre-Novaro (sous la direction de), *À l'aube de l'archéologie grecque*, Catalogue de l'exposition (Strasbourg, 19 mars-16 avril 2021), Strasbourg, Université de Strasbourg, 2021, pp. 38–44 in particolare; si rimanda inoltre al contributo sintetico di K. Zanou, *Europe's imaginary of ancient and modern ruins: Hellenism and Philhellenism*, in C. Panayiotou, *Two days after forever. A reader on the choreography of time*, ed. by O. Kholeif, Berlin-New York, Sternberg Press, 2015, pp. 36–49, oltre che, della medesima studiosa, al più specifico *Andrea Mustoxidi: nostalgie, poésie populaire et philhellénisme*, in «Revue germanique internationale», I, 2005, n. 1–2 (*Philhellénisme et transferts culturels dans l'Europe du XIXe siècle*), pp. 143–154. Il punto di vista storico sulla percezione italiana della rivoluzione ellenica è offerto da A.G. Noto, *La ricezione del Risorgimento greco in Italia (1770–1844). Tra idealità filelleniche, stereotipi e 'Realpolitik'*, Roma, Edizioni Nuova Cultura, 2015, specialmente il cap. 3.

prudenziale, che si rivelava peraltro giustificato dopo la violenta fase di passaggio dalla monarchia bonapartista al regime della Restaurazione nella penisola, divenuta, nel giro di pochi anni, uno fra i teatri dei precoci sommovimenti carbonari nel continente e, per quanto riguardò proprio l'epicentro milanese del Regno lombardo-veneto, la sede di un fallito complotto antiaustriaco nella primavera del 1821, animato dalla Federazione italiana, sul quale molto è già stato scritto[2]. A quest'ultimo arrise, *bon gré mal gré*, il destino lusinghiero di venire salutato con partecipazione e fiducia (ma pubblicamente solo nei *Pochi versi inediti* del 1848, insieme con il «frammento di canzone» *Il proclama di Rimini*) dall'ode *Marzo 1821*, per mano di un poeta maturo com'era in quegli istanti il Manzoni, ormai prossimo alla quarantina[3].

Altrettanto sbriciolata e dispersa si rivela la tradizione testuale del filellenismo montiano, che poté conoscere il suo risarcimento soltanto in epoca tardiva e in forma incompleta grazie a una delle numerose raccolte allestite dal Carducci per la collezione 'diamante' di Gaspero Barbèra. Al poeta-professore dell'ateneo bolognese dobbiamo infatti la stampa moderna di quattro sonetti ispirati in modo diverso all'ostilità antiottomana e agli eventi della rivoluzione scoppiata in Grecia nella primavera del 1821, tutti attribuiti congetturalmente al 1822 e, nel caso dei primi tre (*inc.* «L'almo stuol degli eroi spento in Giudea», «Di quel color che per lo sole avverso», «E teco i forti della Croce: a questi»), posti sotto il titolo di comodo e intensamente 'giacobino' *Su la rigenerazione della Grecia*: essi furono riuniti nel volume delle *Poesie liriche di Vincenzo Monti*, la cui seconda edizione venne distribuita nel 1862, e vent'anni più tardi riproposti dalle *Scelte poesie* «con le varie lezioni»[4]. Dopo quella data, i

---

2 Rinviamo per imperativi di brevità a C. Mozzarelli, *Sulle opinioni politiche di Federico Confalonieri, patrizio e gentiluomo*, in G. Rumi (a cura di), *Federico Confalonieri aristocratico progressista*, Atti del Convegno di studi (Milano, 7 ottobre 1985), Milano-Bari, Cariplo-Laterza, 1987, pp. 47–67, senza tuttavia tacere del pionieristico e nutritissimo A. D'Ancona, *Federico Confalonieri su documenti inediti di archivi pubblici e privati*, Milano, Treves, 1898[2], che permane di grande utilità.

3 In merito alla partecipazione del Manzoni alla cospirazione del Confalonieri è intervenuto con nuova documentazione G. Albergoni, *Manzoni e la politica tra età napoleonica e inizio Restaurazione*, in G. Panizza (a cura di), *Da Beccaria a Manzoni. La riflessione sulla giustizia a Milano: un laboratorio europeo*, Milano-Cinisello Balsamo, Biblioteca Nazionale Braidense-Silvana Editoriale, 2014, pp. 137–138 in specie.

4 V. Monti, *Le poesie liriche*, seconda edizione con aggiunta di cose inedite o rare, a cura di G. Carducci, Firenze, Barbèra, 1862, pp. 418–421; V. Monti, *Scelte poesie*,

sonetti filellenici mancarono nelle iniziative antologiche più divulgate, succedutesi fra il 1891 e il 1908 (con le ristampe che ne derivarono) grazie alla fortunata raccolta delle *Poesie* montiane ordinate dal 'carducciano ribelle' Alfonso Bertoldi, così come rimasero esclusi dal più ricco florilegio messo a punto allo scadere degli anni Sessanta del Novecento[5], nel quale all'obliterazione ormai persistente venne però sottratto almeno il quarto di essi, il cui *incipit* paterno suona «Te, che figlio nomai, quando il felice», rivolto al discepolo corfiota di un ventennio prima, affezionatosi al Monti professore dell'Università di Pavia, Andrea Mustoxidi – il genero mancato del poeta romagnolo, come del resto si sa.

Benché di norma loquace, anzi dispensatore prodigo di indiscrezioni dal valore alterno, il carteggio montiano non offre a sua volta elementi propizi che illuminino da distanza ravvicinata le predilezioni filelleniche nutrite in quegli anni di moti insurrezionali dal traduttore dell'*Iliade*. Non suppliscono alla penuria dei testimoni le stampe effettuate sotto la volontà del Monti stesso, lui vivente o poco oltre, dato che quei versi di forte militanza ideale non poterono trovare accoglienza, com'è del resto comprensibile, fra le *Poesie recenti* del 1825 (Milano, Antonio Fortunato Stella e figli), divenute celebri, invece, per il *Sermone sulla mitologia* (intitolatovi *I romantici*) e per le *Nozze di Cadmo e d'Ermione* dedicate al marchese Gian Giacomo Trivulzio in occasione del matrimonio delle figlie Elena e Vittoria; né ebbero in sorte di mescolarsi ai componimenti riuniti, solo due anni prima della scomparsa dell'autore, nella silloge ufficiale delle *Poesie varie* apparsa nel 1826 (Società tipografica dei Classici italiani): la quale si trovò mortificata, per gli stessi motivi politici, dalle molte e sofferte esclusioni di individui testuali importanti, come il blocco delle composizioni repubblicane e giacobine di maggiore

---

a cura di G. Carducci, Livorno, Vigo, 1885, pp. 364–365. Ricorda il Carducci «fervido difensore del letteratissimo Monti e paziente raccoglitore dei suoi versi», rinviando alla *Prefazione* delle *Poesie liriche*, W. Spaggiari, *Carducci. Letteratura e storia*, Firenze, Cesati, 2014, pp. 123–124 e nota 73; considerazioni in merito al culto carducciano del Monti si trovano in A. Colombo, *Le «macchine potenti» della lingua e dell'elocuzione: Vincenzo Monti fra De Sanctis e Carducci*, in C. Allasia, L. Nay, C. Tavella (a cura di), *La militanza della critica da Francesco De Sanctis alla contemporaneità*, Atti del Convegno di studi (Torino, 26–27 settembre 2017), Alessandria, Edizioni dell'Orso, 2019, pp. 63–95.

5 V. Monti, *Poesie*, scelte illustrate e commentate da A. Bertoldi, Firenze, Sansoni, 1908², ristampa anastatica a cura di B. Maier, Firenze, Sansoni, 1978 (su cui Spaggiari, *Carducci*, *cit.*, p. 83, nota 52, con la relativa bibliografia critica); V. Monti, *Poesie*, a cura di G. Bezzola, Torino, Utet, 1969.

energia dissacratoria[6]. Fece invece eccezione l'*Appendice alle poesie varie* della raccolta montiana *Tragedie, drammi e cantate*, sorvegliata molto più tardi, nel 1840 e in un contesto di tensioni politiche ormai mitigate, da Giovanni Resnati, che poté recuperare alle stampe non soltanto il sonetto appena evocato e rivolto al Mustoxidi, ma persino i tre *Intorno agli avvenimenti della Grecia*, collocandoli tutti sotto la data del 1822; essi vennero infine riproposti, lontano dal Regno lombardo-veneto e in un quadro di vigilanza più accomodante, dalla diffusa selezione fiorentina delle *Prose e poesie* montiane del liberale Felice Le Monnier[7].

Poco prima dell'iniziativa intrapresa dal Resnati, che era stato vicino al poeta durante i suoi ultimi e difficili anni di vita[8], nel 1839 i sonetti sulla rigenerazione greca erano tuttavia apparsi in un raro opuscolo di versi editi e inediti «dell'immortale Vincenzo Monti» – così si legge sul frontespizio – compilato a Bologna da un altro professore, il romagnolo Cesare Montalti, che li corredò della traduzione in latino; nello stesso anno i medesimi tre sonetti vennero divulgati ben più largamente, invece, da Giuseppe Ignazio Montanari mediante un lungo 'estratto' della raccoltina bolognese del Montalti, che egli volle affidare alle pagine del «Giornale arcadico di scienze, lettere ed arti» di Roma[9]. Della vicenda,

---

[6] La medesima sorte si verificherà in seguito, dinanzi al progetto di una nuova edizione, che questa volta sarebbe risultata postuma; ne scriveva il Trivulzio a Melchiorre Delfico il 19 dicembre del 1827: «Del Monti si pensa ristampare l'opera tutta, ma credo che poco siavi d'inedito, eccetto la Feroniade. Le poesie repubblicane, che forse sono quelle che mostrano maggior poetica energia, non si possono sicuramente ristampare, ed alcuni pentimenti o varie lezioni non miglioreranno al certo la nuova edizione, la quale si ridurrà ad essere una speculazione della vedova» (Milano, Biblioteca Nazionale Braidense, Autografi, busta VIII, n. 79, 20).

[7] V. Monti, *Tragedie, drammi e cantate*, Milano, Resnati e Bernardoni, 1840 (*Opere*, III), pp. 9–11; V. Monti, *Prose e poesie*, nuovamente ordinate, accresciute di alcuni sonetti inediti, II, Firenze, Le Monnier, 1847[4], pp. 299–301. In merito alle simpatie liberali dell'editore fiorentino basti in questa sede il rinvio a M. Scotti, F. Cristiano, *Storia e bibliografia delle Edizioni nazionali*, prefazione di F. Sicilia, Milano, Bonnard, 2002, pp. 19–20.

[8] Sul Resnati cfr. A. Gigli Marchetti, M. Infelise, L. Mascilli Migliorini, M.I. Palazzolo, G. Turi (a cura di), *Editori italiani dell'Ottocento. Repertorio*, II, Milano, Angeli, 2004, p. 906.

[9] *Alcuni sonetti, otto de' quali tuttavia inediti, dell'immortale Vincenzo Monti, tradotti in esametri latini dal professore Cesare Montalti cesenate, e preceduti da due originali poesie del traduttore*, Bologna, Marsigli e Rocchi, 1839, pp. 32–37; «Giornale arcadico di scienze, lettere ed arti», LXXX, 1839, pp. 223–232. Sulle attività traduttorie del Montalti, amico del Monti, si sofferma brevemente P. Rambelli, *Gli editori*

oltre che dei contenuti di quei versi, chi scrive si è occupato non molti anni or sono riportando alla luce in tale occasione anche un paio di preziose testimonianze manoscritte che precedettero di poco la *plaquette* del Montalti e l'articolo del Montanari, sicché non pare redditizio tornare ora diffusamente su un argomento del genere[10].

È almeno il caso di avvertire, tuttavia, che i tre sonetti filellenici a limitata diffusione e dalla più esplicita vena rivoluzionaria (nell'ordine proposto dai testimoni, i già rammentati «L'almo stuol degli Eroi spenti in Giudea», «Di quel color che per lo Sole avverso», infine «E teco i forti della Croce: a questi») in ragione della speciale prospettiva di assemblaggio di ciascun individuo all'interno di un organismo dai temi omogenei compongono un microcanzoniere monotematico ordito secondo la forma, da tempo invalsa, della corona poetica: la medesima che negli stessi mesi e in maniera perciò sintomatica troviamo espressa dagli otto sonetti inclusi nel fascicolo mandato alle stampe dal Monti nel 1822 e impresso nel luglio di quell'anno a Milano sotto il titolo di *Un sollievo nella malinconia*[11]. In quest'ultimo opuscolo, di fattura abbastanza modesta, il propulsore generativo della compatta sequenza testuale consistette nell'insorgenza delle sofferenze oftalmiche che cagionarono amarezza al poeta durante la residenza pesarese dell'inverno-primavera 1821–1822 presso il Perticari e la figlia Costanza. Almeno nei voti, la malattia era destinata ad avere termine, dopo il ritorno del Monti a Milano, grazie all'intervento del chirurgo alla corte vicereale, Carlo Taramelli, il «prode Chiron» del sonetto a lui intitolato nel *Sollievo* e l'«operatore valentissimo»[12] che più tardi si sarebbe però esposto a pesante censura politica in ragione della propria, netta scelta di campo austriacante: sicché nel 1848

---

forlivesi della Scuola Classica Romagnola e la missione del tradurre, in P. Rambelli (a cura di), *Dionigi Strocchi e la traduzione neoclassica*, Atti del Convegno di studi (Faenza-Forlì, 15–16 febbraio 2013), Ariccia, Aracne, 2015, pp. 186–187 in particolare, ma su di lui cfr. F. Brancaleoni, *Cesare Montalti*, in *Dizionario biografico degli Italiani*, 75, Roma, Istituto della Enciclopedia italiana, 2011, pp. 788–789; a riguardo del ravennate Montanari rimandiamo invece a V. Corvisieri, *Giuseppe Ignazio Montanari*, in *Dizionario biografico degli Italiani*, *cit.*, 75, 2011, pp. 829–831.

10 A. Colombo, *Dalle «vaghe fantasie» al «patrio zelo». Letteratura e politica negli ultimi anni di Vincenzo Monti*, Milano, Led, 2016, pp. 58–72 e 76–78.

11 Cfr. *Elenco delle opere stampate e pubblicate in Milano e sue provincie nell'anno 1822*, Milano, Imperial Regia Stamperia, 1822, p. 113, n. 642.

12 V. Monti, *Un sollievo nella malinconia*, Milano, Società tipografica de' Classici italiani, 1822, p. 34 e p. 35, nota 4.

delle Cinque giornate egli risultava insignito dei titoli di «chirurgo particolare delle loro Altezze imperiali e regie, imperial regio consigliere, chirurgo primario dello Spedale Maggiore di Milano, chirurgo consulente dello Spedale de' frati Fatebenefratelli, medico corrispondente dell'imperial regia Società medica di Vienna e dell'Ateneo di Venezia»[13]. Malgrado la presenza di un debolissimo *capfinimen* concettuale tra il primo e il secondo degli otto sonetti raccolti nel *Sollievo* («*Torna alla nostra donna*, e ne consola / Il pianto, o prega che *il dolor t'uccida*», «*Mia donna è lungi*, e io privo / De' suoi conforti in miserando aspetto / *Egro qui giaccio al sofferir sol vivo*»), dispositivo che manca, invece, nei tre sulla rivoluzione greca (ma che torna sporadicamente e in sincronia di tempi, ad esempio, nel manzoniano *Marzo 1821*), la coerenza interna del diasistema poetico composto dai due insiemi testuali dei sonetti filellenici e del *Sollievo* ci sembra inoppugnabile, benché ciò non comporti un'aderenza perfetta dei primi ai secondi in base a un principio di meccanica replicazione di omogenei.

Se è vero che l'impianto formale della corona plasma sia i versi tramite i quali il Monti celebrò la rivolta antiturca della Grecia, sia quelli che deploravano gli effetti mortificanti della malattia oculare, è invece la proiezione ecfrastica del linguaggio a rendere attigue le due sestine filelleniche, riconosciute da non molto al rovescio di un acquarello di Giovanni Migliara[14], e le quattordici strofe di canzone che nel *Sollievo* vennero composte – recita così il lungo titolo – *Per le quattro tavole rappresentanti Beatrice con Dante, Laura col Petrarca, Alessandra coll'Ariosto, Leonora col Tasso, mirabilmente dipinte dal sig. Filippo Agricola per commissione di S.E. la signora duchessa di Sagan*, vale a dire della lettone Katharina Friederike Wilhelmine Benigna, principessa di Curlandia (Kurzeme), amata dal cancelliere austriaco Klemens Wenzel von Metternich[15]. Come in un caleidoscopio di immagini in movimento, nel volto di Beatrice dipinto dall'Agricola emergono agli occhi del Monti i cari tratti somatici della figlia Costanza, i quali tuttavia traspaiono di nuovo, ribaltandosi questa volta in una finzione più aderente alla realtà casalinga, nei versi da lui scritti *Per un dipinto del celebre sig. Filippo Agricola rappresentante la figlia*

---

13 *Manuale del Regno lombardo-veneto per l'anno bisestile 1848*, Milano, Imp. Regia Stamperia, 1848, p. 121.

14 Edite e presentate in Colombo, *Dalle «vaghe fantasie» al «patrio zelo»*, *cit.*, pp. 53–58 (*ivi*, pp. 53–54, nota 67, la tradizione multipla del testo).

15 Monti, *Un sollievo*, *cit.*, pp. 7–24.

dell'autore, del 1821, non a caso assorbiti a loro volta fra le pagine del medesimo *Sollievo* (il ritratto cui si riferiva il poeta è ovviamente la nota tavola a olio del 1820–1821, custodita nella Galleria nazionale d'Arte moderna e contemporanea di Roma e ispirata ai modi della *Velata* raffaellesca, ma anche dell'*Agnolo Doni* e del *Baldassarre Castiglione* parimenti ascritti al pittore urbinate)[16].

In una simile trama di corrispondenze incrociate, gli omaggi appaiono inoltre convergere attorno all'identità dei dedicatari, che nel caso delle sestine su Atene, la «scuola d'ogni valor», sono la famiglia del marchese Gian Giacomo Trivulzio nella sua globalità, mentre l'intero opuscolo del *Sollievo* è tributato alla sola «Bice», ovvero a Beatrice Serbelloni, consorte dello stesso Trivulzio, alla quale in apertura sono indirizzate le tre strofette di settenari ed endecasillabi che aprono tutta la raccoltina. Un altro *milieu* di affetti dispone però anche la corona poetica inclusa nel *Sollievo*, che riunisce il marchese Antaldo Antaldi, studioso di Catullo, la contessa Violante Perticari Giacchi (in realtà, Ciacchi, moglie del conte Francesco, di Pesaro)[17], sorella di Giulio, Francesco Cassi, cugino di entrambi nonché volgarizzatore dei *Pharsalia* di Lucano. Nel caso delle sestine filelleniche, da ultimo, se l'energia del linguaggio ecfrastico, propria del *Sollievo*, in esse sembra modesta, trova però un'efficace compensazione nell'articolata immagine dipinta dal Migliara, che per dare forza di evidenza alle parole del poeta scelse di includere nel paesaggio ateniese, all'estremità opposta di una diagonale che parte dal tempio del Partenone sulla sommità dell'acropoli, il profilo di un'epigrafe colossale recante al suo centro i versi montiani scritti di pugno dell'autore al verso del foglio (l'epigrafe è collocata dinanzi ad alcuni personaggi in costume scaturiti invece dagli interessi del pittore per il mondo del teatro, oltre che da alcune serie di disegni raffiguranti abiti di tipo medioevale od orientale destinati alla messa in scena di tragedie e balletti).

Questo importante documento misto del filellenismo coltivato in casa Trivulzio si giovò dunque della collaborazione di una personalità di rilievo come il Migliara, divenuto in seguito pittore ufficiale di corte negli anni di Carlo Alberto di Sardegna, animato da impulsi liberali al pari del suo re e intrinseco a Milano, inoltre, non solo del Trivulzio

---

16 *Ivi*, p. 32.

17 Cfr. V. Monti, *Epistolario*, V, raccolto ordinato e annotato da A. Bertoldi, Firenze, Le Monnier, 1930, p. 402, nota.

stesso, ma anche di altre personalità dell'aristocrazia o dell'alta borghesia cittadina del calibro di Enrico Mylius e di Luigi Balsamo Crivelli[18]. La comparsa di quei versi, deposti nell'acquarello del Migliara dal poeta romagnolo, che era in relazione a sua volta con il principe di Carignano, ma, soprattutto, si professava nei fatti buon amico del liberale Trivulzio nei mesi della sfortunata cospirazione antiaustriaca del Confalonieri e dei Federati a Milano, in cui il medesimo Trivulzio era implicato quale futuro ministro degli esteri (una macchinazione della quale il Monti, dal canto suo, ignaro non poteva essere)[19], conforta di nuovo circa la presenza di un cenacolo liberale nelle sale del palazzo trivulziano di piazza Sant'Alessandro, anche al di là di quanto con certezza di prova ribadiscono i verbali della polizia a carico sia del marchese, che della più intemperante consorte Beatrice (amica intima, peraltro, dello stesso Confalonieri)[20].

Sappiamo a questo punto che, mentre nella biblioteca di palazzo Trivulzio si lavorava alacremente attorno al *Convivio* dantesco senza per questo ignorare i disegni politici che covavano in segreto fra gli aristocratici della città (nell'attesa che – per tornate al Manzoni di *Marzo 1821* – le spade affilate nell'ombra scintillassero al sole), i medesimi spazi di incontro, di conversazione e di studio risuonarono delle discussioni vivaci ispirate dalla vicenda rivoluzionaria ellenica, quando a fare giungere notizie, rilievi o, più probabilmente, intense dichiarazioni di patriottismo ai frequentatori di quelle sale dovette essere Andrea Mustoxidi, così attento anche all'insurrezione accesasi in sincronia nel territorio sardo e ai potenziali travasi di essa nel confinante Lombardo-veneto[21]. Il

---

18 Su di lui cfr. L. Facchin, *Giovanni Migliara*, in *Dizionario biografico degli Italiani*, *cit.*, 74, 2010, pp. 352–354.

19 Ne abbiamo scritto in Colombo, *Dalle «vaghe fantasie» al «patrio zelo»*, *cit.*, pp. 175–186.

20 Un quadro dell'ambiente trivulziano e un bilancio delle sue attività politico-letterarie dopo la fine del Regno d'Italia napoleonico sono proposti in A. Colombo, *«I lunghi affanni ed il perduto regno». Cultura letteraria, filologia e politica nella Milano della Restaurazione*, Besançon, Presses universitaires de Franche-Comté, 2007, pp. 143–214; si rinvia inoltre alla sintesi di P. Pedretti, *Gian Giacomo Trivulzio*, in *Dizionario biografico degli Italiani*, *cit.*, 97, 2020, pp. 21–24.

21 Somiglianze e divergenze nelle insurrezioni parallele verificatesi in territorio italiano e in Grecia sono invece esaminate da A.G. Noto, *Le 'nazioni sorelle'. Affinità, diversità e influenze reciproche nel Risorgimento di Italia e Grecia*, in G. Altarozzi, C. Sigmirean (a cura di), *Il Risorgimento italiano e i movimenti nazionali in Europa. Dal modello italiano alla realtà dell'Europa centro-orientale*, Roma, Edizioni Nuova Cultura, 2013, pp. 43–68.

suo ruolo di diplomatico – ottenuto grazie all'amico Giorgio Mocenigo, console russo prima a Napoli e poi a Torino – operante come *attaché à la mission de Turin* (cioè consigliere di corte) proprio nei momenti della sollevazione nel Regno di Sardegna, i fitti rapporti con la colonia dei greci rifugiati a Venezia, che ricorderemo anche in seguito, la corrispondenza con il futuro presidente della repubblica (il conterraneo Giovanni Antonio Capodistria) agivano infatti da strumenti di aggiornamento sulle vicende in corso nella lontana ma sempre amata penisola[22].

Nei primi mesi del 1822 le simpatie liberali del Mustoxidi, che erano ben note anche all'autorità austriaca di Milano e venivano da essa ricondotte all'inclinazione politica manifestata dallo zar Alessandro I in quegli istanti, spinsero il Metternich a non coinvolgere in nessun modo il corfiota nel processo istruito contro la Federazione italiana per la sedizione dell'anno prima, se non qualora fosse stato «absolument nécessaire d'entendre cet agent diplomatique», ma con tutta la cautela e «les égards dûs à la Cour de Russie»[23]. Inutile precisare, del resto, che il Mustoxidi traversando il Ticino era al corrente del progetto insurrezionale ordito a Milano dai Federati nel 1821, tanto che a lui si rivolse un altro dei cospiratori lombardi, Giuseppe Pecchio, perché gli fosse procurato, negoziando con le autorità austriache, il passaporto necessario allo scopo di espatriare a Parigi in caso di pericolo[24]. Del vecchio discepolo greco del Monti il Trivulzio era a propria volta intrinseco, tanto che egli ne cercava notizie con insistenza presso il bibliotecario padovano Daniele Francesconi agli

---

[22] Sul Mustoxidi cfr. A. Rinaldin, *Andrea Mustoxidi*, in *Dizionario biografico degli Italiani, cit.*, 77, 2012, p. 575 (con rinvio al sito www.treccani.it, *ad vocem*); A. Scardicchio, *Su Andrea Mustoxidi epistolografo (con una lettera inedita a Vincenzo Monti e un'altra a Mario Pieri)*, in «Otto/Novecento», XXXIX, 2015, n. 2, pp. 5–18; Id., *«Le vostre lettere mi riescono sempre care...». Spigolature del carteggio inedito Mustoxidi-Vieusseux (con appendice di quattro lettere)*, in «Studi e problemi di critica testuale», 93, 2016, pp. 133–165; Id., *Paradigmi identitari a confronto nella Venezia della Restaurazione. La polemica Cicognara-Mustoxidi sui Cavalli di San Marco*, in «Otto/Novecento», XLII, 2018, n. 3, pp. 21–41; Id., *Gli espatriati greci nell'Italia dell'Ottocento. La vicenda di Andrea Mustoxidi*, in S. Gola, D. Vanden Berghe (a cura di), *La cultura e la letteratura italiana dell'esilio nell'Ottocento: nuove indagini*, Bruxelles, Peter Lang, 2020, pp. 121–136 (contributi ora rifusi non passivamente e integrati da Id., *Mustoxidi in Italia*, Alessandria, Edizioni dell'Orso, 2022). Del Capodistria si ricorda succintamente il vario operato anche in D. Lefèvre-Novaro (sous la direction de), *À l'aube de l'archéologie grecque, cit.*, pp. 82–83.

[23] D'Ancona, *Federico Confalonieri, cit.*, p. 327.

[24] Ne parla diffusamente V. Bianco nel suo *Giuseppe Pecchio e l'odeporica filellenica ottocentesca*, in questo stesso volume di Atti.

inizi del 1818, mentre nell'autunno del 1820 si preoccupava degli studi erodotei condotti dal Mustoxidi e della loro auspicata prosecuzione[25]; né all'espatriato di Corfù era trascorsa inosservata la ricca ed affascinante personalità di Beatrice Serbelloni Trivulzio, se ne percorriamo il carteggio intimo[26]. Il 20 marzo del 1821, quando da un paio di settimane era partito da Milano alla volta di Torino, il Mustoxidi riceveva una lettera del Monti, che apostrofandolo come il «*suo* caro figliuolo» ne lamentava implicitamente la lontananza augurandosi di vederlo tornare presto in città e trasmettendogli, fra l'altro, una corrispondenza di Marianna Veneri datata al 3 dello stesso mese[27].

Esaminando ciò che rivelano in modo inoppugnabile le carte a stampa e la documentazione epistolare (una lettera di Costanza Monti a Salvatore Betti riguardante «alcuni» sonetti che il Monti bramava di vedere «impressi» nel periodico romano), pervennero al «Giornale arcadico» nella seconda metà di aprile del 1822 (della data fa fede la premessa di Pietro Odescalchi confrontata con gli spostamenti del Monti in quel

---

25 Milano, Archivio della Fondazione Trivulzio, ms. 2046, fasc. 8 (7 gennaio 1818 e 23 settembre 1820: «Mustoxidi ha finito di stampare il primo volume dell'Erodoto; ieri ne ho veduto la prima copia, non dovendosi pubblicare che fra tre o quattro giorni. Mi pare che sia un'opera che gli acquisterà molta fama; ma non vorrei che si stancasse al primo volume»). In merito agli studi del Mustoxidi, ancora il 26 luglio del 1827 il Trivulzio scriveva a Sebastiano Ciampi: «Pel Mustoxidi benché si risenta *del fiero colpo che invidia gli diede*, pure io stimo che quel posto [l'incarico al ministero russo] non era affatto il suo, perché il suo cuore non è fatto per avvolgersi coi diplomatici nei laberinti delle corti. Egli aspirar debbe alla fama delle lettere, cui sarà ora costretto d'attendere con ardore e senza interruzione» (Milano, Archivio della Fondazione Trivulzio, ms. 2046, fasc. 12).

26 Scardicchio, *Mustoxidi in Italia*, *cit.*, pp. 75–77.

27 Monti, *Epistolario*, *cit.*, V, p. 312, n. 2355; il destinatario replicò avvertendo che «lavor*ava* pel bene della vostra e mia Italia», assicurando al poeta: «Ci vedremo quando questi guai saran finiti. Dio mio! Quante cose vorrei dirvi!» (Monti, *Epistolario*, *cit.*, V, p. 315, n. 2357, 23 marzo 1821); un biglietto della Veneri indirizzato al Monti e unito alla lettera destinata al Mustoxidi è edito in Vincenzo Monti, *Primo supplemento all'«Epistolario»*, raccolto, ordinato e annotato da L. Frassineti, Milano, Cisalpino, 2012, p. 465, n. 333. Il Trivulzio non sarebbe peraltro rimasto indifferente alle disavventure in cui, più tardi, credeva piombato l'amico corfiota: «Dicesi che il cav. Mustoxidi sia stato arrestato a Venezia per ordine della Russia e condotto a Pietroburgo: già voi saprete che da alcuni mesi egli aveva perduto la sua carica di consigliere di legazione, e il suo soldo» (Milano, Archivio della Fondazione Trivulzio, ms. 2046, fasc. 19, a Prospero Frecavalli, 1° maggio 1827); la notizia dell'arresto venne in ogni caso smentita dalla lettera del 7 maggio seguente al medesimo interlocutore (*ivi*).

mese e nel seguente, di cui più avanti) il secondo, il terzo, il quinto e il sesto sonetto della serie di otto presenti nel *Sollievo*, come è stato ricordato da altri[28], cui è però sfuggito che nel luglio dello stesso anno l'opuscolo del *Sollievo* venne incluso per intero, questa volta, nel secondo volume dell'«Ape italiana», la rivista nata nel 1819, sospesa poco dopo e riaperta a Milano da Nicolò Bettoni tre anni più tardi con qualche maggiore fortuna. In effetti, era intento della lieve pubblicazione, a quanto si legge nel *Prospetto* della seconda fase, quello di essere «quasi un indice di tutto quello che *sarebbe sorto* di letterario» nella penisola, rendendo conto di «ciò che in questa bellissima porzione d'Europa si adopera*va* dai dotti per l'incremento delle lettere e delle scienze» ed «abbracc*iando* eziandio i giornali», designati «parte non lieve della nazionale letteratura»: senza tacere, beninteso, delle problematiche scottanti di quei momenti, innescate dalla romanticomachia, ma per garantire una saggia equidistanza dagli opposti fronti («Non è [...] che noi stimiamo scevro da ogni macchia lo stato attuale dell'italiana letteratura, o che in ogni parte approviamo le fatiche di alcuni che avvisandosi di giovare, nuocono per avventura al lodevolissimo scopo di propagare e favorire le lettere nazionali»)[29]. Le

---

28 Monti, *Primo supplemento*, *cit.*, p. 494, nota; la corrispondenza cui alludiamo, ignorata in tale sede, si legge invece grazie a Costanza Monti Perticari, *Lettere inedite e sparse*, raccolte ed ordinate da M. Romano, Rocca S. Casciano, Cappelli, 1903, p. 124, n. CXVI (a Salvatore Betti, 28 aprile 1822). Cfr. anche Monti, *Epistolario*, *cit.*, V, pp. 406–407, n. 2458 (di Salvatore Betti, 15 giugno 1822): «Ella avrà già veduti i quattro sonetti suoi nel volume d'aprile. La bella canzone per l'Agricola si pubblicherà in quello di giugno corrente, volendosi da noi onorare dell'alto suo nome più fascicoli del giornale». I quattro sonetti sono, nell'ordine dell'edizione in periodico, «De' miei mali al pensier, che fiero il petto», «E te pur, dolce amico, e te pur prende», «Che più ti resta a far per mio dispetto» e «Più la contemplo, più vaneggio in quella»: «Giornale arcadico di scienze, lettere ed arti», XIV, 1822, pp. 121–123; appaiono seguiti da un sonetto di Giovanni Antonio Roverella (*inc.* «Eletto spirto, ond'oggi al Tebro in riva»), tradotto in latino da Cesare Montalti (*inc.* «O qui romulei reparas nunc margine Tybris»): *ivi*, pp. 123–124.

29 «L'Ape italiana», I, 1822, n. 1, pp. 3–4 e 5 *passim*. Sul Bettoni si rinvia a F. Barberi, *Nicolò Bettoni*, in *Dizionario biografico degli Italiani*, *cit.*, 9, 1967, pp. 774–779; M. Callegari, *Stampatori e librai a Padova nella prima metà dell'Ottocento*, Padova, Il Prato, 2013, pp. 11–62; Id., *«La Stamperia si riscosse all'urto violento»: la produzione libraria tra la caduta della Repubblica di Venezia e la nascita del Regno Lombardo Veneto*, in L. Mascilli Migliorini, G. Tortorelli (a cura di), *L'editoria italiana nel decennio francese. Conservazione e rinnovamento*, Milano, Angeli, 2016, pp. 59–75; D. Di Bartolomeo, *Tra antico e moderno: Nicolò Bettoni e la Rivoluzione francese*, in V. Criscuolo, M. Martirano (a cura di), *Gli scritti di una stagione. Libri e autori dell'età rivoluzionaria e napoleonica in Italia*, Milano, Angeli, 2020, pp. 127–140.

promesse dell'«Ape italiana» erano dunque allettanti, mentre, circa il ruolo del Bettoni nella ristampa giornalistica del *Sollievo*, il contributo da lui addotto fu oltremodo tenue, limitato a poche righe proemiali in cui trovò posto, tuttavia, un cenno dispiaciuto alle fatiche diverse del Monti, ovvero alle meditazioni linguistiche e dantesche che avevano costretto la sua «lira» a rimanere muta «per qualche tempo», dal momento che «l'amore al bellissimo italico idioma» aveva rivolto «il pellegrino intelletto dell'altissimo poeta ad altri studi»[30]. Entrambe le edizioni del *Sollievo nella malinconia* – quella in opuscolo autonomo e la seconda in rivista nell'«Ape italiana», di fatto sincrone – contengono perciò, immutata, la sequenza degli otto sonetti cui abbiamo più volte fatto cenno, incluso il primo di essi, il verso incipitario del quale si presenta nella lezione «Ben vieta alle mie ciglia empio dolore»[31]: ad esso riserviamo in questa sede alcune considerazioni motivate dal recupero di un testimone pertinente, rimasto finora ignoto al pubblico dei lettori e agli studiosi.

Quale testo incipitario che determina il motivo traente nella catena dei successivi, il sonetto proposto a stampa nel 1822 indugia con puntualità maggiore degli altri sui disturbi oculari di cui il Monti soffrì durante la residenza pesarese: dal fastidio, provato dal poeta, di «sostener gli strali» dell'«alma luce», causa di quell'«empio dolore» che si incista nel primo verso, all'obbligo di celare lo sguardo sotto la protezione di

---

30 «L'Ape italiana», I, 1822, n. 2, p. 311: «Per formare il più bell'elogio di questi versi basta il dire che sono dettati dal cav. Vincenzo Monti, il quale travagliato da rio morbo cercò un conforto in quella lira che tocca dalle sue dita mandò sempre armoniosissimi concenti e che per qualche tempo giacea muta, perché l'amore al bellissimo italico idioma avea volto già da qualche tempo il pellegrino intelletto dell'altissimo poeta ad altri studi. "Per grave infermità di occhi (così egli parla al lettore) privato al tutto della facoltà di leggere e scrivere, in alleviamento de' miei tristi pensieri io dettava in Pesaro questi versi divenuti poscia a me stesso cagione di nuovo rammarico pel grande storpio che se n'è fatto nelle varie copie a mano sparse nel pubblico. Li mando adunque alla stampa non perché io ne attenda gran lode, ma perché taluno mettendo a carico mio gli altrui spropositi non mi tenga poeta più reo di quel che sono. Piacemi anche di pubblicarli acciocché rimanga un segno della mia riconoscenza agli amici che nella mia dolorosa situazione mi hanno consolato della loro assistenza ed amorevole compagnia. Alcuni in leggendo questi versi dopo la funestissima novella della morte del c. Perticari li bagnarono di lagrime pensando che erano stati dettati nella casa di lui, che da invida morte fu troppo presto rapito all'Italia, alle lettere, agli amici"» (il passo citato dal Bettoni è tratto fedelmente da Monti, *Un sollievo, cit.*, p. 5); l'opuscolo del *Sollievo* si trova alle pp. 312–325 della rivista.

31 Monti, *Un sollievo, cit.*, p. 27; «L'Ape italiana», I, 1822, n. 2, p. 321.

un'«atra benda», fino al risalto che viene riconosciuto alle facoltà proprie della virtù immaginativa, grazie alle quali l'occlusione temporanea degli occhi si rivela potenziatrice di un «veder migliore» assicurato dal «pensier», il quale, battendo le «ali», si spinge molto più lontano di quanto non sarebbe riuscita a fare la sola acutezza della vista. Da quella sua ricognizione il pensiero retrocede tuttavia a mani vuote, dopo avere cercato inutilmente di investigare, fra i «tumulti d'Europa», gli «arcani» dinanzi ai quali «muta del saggio è la parola»: sicché, con prudenza, il «cor» gli «grida» di «tornare alla nostra donna» per «consola*rne*» il «pianto», oppure di pregare perché «il dolor» lo conduca subitamente a morte.

Viene da osservare che un simile linguaggio tradisce con flagranza nel Monti, in quei mesi, l'effetto di ritorno causato da una lettura intensa del giovane Dante lirico: il quale, in alcune rime della *Vita nuova* come in altri versi esclusi dal prosimetro, si era rivelato attento, secondo quanto è ben noto, alla declinazione poetica di un'esperienza sentimentale acuta, di genere dissociativo, consistente nella scomposizione dell'unità psichica cui andava incontro, per la sofferenza estrema impostagli dal dolore, il poeta-amante, pronto a esprimersi per simile ragione nel medesimo linguaggio e secondo la stessa piegatura sintattica che dominano nel minuscolo canzoniere del «primo amico» tra i 'fedeli d'Amore', Guido Cavalcanti[32]. Circa la seconda terzina montiana, d'altra parte, si distingue a nostro giudizio un'eco almeno approssimativa del sonetto «Tu m'hai sì piena di dolor la mente» (IV, vv. 1–8, accessibile sia tramite la giuntina di rime antiche del 1527, che la cominiana del 1740)[33], ma sono nomi e testimonianze di poesia che nei medesimi anni si rincorrono fra le

---

32 All'interno di una bibliografia abbondante su tale problematica cavalcantiana sarà sufficiente rinviare, in questa sede, a M. Auciello, *«Spiriti» e «fiammette»: dalla metonimia alla metafora*, «Critica del testo», IV, 2001, n. 1 (*Alle origini dell'Io lirico. Cavalcanti o dell'interiorità*), pp. 89–136 (pp. 95–120 in particolare).

33 G. Cavalcanti, *Rime. Con le rime di Iacopo Cavalcanti*, a cura di D. De Robertis, Torino, Einaudi, 1986, pp. 18–19; *Sonetti e canzoni di diversi antichi autori toscani*, introduzione e indici di D. De Robertis, II (*Testo*, ristampa anastatica), Firenze, Le Lettere, 1977, c. 62*v*; *Rime di diversi antichi autori toscani in dodici libri raccolte*, Venezia, Occhi, 1740, pp. 190–191: di quest'edizione si conserva un esemplare postillato congiuntamente dal Monti, dal Trivulzio e da Giovanni Antonio Maggi (Milano, Biblioteca Trivulziana, Rari Triv. I 216), testimone di un interesse accentuato, da parte del salotto trivulziano, per le rime duecentesche e di Dante, su cui cfr. ora P. Pedretti, *Nell'officina di casa Trivulzio: il progetto di edizione delle «Rime» dantesche*, in S. Brambilla, L. Mazzoni (a cura di), *Dante fra Italia ed Europa nell'Ottocento*, Milano, Biblioteca Ambrosiana-Centro Ambrosiano, 2021, pp. 33–60.

pagine della *Proposta*, in base a quanto è dato di stabilire anche empiricamente. Precisiamo che, in abito identico, lo stesso sonetto venne accolto nel 1826 sia dalle milanesi *Poesie varie*, che, di conseguenza, nelle *Poesie* uscite a Bologna dalla brighentiana Stamperia delle Muse (la medesima che in quell'anno pubblicò anche il libretto dei *Versi* di Giacomo Leopardi), infine nel primo tomo delle *Opere* del Monti raccolte dal Resnati nel 1839 sotto il titolo, ancora una volta, di *Poesie varie*[34].

A dispetto delle apparenze, il sonetto di cui discutiamo andrà restituito, anziché ai soli caratteri di una generica «funzione emotiva»[35], alla scarna compagine testuale del filellenismo montiano, così come le sue ragioni e i suoi scopi sono da riconoscere con nitidezza ben superiore a ciò che il testo edito nel 1822 non abbia permesso confusamente di arguire sin qui. Abbiamo appena constatato che il sonetto pone il suo epilogo nello sconcerto avvertito dal pensiero dinanzi ai «tumulti» e agli «arcani» d'Europa, venendo infine suggellato dalla decisione, assunta anche dal poeta, di ripiegare velocemente a Milano al fine di consolare della sua assenza la donna amata, quando si trovava ormai esposto al rischio che il dolore profondo generato dalla separazione prevalesse a tal punto da estinguere in lui la vita: per ricorrere a termini più espliciti, il sonetto sviluppa dunque in forma moderna e nel taglio della lirica occasionale il notissimo luogo poetico dell'*amor de lonh*, comune, ancora una volta, alla lirica duecentesca (occitanica, toscana o fiorentina). Che cosa fossero quegli eventi oscuri e indecifrabili gravanti sul continente europeo non è dato di sapere, per la reticenza dell'autore e in forza dell'opacità intenzionale del testo: ciononostante, al di là delle inquietudini sollevate nel Monti da qualche episodio puntiforme di rivoluzione liberale cui ci siamo riferiti in precedenza, è possibile stabilire finalmente che il pensiero allarmato del poeta, scrivendo quei versi, in origine non si era indirizzato a un più ampio teatro delle velleità cospirative d'Europa, ma era corso proprio alla contrastata sollevazione ellenica in via di sviluppo a partire dalla primavera del 1821, dopo l'allocuzione rivolta ai greci dal monastero di Aghia Lavra a opera del metropolita di Patrasso, Germano

---

34 V. Monti, *Poesie varie*, Milano, Società tipografica dei Classici italiani, 1826 (*Opere varie*, III), p. 7; V. Monti, *Opere*, IV, Italia, 1826, p. 317; V. Monti, *Poesie varie*, Milano, Resnati, 1839 (*Opere*, I), p. 21.

35 Monti, *Primo supplemento*, *cit.*, p. 494, nota.

III (posta simbolicamente al 25 di marzo, in coincidenza con la festa dell'Annunciazione)[36].

Del medesimo sonetto sopravvive, in effetti, un testimone manoscritto sconosciuto, riemerso in circostanze fortuite dalle carte dell'archivio un tempo di proprietà del milanese Giovanni Antonio Maggi, l'affezionato segretario personale e il collaboratore attento del Monti nel corso dei suoi ultimi e tormentati momenti di vita; tralasciando di parlare di lui perché è stato fatto da altri in tempi non remoti[37], sarà almeno da ricordare che il Maggi nutrì una vera devozione nei confronti del vecchio Monti, al punto da custodire con scrupolo quanto aveva avuto modo di vedere e di ottenere per sé dal poeta romagnolo. L'archivio del Maggi in anni passati è andato disperso sul mercato antiquario, non così celermente, tuttavia, perché svariati suoi pezzi non fossero raccolti con tempestività e conservati dagli studiosi, che vi hanno attinto materiali più che bastanti ad alimentare e a condurre in porto pubblicazioni degne di rilievo[38]. Rimasto fuori dal mazzo più consistente dei reperti a causa

---

[36] Sulla vicenda cfr. Y. Spiteris, *La Chiesa ortodossa greca dall'indipendenza ai nostri giorni*, in L. Vaccaro (a cura di), *Storia religiosa della Grecia*, Milano, Itl, 2002, pp. 381–382; F. Guida, *Il Patriarcato di Costantinopoli, la Chiesa ortodossa greca e il Regno di Grecia*, in A. Baldinetti, A. Pitassio (a cura di), *Dopo l'Impero Ottomano. Stati-nazione e comunità religiose*, Soveria Mannelli, Rubbettino, 2006, pp. 41–42.

[37] Sul Maggi (1791–1865) cfr. A. Cadioli, *Un «alter ego» nascosto di Vincenzo Monti. Giovanni Antonio Maggi*, in A. Colombo, A. Romano (a cura di), *«Fatto cigno immortal». Studi e studiosi di Vincenzo Monti fra Otto e Novecento*, Atti del Colloquio montiano (Lecce-Acaya di Vernole, 6–7 ottobre 2011), Manziana, Vecchiarelli, 2012, pp. 17–33; G. Biancardi, *La figura del revisore editoriale: Giovanni Antonio Maggi*, in A. Cadioli, W. Spaggiari (a cura di), *Milano nell'età della Restaurazione (1814–1848). Cultura letteraria e studi linguistici e filologici*, Milano-Roma, Biblioteca Ambrosiana-Bulzoni, 2015, pp. 155–169; Id., *La redazione definitiva della «Bassvilliana» e il suo testo critico*, in «Prassi ecdotiche della modernità letteraria», I, 2016, pp. 83–97; A. Cadioli, *Un laboratorio linguistico-testuale nella Milano della Restaurazione*, in Massimo Prada-Giuseppe Sergio (a cura di), *Italiani di Milano. Studi in onore di Silvia Morgana*, Milano, Ledizioni, 2017, pp. 341–351; A. Colombo, *Attorno a un'edizione moderna del «Convivio» dantesco (Milano, 1826). La "genesi plurale" di un esercizio filologico*, in C. Del Vento, N. Ferrand (a cura di), *I manoscritti italiani del XVIII secolo. Un approccio genetico*, Firenze, Le Lettere, 2018, pp. 189–200; A. Cadioli, *«La sana critica». Pubblicare i classici italiani nella Milano di primo Ottocento*, Firenze, Firenze University Press, 2021, pp. 195–204.

[38] Le carte del Maggi vennero conservate con attenzione dal figlio Pietro Giuseppe (1817–1873) e in seguito dal nipote Gian Antonio (1856–1937) nella dimora milanese di famiglia, situata in via Chiossetto e ancora oggi visibile. Dopo lo smembramento e la vendita dell'archivio (Milano, 2009), esse sono state proficuamente

della sua levità, un foglietto volante ha però corso l'alea della dispersione, mescolato, com'era, con decine di carte di natura eterogenea e di formati diseguali, poste in vendita indistintamente e alla spicciolata; è stato tuttavia possibile trarlo per tempo dallo scaffale della libreria presso cui giaceva per rivelarne, ora, un contenuto che pare a noi di qualche interesse: il modesto ritaglio conserva infatti, tra scampoli di scrittura dal valore diverso, l'ignota redazione originaria del sonetto di cui stiamo discorrendo.

In tale testimone, fatta salva l'uniformità sostanziale delle quartine rispetto alla stampa, gli elementi nuovi si concentrano nelle terzine di tema genericamente politico. La prima delle due non ospita affatto lo sconforto maturato dal pensiero dopo il viaggio fra le agitazioni e gli arcani d'Europa, ma dichiara altro: «Tra i forti d'Idra ei vola» – «ei» è proprio il pensiero – «ove un'ardita Disperanza al mar d'Ella, e a Maratona La prova affretta della gran disfida» (ovvero, il pensiero vola là dove, nel mare Egeo, con riferimento implicito all'isola di Salamina, nonché nella pianura di Maratona si avvicina il momento del grande scontro). La seconda terzina suona invece «Ma il cor che ne va seco alto gli grida: Riedi indietro a colei che in Val d'Olona Siede al governo di mia stanca vita», suggellando così il testo mediante il tributo affettuoso ed esplicito indirizzato alla consorte del Monti, come sarebbe accaduto anche nella doppia pubblicazione a stampa del 1822. Accanto a queste prime varianti, che bene distinguono il sonetto manoscritto da quello edito, il testimone ritrovato documenta eccezionalmente uno strato di correzioni supplementari che ne modificarono in maniera sensibile gli ultimi versi; alcune delle lezioni relative alla prima terzina vennero infatti sostituite, sicché la nuova redazione di essa appare infine nei termini che seguono: «Tra i forti d'Argo ei vola, ove un'ardita Disperanza al mar d'Ella, e a Maratona La fine affretta della gran disfida». La seconda terzina si rivela rimaneggiata

---

impiegate da G. Biancardi, *«Lavori letterarj del signor Giovanni Antonio Maggi». Appunti inediti di Giovanni Resnati*, in «L'Officina dei libri», II, 2011, pp. 215–232, ma soprattutto in V. Monti, *In morte di Ugo Bassville. Cantica (1825)*, edizione critica a cura di G. Biancardi, con una premessa di A. Cadioli, Milano, Il Muro di Tessa, 2017 (dove si leggano in specie le pp. XVII-XVIII) e in G. Biancardi (a cura di), *Monti negli anni della Restaurazione*, ricerche bibliografiche e schede, Milano, Cento Amici del Libro, 2018 (su cui A. Colombo, in «Giornale storico della letteratura italiana», CXCVI, 2019, pp. 140–144), inoltre in G. Biancardi, *Giunta minima all'epistolario di Vincenzo Monti*, in «Prassi ecdotiche della modernità letteraria», IV, 2019, n. 1, pp. 3–15.

a sua volta, secondo una scelta che accentua la curvatura patetica della commiserazione di sé, così da assumere la veste «Ma in suon pietoso il cor riedi, gli grida, Riedi a colei, che sola in val d'Olona Tempra l'amaro della nostra vita»[39]. Solo queste nuove lezioni scaturite dalla revisione del manoscritto, con l'aggiunta di una variante in sede di quartine (*Liberissimo →Velocissimo* 7) e di un'altra nella prima terzina (*Ella →Elle* 10)[40], trovarono luogo in appendice alla raccolta *Tragedie, drammi e cantate* allestita dal Carducci, che si avvantaggiò degli autografi o degli apografi somministratigli liberalmente da Achille Monti, pronipote romano di Vincenzo[41]; le prime lezioni, invece, restarono anche a lui ignote.

Come si è potuto constatare, Hydra, poi Argo, l'Egeo e Salamina, infine Maratona disegnano con piena evidenza il perimetro geografico dell'autentico argomento politico affrontato in origine dal sonetto, la rivoluzione greca, ovvero la «gran disfida» di cui è in corso «la prova»: anzi, nella lezione sostitutiva del manoscritto e precorrendo i tempi della storia,

---

39 Rinviamo all'*Appendice* di queste pagine per il testo del sonetto e la descrizione del reperto.

40 In assenza di un lessico della poesia montiana, resta molto difficile stabilire se la non così comune lezione «Elle» fosse nell'originale letto dal Carducci o debba venire accreditata, piuttosto, a quest'ultimo (basti ricordare per brevità il «noi figli d'Elle» 14 della saffica *Alessandria*, nelle *Odi barbare*: nulla di significativo al riguardo propone il commento di G. Carducci, *Opere*, a cura di E. Giammattei, II, Milano-Napoli, Ricciardi, 2011, p. 379, nota); optiamo per la prima delle due ipotesi, nell'attesa che studi più accurati vengano condotti sul linguaggio poetico del Monti.

41 V. Monti, *Tragedie, drammi e cantate. Con appendice di versi inediti o rari*, a cura di G. Carducci, Firenze, Barbèra, 1889, pp. 691–692, da cui deriva V. Monti, *Poesie novamente ordinate*, Firenze, Sansoni, 1889, pp. 390–391 (quest'edizione è verosimilmente quella censita in G. Bustico, *Bibliografia di Vincenzo Monti*, Firenze, Olschki, 1924, p. 13, scheda n. 41, «per Tommaso Casini»). In merito alla provenienza del sonetto (che nella sua edizione porta il n. XXV), scrisse fra l'altro il Carducci: «I, III, IV, VII, X, XI, XII, XIII, XVII, XXV, XXVI, XXVII. Di questi io non conosco veruna stampa, ma n'ebbi copia dal signor Achille Monti, il quale con le sue odi e con altri versi di nobile eleganza si è mostrato discendente non indegno d'un illustre poeta. Ei raccolse e trascrisse queste ed altre composizioni, parte da autografi e da stampe, parte da una collezione di monsignor Muzzarelli, che, oltre gli autografi, usava mettere insieme pur le cose inedite e rare degli uomini illustri, anche se non fossero scritte di loro mano. Il signor Monti lasciò a me la facoltà di scegliere per la stampa fra le non poche cose ch'ei mi mandava. Ed io mi sono anzi che no tenuto stretto [...]» (Monti, *Tragedie, drammi e cantate*, *cit.*, pp. VIII-IX). Sul ferrarese Muzzarelli rimandiamo a V. Camarotto, *Carlo Emanuele Muzzarelli*, in *Dizionario biografico degli Italiani*, *cit.*, 77, 2012, pp. 624–626, ma resta opportuna la lettura di G. Bustico, *Un ministro ferrarese di Pio IX: Carlo Emanuele Muzzarelli*, in «Rassegna storica del Risorgimento», XXVI, 1939, pp. 459–475.

addirittura «la fine». I termini impiegati dal poeta appaiono di completa pertinenza rispetto agli eventi greci e, secondo quanto abbiamo anticipato, obbligano a postulare a beneficio del Monti l'intervento di un suggeritore avvertito degli sviluppi rivoluzionari ellenici quale il Mustoxidi si rivelava pronto a essere in quei frangenti. Vale la pena di ricordare con brevità, perciò, gli episodi storici su cui si appoggiarono le due redazioni successive delle terzine nel sonetto montiano secondo la doppia stesura giuntaci manoscritta.

Il 28 aprile del 1821 gli abitanti dell'isola di Hydra, saputo del massacro di cristiani occorso a Costantinopoli in coincidenza con la Pasqua ortodossa, quando era stato assassinato turpemente anche l'ottantaquattrenne patriarca Gregorio, si sollevarono proclamando la ἐπανάστασις, la santa insurrezione e il regno della Croce contro gli infedeli («Élevez la croix au haut de vos bannières, – et frappez votre ennemi comme la foudre» è l'incitamento che si legge nel noto *Hymne de guerre* di Konstantinos Rigas di Velestinlìs, Φεραίος, raccolto da Claude Fauriel)[42], nel solco dell'appello alla guerra santa lanciato mesi prima, in un quadro di crescente frenesia insieme patriottica e religiosa, da Alessandro Ypsilantis (dedicatario taciuto, come abbiamo proposto altrove, dei tre sonetti filellenici rieditti per ultimo dal Carducci)[43]. La lezione successiva, che andò a sostituire Hydra con Argo, intendeva verosimilmente richiamare, invece, la nascita del consolato dell'Argolide il 26 maggio 1821 e la resistenza opposta da questa città alla reazione ottomana nel corso del mese di luglio dello stesso anno[44], quando gli eventi parvero precipitare, in effetti, verso un epilogo definito della tortuosa vicenda insurrezionale greca.

42 *Chants populaires de la Grèce moderne*, recueillis et publiés par Claude Fauriel, II, Paris, Didot (poi Didot et Dondey-Dupré), 1825, pp. 15–29; la citazione è da p. 27. Sull'opera si legga E. Maiolini, *Fauriel ellenista a Parigi. Gli «Chants populaires de la Grèce moderne» dai manoscritti alla stampa*, in «Thesaurismata», XLI-XLII, 2011–2012, pp. 233–277; cfr. inoltre, circa il 'protomartire' della nazione ellenica, G. Stamboulis, *Radicali e moderati nell'Illuminismo balcanico: il pensiero politico di Adamantios Korais e Rigas Velestinlìs*, Trieste, Eut, 2020, pp. 61–68, 137–145 e 193–198.

43 É. Driault, *L'insurrection et l'indépendance (1821–1830)*, in É. Driault, M. Lhéritier, *Histoire diplomatique de la Grèce de 1821 à nos jours*, I, Paris, Les Presses universitaires de France, 1925, pp. 140–141; sulla dedica all'Ypsilantis cfr. Colombo, *Dalle «vaghe fantasie» al «patrio zelo»*, *cit.*, pp. 62–66.

44 *Storia contemporanea della Grecia dal 1821 fino alla fondazione del nuovo stato*, prima versione italiana, I, Milano, Ufficio dell'Indicatore lombardo, 1831, pp. 182–186.

Sembra perciò del tutto verosimile dedurne che gli scambi ripetuti fra i Trivulzio, il Monti e il Mustoxidi, impaziente ed entusiasta raccoglitore delle notizie provenienti dall'Ellade, abbiano fornito al poeta romagnolo e ai suoi versi la materia opportuna nello stato di fluidità proprio del magma di cronache in via di graduale raffreddamento; traendo vantaggio, a più riprese e a breve distanza di tempo, dagli appunti in cui si erano fissate le notizie che il Mustoxidi gli aveva somministrato con calore di partecipazione, il Monti pervenne in tal modo a una scrittura poetica sussultoria e mutevole, aperta alla stessa elasticità diacronica che imponevano gli aggiornamenti ricevuti con periodicità dal suo autorevole confidente. Il Mustoxidi, da parte sua, si era distinto per tempo quale osservatore perspicace delle traversie politiche da cui era angustiato il mondo ellenico e in tale prospettiva aveva dato alle stampe nel 1820 a Parigi, coperto dal velo prudenziale dell'anonimato, un dettagliatissimo *Exposé des faits qui ont accompagné et suivi la cession de Parga*, riservato alla drammatica vicenda occorsa agli esuli pargioti e letto con interesse partecipe dal Monti, come sappiamo da alcuni versi del già menzionato sonetto che l'anziano poeta indirizzò al suo vecchio scolaro, posto abitualmente in coda ai tre riguardanti la Grecia 'rigenerata' dalla rivoluzione del 1821 («Te la greca virtù, morsa da rea Calunnia, or chiama a ritemprar l'ultrice Penna, che Parga lacrimar ci fea, Parga a venduti eroi madre infelice», 5–8)[45]. Nel medesimo giro di tempo, era lo stesso Mustoxidi a fornire molti dei *chants populaires* della Grecia moderna per la prima volta riuniti dal Fauriel, nel 1824–1825, in due sostanziosi volumi che permettono di conoscere la visione storica e il linguaggio politico circolante fra gli insorti contro l'oppressione ottomana.

Sulla genesi del sonetto, ricorderemo che il Monti, lasciata Milano in compagnia di Giulio Perticari nell'autunno del 1821, in un viaggio forse già presagito nel marzo-aprile (adombrato in quel momento dalla variante modesta di una breve residenza a Sesto di Monza in compagnia di Barnaba Oriani, di cui sarebbe stato ospite), e giustificato dall'intento verosimile di sottrarsi cautelativamente alle inchieste avviate dall'autorità

[45] In merito all'*Exposé* e al diverso punto di vista del Foscolo attorno alla crisi pargiota si rinvia a Colombo, *Dalle «vaghe fantasie» al «patrio zelo»*, *cit.*, pp. 21–51, mentre dell'impegno filellenico ha scritto in sintesi K. Zanou, *Nostalgia, self-exile and the national idea: the case of Andrea Mustoxidi and the early nineteenth-century Heptanesians of Italy*, in A. Aktar, N. Kızılyürek, U. Özkırımlı (ed. by), *Nationalism in the troubled triangle. Cyprus, Greece and Turkey*, London, Palgrave Macmillan, 2010, pp. 98–111.

di polizia intorno alla fallita cospirazione del Confalonieri[46], approdò a Venezia la sera di lunedì 19 novembre 1821; trattenutosi alcuni giorni in città, prese la via di Lugo e raggiunse infine Pesaro giovedì 6 dicembre, al calar del sole[47]. L'anziano poeta era tornato dunque a manifestare con pienezza di energia la vitalità abituale, quell'«antico ardore» che solo un anno prima era parso al Confalonieri – osservatore ben altro che passivo o distratto, viste le imminenze della sollevazione da lui macchinata – ormai «spento»[48].

Non ci sembra molto probabile che i due viaggiatori abbiano incontrato nella città lagunare il Mustoxidi: è vero che dalla primavera del 1821 – per rivolgerci ora alla biografia di lui scritta dal cognato Emilio Tipaldo – «combattuto dai propri doveri e dal patrio sentimento», nonostante il pendolarismo fra Milano e Torino motivato dal suo incarico diplomatico egli aveva infatti stimato bene di «ritirarsi in Venezia in mezzo alla picciola comunità greca quivi stanziata da molti secoli» (non riuscendo anzi a «staccar*si*» da una città dove pure gli abitanti – constatava – «non amano noi Greci»)[49]. Fra questi espatriati, come si legge nelle annotazioni del Mustoxidi deposte ai margini del libro, egli ebbe anche modo di conoscere la futura consorte, la cipriota Colomba Carta (la «cara Colombella» in una lettera di Isabella Teotochi Albrizzi

---

46 Monti, *Epistolario, cit.*, V, p. 312, n. 2355 (ad Andrea Mustoxidi, 20 marzo 1821: «non ho con chi parlare de' miei studi e disannoiarmi dei tanti strepiti che mi stanno intorno, del mondo politico, nel quale tu sai ch'io non soglio né posso vivere. Perciò ho fatta deliberazione di andarmene col mio Oriani a Sesto per qualche giorno»). Circa i rapporti del poeta con il mondo della politica cfr. A. Bertoldi, *Vincenzo Monti e il principe di Carignano*, in «Nuova Antologia», s. VI, 1201, 1° aprile 1922, pp. 268–269; Monti, *Epistolario, cit.*, V, p. 303, nota.

47 Monti, *Epistolario, cit.*, V, pp. 369–370, n. 2423 (a Teresa Pikler, 20 novembre 1821); *ivi*, pp. 374–375, n. 2429 (alla stessa, 7 dicembre 1821).

48 F. Confalonieri, *Carteggio ed altri documenti spettanti alla sua biografia*, a cura di G. Gallavresi, II, Milano, Tipo-litografia Ripalta, 1913, sez. II, p. 1146, n. MLXX (F. Confalonieri a Lorenzo Collini, [aprile 1820]).

49 E. De Tipaldo, *Biografia del cavaliere Andrea Mustoxidi*, Atene, Stamperia di P.A. Sakellarios, 1860, pp. 4–5; su di lui B.M. Biscione, *Emilio Amedeo De Tipaldo (De Tipaldo Pretenderi, Tipaldo)*, in *Dizionario biografico degli Italiani, cit.*, 39, 1991, pp. 462–464; la citazione seguente è tratta da una lettera del Mustoxidi a Giovanni Querini Stampalia in data 28 luglio 1821: A. Stouraiti, *La Grecia nelle raccolte della Fondazione Querini Stampalia*, Venezia, Fondazione Scientifica Querini Stampalia, 2000, p. 268. I rapporti del Mustoxidi con l'ambiente veneziano e con quello torinese degli anni Venti sono descritti in Scardicchio, *Mustoxidi in Italia, cit.*, pp. 113–151 (*ivi*, p. 178, la lettera della Teotochi Albrizzi al Mustoxidi).

al Mustoxidi del 5 agosto 1828), a nove anni dalla rinuncia coatta alle nozze con Costanza Monti; non avendo però smesso, a causa dello scacco inopinato, di frequentare Milano dopo quei momenti di tensione, proseguendo in questo modo i rapporti con il vecchio maestro Monti e con i suoi intrinseci, il Mustoxidi sarebbe rimasto, peraltro, il depositario e l'informatore di «tutte le notizie patrie» che provenivano dalle terre elleniche[50], secondo quanto abbiamo anticipato in merito al suo apporto di novità alle discussioni politiche che si agitavano nel salotto milanese del marchese Trivulzio. Pare tuttavia scarsamente verosimile che, qualora avesse davvero incontrato il Monti e il Perticari anche a Venezia, il Mustoxidi non si sarebbe prodigato per metterli a parte delle vicende ultime accadute in Grecia, spingendosi ben al di là di quelle che il poeta romagnolo avrebbe invece rievocato in maniera ormai anacronistica nell'aprile del 1822, quando esaltò i fatti di Hydra e di Argo succedutisi l'anno prima.

Non si rivela tanto impervia la ricerca del momento nel quale il sonetto venne ideato e conferito dal suo autore alla scrittura, poiché al rovescio del foglietto che ha conservato i versi la mano del Maggi ha vergato un appunto eloquente, ovvero il regesto della perduta missiva montiana cui il testo poetico si trovava allegato; vi si dichiara che il sonetto era stato «scritto da Pesaro in una lettera alla moglie» la «seconda festa di Pasqua», cioè lunedì 8 aprile 1822, «essendo malato d'una fistola a uno degli occhi»[51]. L'invio pesarese del Monti trova conferma nel carteggio

---

[50] A. Mustoxidi, E. Tipaldo, *Carteggio 1822–1860*, a cura di D. Arvanitakis, Atene, Museo Benaki-Kotinos, 2005, p. 121, n. 2 (di E. Tipaldo, 3/22 agosto 1822). Quanto al legame sentimentale del Mustoxidi con Colomba Carta, ne scriveva scherzosamente il Trivulzio all'amico Prospero Frecavalli il 4 ottobre del 1825: «Avete voi inteso parlare del matrimonio di Mustoxidi? egli è certissimo ed io vidi a Venezia la sua sposa, cui egli stesso mi ha presentato. Essa è una bella greca, non è Elena, ma Colomba; è nata nell'isola a Venere sacra; e oppressa dalla fortuna, come il restante della sua famiglia, fu raccolta e sollevata da Mustoxidi, indi sposata. Pronuba di queste nozze è la Pietà, che certamente val meglio di Giunone che che ne dicano i classici, o classicisti» (Milano, Archivio della Fondazione Trivulzio, ms. 2046, fasc. 19). Circa le vicende famigliari del Mustoxidi è inoltre da vedere K. Zanou, *Profughi ciprioti a Venezia e Trieste dopo il 1821 (nuovi elementi provenienti dalle Carte Mustoxidi a Corfù)*, in M. De Poli (a cura di), *Giornate per Cipro*, Atti degli incontri tenuti all'Università di Padova (10 maggio e 28 novembre 2006), Padova, Garangola, 2008, pp. 39–62.

[51] Anche in questo caso si rinvia all'*Appendice* posta alla fine del saggio. La lettera non è raccolta in Monti, *Epistolario*, *cit.*, né in Monti, *Primo supplemento*, cit.; manca inoltre in L. Frassineti, *Correzioni, giunte e inediti al «Primo supplemento*

noto, dal momento che la lettera del poeta non rimase senza seguito; Teresa Pikler, ricevuto il documento epistolare, replicò infatti il sabato seguente, 13 aprile, invitando il coniuge a tornare subito a Milano perché si prendesse cura delle fragili condizioni di salute in cui versava: occupata nella sua interezza dalle inquietudini personali, in quella risposta manca perciò, ragionevolmente, ogni cenno ai versi allegati dal poeta al foglio epistolare[52]. Nessuna indiscrezione, se non circa lo stato di salute del consorte («Papà ha fatto malis.mo a far<s>i applicare un rifricante nello stato d'infiammazione in cui ritrovasi il suo occhio», perché «il cantaride non farà che iritargli magiormente il sangue. Raccomandategli che si purghi, e che non applichi nulla nulla sopra l'occhio che a<c>qua tiepida»), offre peraltro la lettera della Pikler alla figlia Costanza il 26 aprile successivo, dove le annunciava un'ormai imminente partenza alla volta di Bologna (stabilita per domenica 28 aprile) allo scopo di ricevervi il marito, al contempo dichiarandosi in attesa della risposta di lui alla sua precedente missiva[53].

Se il *terminus ad quem* del sonetto coincide dunque con l'8 aprile indicato dal regesto epistolare, allorché i versi furono materialmente conclusi e spediti, la composizione poetica era stata concepita e redatta dopo l'insorgere dell'infezione al condotto lacrimale dell'occhio destro, che si verificò tra gli ultimi giorni di febbraio e i primi di marzo[54]. La nascita del sonetto ellenofilo andrà perciò collocata attorno alle metà di quest'ultimo mese, immaginando che alla consorte il poeta si trovò a spedire, nella lettera perduta dell'8 aprile, una redazione in pulito del suo componimento prodotta nella seconda metà di marzo: circa i versi giunti alla Pikler, dovettero apparire a testo, naturalmente, le lezioni seriori

---

all'Epistolario di Vincenzo Monti» (con una lettera ritrovata di Ippolito Pindemonte al Foscolo), in «Seicento e Settecento», IX, 2014, pp. 49–96; è probabile che il riassunto della lettera sia stato dettato dal poeta stesso.

52 Monti, *Epistolario, cit.*, V, p. 400, n. 2451.

53 *Lettere di Teresa Pikler alla figlia Costanza (1817–1833)*, a cura di M.S. Rati, in *Corpus epistolare ottocentesco digitale* (ceod.unistrasi.it), Università per Stranieri di Siena - Università degli Studi di Cassino - Università 'La Sapienza' di Roma - Università degli Studi di Milano, 2009, n. 9; si veda inoltre Monti Perticari, *Lettere inedite e sparse, cit.*, p. 124, n. CXVI (a Salvatore Betti, 28 aprile 1822: «Avrei voluto scrivervi di pugno se l'indispensabile necessità dei preparativi pel nostro viaggio di Bologna e l'assidua assistenza, che pure m'è debito prestare al mio buon Padre, non me lo avessero impedito»).

54 Monti, *Epistolario, cit.*, V, p. 399, n. 2449 (a Teresa Pikler, fine di marzo 1822) e p. 401, n. 2452 (a Bartolomeo Borghesi, 28 aprile 1822).

che l'autore reputava, in quel momento, definitive; il Monti trattenne invece presso di sé la redazione precedente, ormai degradata alla natura di *brouillon* dopo la revisione da cui era discesa la copia inviata a Milano.

Quanto all'esemplare tratto dal Maggi e pervenuto alle nostre mani, esso si rivela il frutto di un allestimento di tipo poligenetico. Lo scrivente vi replicò anzitutto, per preservarlo con tutto lo scrupolo che la devozione gli imponeva, un primo antigrafo di cui ebbe in sorte di disporre, somministrato di certo al Maggi dal poeta e costituito dal documento cartaceo che ospitava per intero il testo del sonetto nella sua redazione originaria. In interlinea e lungo il margine inferiore del foglio che allestì, il Maggi trascrisse però le varianti seriori delle terzine, estratte questa volta da un secondo antigrafo, che doveva consistere in una redazione appartenente alla medesima famiglia di quella comunicata alla Pikler[55]. Di questo testimone, diverso da quello donato alla consorte dal Monti, è indispensabile postulare l'esistenza, poiché il Maggi non raccolse nel proprio esemplare le lezioni disgiuntive dei vv. 7 e 10 (*Liberissimo →Velocissimo*, *Ella →Elle*), che invece figuravano nell'autografo mandato dal poeta alla moglie, se di esso ha preservato traccia – come crediamo – il foglio giunto alle collezioni di Achille Monti: il quale, secondo quanto abbiamo ricordato, lo sottopose agli occhi del Carducci perché se ne giovasse nell'appendice della raccolta *Tragedie, drammi e cantate*, dove leggiamo perciò il sonetto con le lezioni divergenti dei vv. 7 e 10 e con le seconde varianti ellenofile[56]. La 'copia Maggi' si avvalse dunque di due tributari distinti e asimmetrici, le cui testimonianze il giovane segretario del poeta scelse di non contaminare, preferendo invece riprodurre scalarmente nel suo esemplare le lezioni da sostituire e quelle che le sostituivano, senza respingere le prime a vantaggio delle sole seconde.

Andrà invece rifiutata l'ipotesi concorrente, che vedrebbe il Maggi redigere il sonetto dietro dettatura e sotto gli occhi dell'anziano poeta, varianti comprese, come sappiamo che accadde quando egli operò, da semplice scrivano, negli ultimi anni di vita del suo amato maestro[57]. Il sonetto venne ideato e corretto una volta esaurito il soggiorno autunnale

---

[55] Rimandiamo alla nota introduttiva dell'*Appendice* di questo saggio.

[56] Cfr. *supra*, nota 41. Riproduciamo dunque il sonetto edito dal Carducci nell'*Appendice* con fedeltà rigorosa, in quanto presumibile edizione a stampa di quello pervenuto alle mani di Teresa Pikler e da lì transitato, in originale o in copia, nelle collezioni di Achille Monti.

[57] Si rinvia a quanto è ricordato in Colombo, *Attorno a un'edizione moderna*, *cit.*, pp. 197–199 in particolare, inoltre al caso del volgarizzamento montiano delle *Satire* di Persio (1826, esemplare custodito a Milano, Biblioteca Nazionale Braidense,

a Venezia e quando il Monti era ormai a Pesaro, nella primavera del 1822, per venire comunicato l'8 aprile di quell'anno alla Pikler: dopo la partenza da Milano e ben prima del rientro del Monti in quella città, perciò, dove il poeta avrebbe infine riannodato con il Maggi il legame di collaborazione, per lui sempre più indispensabile a causa dell'aggravarsi delle proprie condizioni fisiche, e, vincendone la ritrosia, si sarebbe infine prodigato per introdurre il giovane amico fra le conoscenze del marchese Trivulzio[58].

Al fine di dare corpo ai versi, da ospite in casa del Perticari il Monti si era trovato a cercare gli episodi cruciali della rivoluzione ellenica fra gli appunti presi a Milano, oppure raccoltisi nella memoria in quelle stesse circostanze, allorché si accavallavano e si inseguivano le novità mediate non senza concitazione dal Mustoxidi, facili a mescolarsi durante il non breve viaggio dal milanese alla laguna veneta e da lì alla volta di Pesaro. Giunto il Monti alla meta fra le braccia della figlia, tuttavia, l'invenzione del sonetto andò sfortunatamente a precipitare nella cornice delle precarietà supplementari generate dall'oftalmia, di modo che in quei momenti convulsi risultarono scambiati di posto, contro la loro corretta progressione, gli eventi dai quali era stata scandita la crisi politica grecoturca tra la fine di aprile e il luglio del 1821 (ovvero, come abbiamo visto, dalla rivolta di Hydra all'istituzione del consolato dell'Argolide): in una prima fase della composizione, al Monti dovette così sfuggire l'aggiornamento dei versi alle notizie più recenti fra quelle di cui egli disponeva, che fossero custodite dal ricordo o recuperate fra le pagine di un taccuino personale. Ne derivò una prima redazione sfasata rispetto alla cronologia dell'insurrezione ellenica, cui il poeta pose rimedio in un secondo tempo, comunque prima dell'8 aprile, una volta rimesse in ordine le informazioni che gli erano state fornite con prodigalità nei mesi trascorsi: il ritardo sugli eventi accaduti tra la fine del 1821 e il gennaio-marzo del 1822, al posto dei quali erano stati promossi a oggetto dei versi i fatti ormai lontani della primavera-estate del 1821, determinò in ogni caso l'anacronismo

AG.X.33), di cui si discute in Colombo, *Dalle «vaghe fantasie» al «patrio zelo»*, *cit.*, pp. 264–265, nota 43. Di un importante esemplare delle *Odes pythiques de Pindare*, traduites, avec des remarques, par M. [Michel Paul Guy de] Chabanon (Paris, Lacombe, 1772), postillato congiuntamente dal Monti e dal Maggi, si darà invece conto in altra sede (cfr. intanto *Vincenzo Monti. Edizioni originali e rare. Catalogo bibliografico n. 64*, Torino, Libreria antiquaria Pregliasco, 1992, p. 3, scheda n. 4).

58 Cfr. *Monti negli anni della Restaurazione*, *cit.*, p. 32, scheda n. 46; Biancardi, *Giunta minima*, *cit.*, pp. 6–7, n. I-II.

che domina nella composizione (a sua volta indizio, secondo la nostra congettura di poc'anzi, dell'assenza di novità comunicate più di recente dal Mustoxidi e di un incontro con lui a Venezia nell'autunno del 1821).

Varrà inoltre aggiungere, per dare seguito alla ricostruzione dell'episodio, che il poeta non si dimostrò molto sollecito all'invito rivoltogli con premura da Teresa Pikler, la quale – come abbiamo già asserito – lo aveva chiamato al celere rientro a Milano. Abbandonata Pesaro a malincuore soltanto la mattina del 30 aprile in compagnia dalla figlia Costanza, egli incontrò all'altezza di Cattolica la consorte, che, assistita da un intrinseco della famiglia, Luigi Aureggi, gli era andata incontro; fatta sosta a Savignano sul Rubicone, il Monti raggiunse Bologna, dove intendeva sottoporsi alla visita (che si ebbe il 2 maggio), oltre che a un eventuale intervento oftalmico (questo invece non venne effettuato), presso il celebre chirurgo felsineo Giuseppe Atti[59]. Non dimentico dei suoi impegni più consistenti, nelle medesime ore egli scriveva tuttavia al Perticari perché gli recuperasse lo scartafaccio relativo al sesto tomo (ovvero, la seconda parte del terzo volume, poi uscita con la data del 1824) della *Proposta di alcune correzioni ed aggiunte al vocabolario della Crusca*, rimasto giacente a Pesaro. Infine, il 4 maggio fece il suo probabile ingresso a Milano[60], dove il 3 luglio seppe infine dal Mustoxidi della

---

[59] Su di lui cfr. M. Crespi, *Giuseppe Atti*, in *Dizionario biografico degli Italiani, cit.*, 4, 1962, pp. 546–547; Monti, *Epistolario, cit.*, V, p. 401, n. 2452 (a Bartolomeo Borghesi, 28 aprile 1822); Monti, *Primo supplemento, cit.*, pp. 491–492, n. 349 (a Violante Perticari Giacchi, 1° maggio 1822); Monti, *Epistolario, cit.*, V, p. 402, n. 2453 (a Giulio Perticari, 7 [ma 2: vedi la seguente nota 60] maggio 1822). L'operazione oftalmica dovette invece avere luogo a Milano verso il 10 maggio, per mano del Taramelli: Monti Perticari, *Lettere inedite e sparse, cit.*, p. 126, n. CXVIII (ad Antaldo Antaldi, [maggio 1822]), p. 127, n. CXIX (a Giulio Perticari, 11 maggio 1822: «Papà mi ha scritto due righe da Milano le quali nulla mi dicono di quei professori circa il suo incomodo. Questo silenzio mi tiene in grande inquietudine. Domani dovrebbe giungere la notizia della eseguita operazione. Io ne tremo al solo pensiero») e *Lettere di Teresa Pikler, cit.*, n. 10. Presumiamo che sia una lettera al Taramelli il frammento di scrittura autografa, senza data, nel quale il Monti si indirizza a un «Caro Dottore» ringraziandolo della «tanta attenzione ed amore» posti nella cura della sua malattia: attualmente disperso, del reperto è però traccia in *Vincenzo Monti. Edizioni originali e rare, cit.*, p. 3, scheda n. 3.

[60] Monti, *Epistolario, cit.*, V, p. 402, n. 2453 (a Giulio Perticari, [Bologna, 7 maggio 1822]), ma cfr. quanto è dichiarato l'8 maggio 1822 in *Lettere di Teresa Pikler, cit.*, n. 10 («Avrai sentito dalla lettera scritta metà da Papà e metà da me, nello scorso ordinario, il nostro felice arrivo a Milano»). È perciò erronea la data (del resto, congetturale) attribuita dal Bertoldi alla lettera destinata al Perticari (7 maggio),

morte improvvisa occorsa al genero il 26 giugno[61]. In quei momenti di sofferenza acuta, il Monti ebbe la consolazione e il sostegno personale dell'antico allievo di Corfù, la cui presenza a Milano, ospite nel palazzo trivulziano di piazza Sant'Alessandro, è testimoniata da una lettera a lui spedita da Isabella Teotochi Albrizzi sotto la data del 10 luglio, dove si legge fra l'altro: «Non cesso di piangere la perdita di Perticari, e il dolore di Monti. Povero Monti! Confortatelo voi che il potete»[62].

Dal momento che il *Sollievo nella malinconia* vide la luce in luglio, l'opuscolo si trovò a medicare la ferita del lutto registrando con immediatezza lo stato di grave prostrazione del vecchio poeta, che, malgrado questo, ebbe la lucidità bastante per rimodulare precauzionalmente le terzine del sonetto filellenico occultandone il contenuto originario, di cui in privato la Pikler, il Maggi e probabilmente il Mustoxidi avevano contezza; in questo modo il *Sollievo* poté andare alle stampe senza rischio, evitando le obiezioni impedienti dell'autorità politica cittadina e del suo ufficio di censura. Gli strascichi del complotto ideato senza seguito dal Confalonieri e le inchieste giudiziarie che ancora si succedevano a carico dei malcapitati cospiratori avevano perciò consigliato al Monti la revisione cautelare dei versi, così da mascherarne le simpatie 'liberali' nei confronti di un popolo greco avvertito quale consorte nella sventura, se non addirittura fratello nel comune stato di soggezione straniera. Mentre è piuttosto evidente che l'abbondante vena poetica, almeno in questo caso, usciva in parte trattenuta dalle misure di vigilanza imposte, nella

---

menzionata in precedenza; l'autografo reca, per ammissione dello stesso Bertoldi, un appunto (sia pure di mano seriore) con la data del 2 maggio, da Bologna, che è del tutto coerente con la successione degli eventi da noi presentata; il «sabato» in cui il Monti immagina di mettere «piede nella cara *sua* cameretta» milanese non è dunque l'11, ma il 4 maggio.

61 Monti, *Epistolario, cit.*, V, p. 407, n. 2459 (a Gian Giacomo Trivulzio, giugno 1822); Monti, *Primo supplemento, cit.*, p. 494, n. 350 (a Violante Perticari Giacchi, 7 luglio 1822). Anche il cesenate Giovanni Antonio Roverella venne informato dal Mustoxidi del decesso di Giulio Perticari e gli rispose il 9 luglio: Monti, *Epistolario, cit.*, V, pp. 408–409, n. 2461. Sulla figura intellettuale del Roverella si rinvia a L. Frassineti, *Giovanni Antonio Roverella e la scelta dell'idillio fra 'otium' letterario e utopia di libertà nella Romagna del primo Ottocento*, in S. Cerasuolo, M.L. Chirico, S. Cannavale, C. Pepe, N. Rampazzo (a cura di), *La tradizione classica e l'Unità d'Italia*, Atti del Seminario (Napoli-Santa Maria Capua Vetere, 2–4 ottobre 2013), II, Napoli, Satura, 2014, pp. 363–379; Id., *Dodici lettere inedite di Giovanni Antonio Roverella conte di Sorrivoli, traduttore e patriota dimenticato*, in P. Rambelli (a cura di), *Dionigi Strocchi, cit.*, pp. 195–239.

62 Scardicchio, *Mustoxidi in Italia, cit.*, p. 178.

Milano della Restaurazione, a intellettuali e letterati apparsi troppo fiduciosi nell'operare del primo e ancora inesperto animatore del liberalismo cittadino, non è meno vero che quelle terzine, dal canto loro, erano però ispirate a eventi ormai lontani e non più attuali, sicché la correzione appariva giustificata anche dalla ragione di una più stretta aderenza alle vicende della storia d'Europa, benché al Monti queste si rivelassero, a suo dire, degli «arcani».

Veniamo ora, per epilogare, a un'osservazione ulteriore circa il sonetto di cui ci stiamo occupando, relativa a un aspetto che sembra meritevole di qualche indugio. La formula metrica della composizione presenta infatti una cifra sonora che si impone con immediatezza al lettore; mentre le quartine propongono una soluzione tradizionale di rime alternate disposte specularmente – già attestata con ampiezza, come si sa, fra il Duecento e il grande modello petrarchesco – del tipo ABAB/BABA, le terzine offrono un diverso spessore acustico, che si fonda su una varianza ternaria del genere CDE/EDC (nella storia della lirica italiana è la preferita da Cavalcanti, Boccaccio e Petrarca). Ora, se osserviamo la struttura metrica dei tre sonetti filellenici cui abbiamo fatto cenno all'inizio di questo contributo («L'almo stuol degli eroi spento in Giudea», «Di quel color che per lo sole avverso», «E teco i forti della Croce: a questi»), è agevole notare che in sede di quartine la scelta praticata dall'autore è l'alternata di ABAB/BABA nel primo, mentre nel secondo è la chiusa o incrociata ABBA/ABBA (affermatasi storicamente dai tempi di Cino, Cavalcanti e Dante in avanti), infine, nel terzo, di nuovo opera la soluzione ABAB/BABA; quanto alle terzine, esse esibiscono la struttura imperniata su tre rime: rispettivamente, CDE/CDE nel primo, CDE/EDC nel secondo, CDE/DCE nel caso del terzo. Ciò significa che il 'sistema' dei tre sonetti filellenici si oppone tecnicamente, escludendolo dal novero, al sonetto dedicato al Mustoxidi, che viene di norma associato ad essi dalle stampe recenti: il quale, mentre in sede di quartine rivela la formula comune ai precedenti, del tipo ABAB/BABA, nelle terzine risponde a una modulazione binaria del tipo CDC/DCD. Oltre che a motivo della disomogeneità dei contenuti, anche sotto il profilo delle rime, di conseguenza, il sonetto per il Mustoxidi non sembra appartenere al medesimo livello generativo dei tre sulla Grecia: il suo contenuto, insomma, giustificherebbe di avvicinarlo alla comparsa a stampa dell'*Exposé* situandone così la genesi, al più tardi, tra la fine del 1820 e gli inizi del 1821 (prima dunque, non dopo gli altri sonetti di cui si discute).

Per una coerenza che a questo punto non si rivela di mero ordine contenutistico, ma anche di tipo formale, il sonetto filellenico che abbiamo recuperato va a collocarsi perciò nella serie dei tre già conosciuti di identica ispirazione politica, non tanto perché ne riproduce, in sede di quartine, la consueta alternanza delle rime (ABAB/BABA, che peraltro si trova anche nei versi indirizzati al Mustoxidi, come abbiamo appena osservato), ma per il ricorso al sistema ternario nella distribuzione delle rime negli ultimi sei versi (CDE/EDC), che appare identica a quella del sonetto «Di quel color che per lo sole avverso». In altri termini, le proprietà specifiche del nuovo testo filellenico in materia di rime, introducendolo per omogeneità nel gruppo dei tre che per ragioni di comodo potremmo definire 'carducciani', ci permettono di congetturare che esso sia scaturito dalla medesima stagione produttiva di questi ultimi: ai quali, retroattivamente, sarebbe allora da conferire, più che una generica appartenenza al 1822, una datazione compatibile con il marzo del medesimo anno, che poc'anzi abbiamo suggerito quale data verosimile di allestimento del sonetto ellenofilo da noi ricondotto alla sua *facies* originaria. Anche nel caso di quei tre sonetti, ci troveremmo tuttavia dinanzi alla celebrazione eroica di un'avventura insurrezionale ormai esaurita, se il protagonista di essi era stato Alessandro Ypsilantis (sconfitto irreparabilmente a Drăgăşani, in Valacchia, nel giugno del 1821). Si tratta di un filo sottile di congiunzione fra documenti lontani, come pure va ammesso, ma è noto che l'uniformità delle scansioni sonore rappresenti in ogni caso un discreto indizio dell'appartenenza di maglie testuali indipendenti al medesimo tessuto di ideazioni poetiche.

Volgendo di nuovo lo sguardo al *Sollievo nella malinconia*, invece, oltre a quello di cui discutiamo solo un secondo sonetto, fra gli otto complessivi, documenta la scelta della combinazione ternaria nelle rime delle terzine (*inc.* «De' miei mali al pensier, che fiero il petto», CDE/DCE)[63], mentre quattro preferiscono la struttura binaria CDC declinata in due modi (*inc.* «Che più ti resta a far per mio dispetto», CDC/DCD; *inc.* «E te pur, dolce amico, e te pur prende», CDC/CDC; *inc.* «Più la contemplo, più vaneggio in quella», CDC/DCD; *inc.* «Se il mio prode Chiron mi giura il vero», CDC/DCD)[64], due la meno consueta CDC/EDE (*inc.* «Or che Flora, fuggito il verno avaro» e «Vile un pensier mi dice: Ecco bel frutto»)[65]. L'indicatore dato dal sistema prevalente nella distribuzione

---

[63] Monti, *Un sollievo, cit.*, p. 29.

[64] *Ivi*, pp. 28, 31–32, 34.

[65] *Ivi*, pp. 30 e 33.

delle rime fra i sonetti del *Sollievo* depone perciò a sfavore di un'ideazione coassiale di essi rispetto a quella delle composizioni filelleniche e lascia intravvedere, a nostro giudizio, la presenza di una debole scollatura – forse di ordine anche cronologico – tra queste ultime e i primi.

In sostanza, la vicenda redazionale in cui si inscrive il sonetto che abbiamo riconosciuto per filellenico, dalla penna alla stampa, registra nel suo prodursi lo scorrimento occorso dall'ambito della scrittura propriamente politica verso la confessione dell'amarezza privata, scaturita dal doloroso bilancio personale dell'*annus terribilis* 1822 e depositatasi immediatamente nel *Sollievo*. Secondo quanto abbiamo constatato, d'altra parte, quest'opuscolo si prestava a essere il canale attraverso cui potevano liberarsi in quel momento le sofferenze del poeta senza incorrere nei veti della censura di Milano, quando in città ancora erano in divenire le conseguenze giudiziarie della cospirazione animata dal Confalonieri e dalla Federazione italiana.

Varrà infine la pena di osservare che, malgrado non manchino esempi di segno opposto, la comparsa di tre rime, in quel momento, nelle terzine dei sonetti sulla Grecia permane residuo di una certa vernice di 'arcaicità' deposta dal Monti sulla veste formale delle proprie composizioni: questo intento è tuttavia il medesimo che nella stesura destinata alla stampa si sarebbe palesato, subito dopo, grazie a una strategia complementare, vale a dire attraverso l'accentuazione del modello cavalcantiano-dantesco operante sia tramite la fenomenologia sintomatica della scissione sofferta dall'unità psichica del poeta innamorato, sia in virtù del ricorso al *locus* poeticamente non meno collaudato e longevo del divorzio amoroso sancito dalla lontananza. Non sarebbe dunque rimasta senza frutto immediato, in una più ampia prospettiva, la meditazione intensa compiuta dal Monti in vista del «dialogo in cinque pause» (Guittone d'Arezzo, Guido «Guinicelli», Dante, Fazio degli Uberti, il «nobilissimo» Perticari, «arrivato da questo all'altro mondo di poco», e altri) sui *Poeti dei primi secoli della lingua italiana*, ospitato dalla seconda parte del terzo volume della *Proposta*[66]: da un simile punto di vista, un'indagine di quel tipo, centrata sulla lirica dei primi secoli, agevolò probabilmente l'ibridazione

---

66 V. Monti, *Proposta di alcune correzioni ed aggiunte al vocabolario della Crusca*, III, Milano, Imperial Regia Stamperia, 1824, parte II, pp. I-CLXXVIII: cfr. C. Bonsi, *«La lingua è università di parole». La «Proposta» di Vincenzo Monti*, Padova, Esedra, 2018, p. 80; oltre che a questo volume, in merito al significato e al valore linguistico-politico dell'opera si rimanda, in caso, anche all'ormai invecchiata antologia di A. Dardi, *Gli scritti di Vincenzo Monti sulla lingua italiana. Con introduzione e note*,

della poesia montiana, concepita nei particolari frangenti che abbiamo avuto modo di percorrere, con il linguaggio compositivo peculiare dei modelli autorevoli studiati attentamente nella *Proposta*.

Viene perciò da supporre che il Monti in entrambi i casi, ovvero lavorando attorno alle terzine del sonetto sulla propria oftalmia per cancellarne le tracce filelleniche, o redigendo gli altri versi destinati al *Sollievo*, abbia ugualmente mantenuta ferma la matrice illustre e remota della sua ideazione poetica, nell'ultima fase di una carriera che, in parallelo, lo spingeva a ricollocare nella serie del moderno i grandi esempi autorevoli dell'antico, tanto sul piano degli studi linguistici, quanto in virtù dell'applicazione sistematica all'esegesi dell'opera di Dante (dalle *Rime* alla *Vita nuova*, dalla *Commedia* al *Convivio*); nonostante il movimento delle carte e dei libri sul tavolo di lavoro ne uscivano preservate, per così dire, le curve altimetriche della scrittura. Se alla strategia di questo procedere, a Milano, concorresse da acceleratore la marea montante e inarrestabile del romanticismo e in che misura, inoltre secondo quali linee si orientasse nel suo insieme la risposta del Monti a quella sfida lanciata contro la sua posizione di declinante egemonia letteraria, rimane un'incognita attorno a cui sarà opportuno proseguire a riflettere[67].

Appendice

Pubblichiamo anzitutto, con fedeltà rigorosa all'originale (anche nella conservazione delle maiuscole), il sonetto quale esso figura, a inchiostro bruno (c. 1*r*), nel testimone manoscritto prodotto di suo pugno da Giovanni Antonio Maggi sulla base del primo antigrafo montiano; in almeno due casi, dopo *benda* 5 e *Occhi* 6, la virgola, in un inchiostro più diluito, deve essere ritenuta il frutto di un inserimento avvenuto nel corso della successiva rilettura e in un momento diverso, motivato con tutta probabilità da un intento di conguaglio minuzioso con il secondo antigrafo: i due tratti orizzontali che precedono e seguono i vv. 12 e 14, vergati con

Firenze, Olschki, 1990, pp. 7–92 *passim* (su cui le puntualizzazioni di A. Bruni, in «Rivista di letteratura italiana», IX, 1991, pp. 339–351).

67 Abbiamo intanto congetturato che sulla via di un confronto attivo, non solo polemico, con il romanticismo il Monti intese fra l'altro porsi mediante il doppio volgarizzamento (1825–1826) della *Tunisiade* (Colombo, *Dalle «vaghe fantasie» al «patrio zelo»*, *cit.*, pp. 79–156) e la nuova edizione (1825) della *Bassvilliana* (nella recensione menzionata alla precedente nota 38).

lo stesso tipo di inchiostro, saranno perciò da ritenere seriori rispetto alla prima stesura ed effettuati nelle medesime circostanze dei precedenti ritocchi, svolgendo inoltre la funzione di isolare la seconda terzina, da sostituire con la nuova redazione di essa posta in calce al foglietto e copiata dal secondo antigrafo. Dopo la descrizione del reperto, la prima fascia d'apparato è di tipo genetico (ospita una correzione sul rigo, forse causata da un semplice equivoco di lettura dell'antigrafo), evolutivo la seconda; in quest'ultima trovano posto le macrovarianti seriori illustrate nelle pagine antecedenti, che sono tracciate con inchiostro bruno di densità incostante e tale da suggerirne tuttavia l'adiacenza cronologica alle correzioni della punteggiatura, all'inserimento dei due tratti orizzontali e alla promozione delle due varianti sostitutive ai vv. 9 e 11: interventi che sembrano gli esiti, perciò, di un'unica revisione d'insieme del testo successiva alla prima redazione.

In seconda sede offriamo lo stesso sonetto sulla base dell'edizione presente nell'appendice di versi inediti alle *Tragedie, drammi e cantate* del Monti, stampate nel 1889 a cura del Carducci; se esso – come abbiamo supposto – discende dall'autografo spedito alla moglie dal poeta l'8 aprile del 1822, a una sua estrema volontà correttoria appartengono le varianti *Liberissimo* →*Velocissimo* 7 ed *Ella* →*Elle* 10, rimaste fuori dal testimone manoscritto preservato dal Maggi e infine, nel caso della prima, assente anche dal *Sollievo nella malinconia*, che per quel verso documenta invece il mantenimento della lezione originaria (prova indiretta che, per allestire la nuova redazione del testo, il Monti lavorò su un manoscritto derivato da quello elaborato a Pesaro, dimenticando la variante introdotta d'impulso al v. 7 nell'esemplare trasmesso alla Pikler). Come terza viene proposta la lezione testimoniata dalla *princeps*, che abbiamo riconosciuto nel *Sollievo* del 1822, mentre consideriamo semplice *descripta* l'edizione dell'«Ape italiana» uscita nel medesimo anno[68]; anche in tal caso, l'edizione rispetta con fedeltà le caratteristiche del testimone, comprese le maiuscole e la punteggiatura. Al quarto posto collochiamo il breve regesto della lettera montiana (c. 1*v*), riprodotto con la medesima fedeltà, mentre al quinto gli appunti trascritti dal Maggi, dopo averlo capovolto, sul medesimo foglietto (c. 1*v*). Questi ultimi furono copiati dall'edizione greco-latina della *Periegesi* prodotta dall'udinese Romolo Quirino

[68] Ristampato identico in Monti, *Poesie varie, cit.*, 1826, p. 7 (anche in Monti, *Opere, cit.*, IV, p. 317) e con due piccole varianti di punteggiatura in Monti, *Poesie varie, cit.*, 1839, p. 21 (*parlar, farle* 4; *la parola: Dove* 11–12).

Amaseo (1489–1552)[69], edita a Roma la prima volta nel 1547 e riproposta spesso nel corso del secolo e del seguente: l'ultima nota presente rinvia proprio a questa edizione dell'opera di Pausania[70]. A ridosso dei primi anni Venti dell'Ottocento e dei sonetti montiani sulla Grecia, tuttavia, si rendeva ormai disponibile anche una maneggevole edizione grecolatina per cura del sassone Karl Gottfried Siebelis[71].

Forniamo qui sotto lo *stemma codicum et editionum* relativo al sonetto (Fig. 1), dove andrà notato quanto segue. Dall'originale autografo (ω) derivò senza *interpositi* e quale antigrafo diretto la prima stesura manoscritta del Maggi (M^1), ma da esso discesero almeno due copie autografe: quella ritoccata e spedita dal poeta alla consorte (*x*) e una seconda (x^1), appartenente alla medesima famiglia (*α*), priva però delle due varianti ai vv. 7 e 10, disgiuntive rispetto a *x*; x^1 venne usufruita dal Maggi, a titolo di secondo antigrafo, per le correzioni seriori addotte al suo manoscritto (M^2), come testimoniano indiziariamente la diversa intensità dell'inchiostro, che abbiamo ricordato poc'anzi, e un *ductus* meno accurato rispetto a M^1. Da ω discese un altro manoscritto d'autore (*y*), perduto come i precedenti, in cui il Monti trasformò il sonetto introducendovi le lezioni che figurano nel *Sollievo* del 1822 (S), mentre da *x*, spedito alla moglie ed entrato in seguito nelle collezioni di Achille Monti, in originale o in copia, derivò infine l'edizione carducciana del 1889 (C).

69 Su di lui cfr. R. Avesani, *Romolo Quirino Amaseo*, in *Dizionario biografico degli Italiani*, *cit.*, II, 1960, pp. 660–666; R. Norbedo, *Romolo Quirino Amaseo*, in *Nuovo Liruti. Dizionario biografico dei Friulani*, 2, *L'età veneta*, a cura di C. Scalon, C. Griggio, U. Rozzo, I, Udine, Forum, 2009, pp. 250–256.

70 Si veda ad esempio Pausaniae *Graeciae descriptio*, cum latina Romuli Amasaei interpretatione, Lipsiae, apud Thomam Fritsch, 1696, pp. 315, 263 e 354.

71 Pausaniae *Graeciae descriptio*, II, edidit Carolus Godofredus Siebelis, Lipsiae, Libraria Weidmannia G. Reimer, 1822–1823, p. 204; I, p. 263; II, p. 275 per i segmenti testuali estratti dal Maggi. Si tratta rispettivamente di Paus., *Perieg.* IV, 15, 2 (Pausania, *Guida della Grecia*, IV, *La Messenia*, a cura di D. Musti e M. Torelli, Milano, Fondazione Lorenzo Valla-Arnoldo Mondadori, 1991, p. 84); II, 14, 3 (Pausania, *Guida della Grecia*, II, *La Corinzia e l'Argolide*, a cura di D. Musti e M. Torelli, Milano, Fondazione Lorenzo Valla-Arnoldo Mondadori, 1986, p. 78); IV, 30, 4 (Pausania, *Guida della Grecia*, IV, *cit.*, p. 164). Sull'edizione dell'Amaseo si veda anche Pausaniae *Graeciae descriptio*, *cit.*, I, pp. XLV-XLVII.

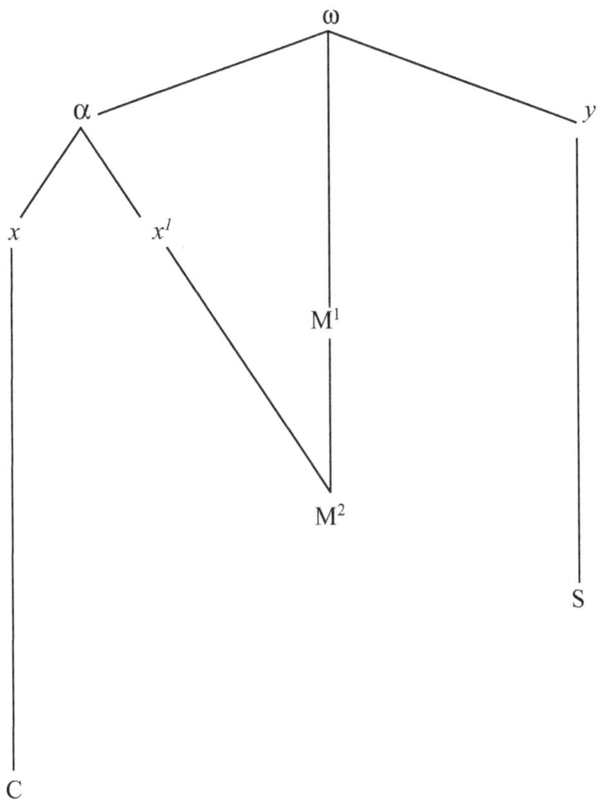

Fig. 1

I (= M^1 + M^2)

Ben vieta alle mie ciglia empio dolore
Dell'aurea luce sostener gli strali,
E vegliar sulle carte, e, nel colore
Che dipinge il parlar, farle immortali.
Ma l'atra benda, che mi serra i frali
Occhi, non ruba il mio veder migliore:
Liberissimo batte il pensier l'ali,
E piglia dalle stesse ombre valore.
Tra i forti d'Idra ei vola, ove un'ardita
Disperanza al mar d'Ella, e a Maratona
La prova affretta della gran disfida.

Ma il cor che ne va seco alto gli grida:
Riedi indietro a Colei, che in Val d'Olona
Siede al governo di mia stanca vita.
V. M.

Proprietà privata[72]. Foglio di mm. 195 ×151, vergato a inchiostri bruni di tonalità variabili, privo di filigrana e su cannettatura ortogonale. Documento interamente autografo di Giovanni Antonio Maggi (scrittura semicalligrafica nel caso del sonetto, meno regolare e accurata negli inserti).

5 *canc.* de' cigl<i> *fra* serra *e* i frali

---

5 benda, *virgola agg. seriore* 6 Occhi, *virgola agg. seriore* 9 Argo *spscr. a* Idra *sottol.* 11 la fine *spscr. a* la prova *canc.* 12–14 *preceduti e seguiti da un lungo tratto orizzontale in calce al foglio* Ma in suon pietoso il cor riedi, gli grida, Riedi a colei, che sola in val d'Olona Tempra l'amaro della nostra vita.

II (= C)

Ben vieta alle mie ciglia empio dolore
Dell'alma luce sostener gli strali
E vegliar sulle carte e nel colore
Che dipinge il parlar farle immortali.
Ma l'atra benda che mi serra i frali
Occhi non ruba il mio veder migliore:
Velocissimo batte il pensier l'ali,
E piglia dalle stesse ombre valore.
Tra i forti d'Argo ei vola, ove un'ardita
Disperanza al mar d'Elle o a Maratona
La fine affretta della gran disfida.
Ma in suon pietoso il cor – Riedi, gli grida,
Riedi a colei che sola in val d'Olona
Tempra l'amaro della nostra vita.

---

[72] Donato allo scrivente dal dott. Carlo Capocasa (Legnano) il 30 ottobre 2018 a Milano, Università Cattolica del Sacro Cuore.

III (= S)

Ben vieta alle mie ciglia empio dolore
Dell'alma luce sostener gli strali,
E vegliar sulle carte, e nel colore
Che dipinge il parlar farle immortali.
Ma l'atra benda, che mi serra i frali
Occhi, non ruba il mio veder migliore.
Liberissimo batte il pensier l'ali,
E piglia dalle stesse ombre valore.
Se non che quando fra i tumulti ei vola
D'Europa, e arcani investigar s'affida,
Su cui muta del saggio è la parola;
Dove, o folle, trascorri? il cor gli grida.
Torna alla nostra donna, e ne consola
Il pianto, o prega che il dolor t'uccida.

IV

Son.
di V. Monti

scritto da Pesaro in una lettera alla[a] moglie con una poscritta della figlia Costanza[b], la seconda festa di Pasqua, cioè gli 8 Aprile 1822, essendo malato d'una fistola ad uno degli occhi.

---

[a] scri<tta> *canc. fra* lettera *e* alla [b] alla moglie Teresa in Milano *canc. dopo* Costanza

V

Obsessam decima hanc nonaque vidit hyems.
Indomitique animos tam longi munia Martis
Nostrorum patrum sustinuere patres.

Rhianus apud Pausaniam
Lib. IV sive <de> Messeniis.

Mistica sacrorum diva didicere magistra
Triptolemus, Dioclesq<ue> simul frenator equorum,
Eumolpus, Celeusq<ue> duces, populique parentes.

Hom. Hymn. in Cererem
apud Pausaniam Corinth. des. lib. II

Una omnes vario per prata comantia flore
Candida Leucippe, Phaenoque, Electra, et Ianthe
Melobosis, Tyche, et Ocyrhoe praesignis ocellis.

Hom. ib. apud eumd. lib. IV.

Pausanias Gr. lat.

FF

XV

18 et seqq. usque ad IV^{um} in quo extat latina interpretatio

Romuli Amasaei

«Fra i classici non pedanti ed i romantici non pazzi». La parabola filellenica di Andrea Mustoxidi*

Andrea Scardicchio

Università del Salento (Lecce)

Ogni volta che ci imbattiamo nel nome di Andrea Mustoxidi negli studi sull'Ottocento italiano puntuale scatta l'associazione con quello di Vincenzo Monti, per ragioni ben note di discepolato. Il rapporto tra il poeta romagnolo e l'allievo corcirese, lo ricordiamo, risaliva agli anni dell'apprendistato pavese di quest'ultimo, quando lasciata l'isola natale per intraprendere gli studi universitari (1802) si aprì con entusiasmo all'ambiente culturale italiano, segnato in letteratura dall'autorità indiscussa di Monti. Erano gli anni in cui l'alfonsinese teneva cattedra nell'Ateneo di Pavia e in ragione del consolidato prestigio le sue lezioni erano seguite da numerosissimi studenti, alcuni dei quali provenienti dalle Isole Ionie, com'era il caso del diciassettenne di Corfù Andrea Mustoxidi. Il quale Mustoxidi, una volta terminata l'esperienza universitaria (1804), avrebbe approfittato dell'amicizia nel frattempo guadagnata col maestro per rallegrarsi con lui delle appassionate lezioni di cui era stato ricettivo usufruttuario a Pavia. Gli avrebbe dichiarato il proprio debito di gratitudine, manifestato la propria riconoscenza per quel discepolato vissuto e intensamente partecipato anche sotto il profilo umano, palesato altresì la sua sintonia con il programma letterario, ispirato ai precetti neoclassici, che il corifeo di quella tendenza in Italia andava mettendo a punto. E di quanto Monti andasse a sua volta fiero di aver tenuto a battesimo

* Quando ancora questo articolo era in preparazione ha visto la luce il mio *Mustoxidi in Italia* (Alessandria, Edizioni dell'Orso, 2022), volume che ha recepito e approfondito qua e là alcuni degli argomenti affrontati in queste pagine. Vi rimando per uno sguardo d'insieme e per una maggiore completezza di discorso.

il precoce ingegno dell'allievo greco, è documento probante uno dei quattro sonetti filellenici da lui composti nel 1822 intitolato proprio *Ad Andrea Mustoxidi*: sonetto ispirato agli avvenimenti coevi della rivoluzione greca, dove l'invocazione iniziale lascia chiaramente trasparire la forte carica emotiva che promana dai primi versi («Te che figlio nomai quando il felice | tuo divo ingegno i primi fior mettea, | [e più figlio che amico ancor ti dice | il cor fedele alla sua prima idea]», ecc.)[1].

Ma qual era il clima storico e quindi il relativo quadro culturale entro cui Mustoxidi intraprese ed esercitò la propria attività letteraria? Dalla metà del Settecento in avanti il culto della Grecia classica si era diffuso in Europa grazie a una nutrita schiera di antichisti, eruditi e filologi sensibili al fascino dell'antica Ellade concepita come culla di civiltà ed esempio topico di democrazia e libertà. Era questa la stagione del cosiddetto Illuminismo neoellenico, fase storica di rinascita civile e culturale di un paese condannato alla schiavitù, ma in procinto di risorgere grazie alle prime pulsioni libertarie innescate dagli eventi rivoluzionari francesi. Pulsioni che accresciute e corroborate nel tempo avrebbero trovato uno sbocco naturale nel diffuso sentimento filellenico che dagli inizi dell'Ottocento in avanti si sarebbe manifestato fino a raggiungere l'apice intorno agli anni Venti, quando si concretizzò in un vero e proprio progetto culturale dalle precise finalità: riattualizzare il patrimonio di miti, eroi, figure emblematiche della Grecia antica per suffragare la tesi del necessario riscatto della Grecia moderna. Con quest'ultima protesa a riappropriarsi del suo glorioso passato quale arma da impugnare per affrancarsi dal secolare giogo ottomano, inscenando un conflitto politico, militare, religioso che nell'immaginario filellenico europeo fu recepito come la lotta dell'Occidente contro l'Oriente, della libertà contro la tirannide, della civiltà contro la barbarie, della cristianità contro la minaccia musulmana e così via.

Entro questo clima va collocato l'impulso straordinario che ebbero, come detto, gli studi eruditi e antiquari, le opere storiche e le traduzioni dei classici, lavori promossi anche in funzione della loro spendibilità politica. Non c'è da meravigliarsi, dunque, se Mustoxidi medesimo, da greco qual era, quindi per diritti congiunti di lingua e di nascita, si cimentò con

[1] Sui rapporti di discepolato sia consentito il rinvio ad A. Scardicchio, *Un fecondo discepolato ottocentesco. Monti e l'allievo greco Mustoxidi*, in *Metodo e passione Studi sulla modernità letteraria in onore di Antonio Lucio Giannone*, a cura di G. Bonifacino, S. Giorgino, C. Santoli, Napoli, La Scuola di Pitagora, 2022, vol. I, pp. 59–77.

questo terreno, assecondando gli indirizzi del classicismo coevo nel solco della lezione di Monti. In Italia iniziò a sentirsi parte di quel progetto di costruzione di un nuovo orizzonte culturale, di un nuovo modello letterario carico di progettualità e valori, arricchito di componenti etiche e pedagogiche, che si basava proprio sul recupero dell'antichità classica e del suo ricco repertorio di figure illustri cui anch'egli volle attingere a piene mani in modo strategico; senza però, nel suo caso, prendere apertamente posizione in favore dei 'classici' rispetto ai 'romantici', rifacendoci alla ben nota polemica verso cui Mustoxidi mantenne sempre una posizione negoziale e di compromesso, come si dirà a breve, preferendo collocarsi «fra i classici non pedanti e i romantici non pazzi»[2], come riferirà al suo amico Felice Bellotti senza fare esplicito riferimento a sé ma evidentemente riconoscendosi.

Apriamo a questo punto una parentesi sulla sua produzione in lingua italiana, a riprova del fatto che la scelta degli argomenti trattati, ma anche più in generale la direzione degli studi intrapresi a partire dagli esordi, non potevano dirsi casuali. Dopo il debutto affidato agli scritti di storia patria (le *Notizie per servire alla storia corcirese* e le *Illustrazioni corciresi*[3]), Mustoxidi compose una *Vita* di Eschilo, il «principe e padre» della tragedia ateniese, il combattente di Maratona e Salamina per la «greca libertà»[4]. Ne dedicò poi un'altra ad Anacreonte[5], al cui modello di poesia lirica si sarebbero ispirate la rimeria arcadica settecentesca e la canzonettistica in greco moderno, col merito di custodire e tramandare – come scrisse Mustoxidi – l'«aere puro e delizioso», l'«amenità e

---

[2] «Questa tragedia sta come saggia norma e come nunzia di felice concordia, fra i classici non pedanti, ed i romantici non pazzi». La lettera a Bellotti è datata Corfù, 18 luglio 1836. Insieme ad altre cinquantatré di Mustoxidi allo stesso destinatario è custodita presso la Biblioteca Ambrosiana di Milano, *Fondo Bellotti*, segn. L123 sup., ff. 514–567 (f. 535). Di Bellotti a Mustoxidi, invece, si conservano diciannove lettere presso l'Archivio Mustoxidi di Corfù, *Carte Mustoxidi*, segn. III/3/161 e X/9/417–434.

[3] Cfr. rispettivamente A. Mustoxidi, *Notizie per servire alla storia corcirese dai tempi eroici fino al secolo XII*, Corfù, presso Dionisio Sarandopulo, 1804; Id., *Illustrazioni corciresi*, Milano, Destefanis, 1811–1814 (2 voll.).

[4] Cfr. A. Mustoxidi, *Vita di Eschilo*, in *Vite e ritratti di cento uomini illustri*, Padova, Bettoni, 1815. Poi in Id., *Prose varie. Con aggiunta di alcuni versi*, Milano, Bettoni, 1821, pp. 43–52 (a p. 44).

[5] Id., *Vita di Anacreonte*, in *Le odi di Anacreonte recate dal greco in verso italiano*, traduzione di David Winspeare, Venezia, Tipografia di Alvisopoli, 1817, pp. XXXV-LIII (poi in Id., *Prose varie, cit.*, pp. 3–40).

varietà delle terre» della «felicissima patria» del poeta di Teo[6]. Ma c'è di più: stando alle intenzioni manifestate dallo stesso corcirese, ai lavori consacrati a Eschilo e ad Anacreonte doveva seguire una *Vita* di Omero (mai però realizzata)[7], laddove Omero rappresentava l'autorità per eccellenza, l'ideale classico *ante litteram*, il *topos* più accreditato della narrazione filellenica. Ciò sull'onda della reviviscenza del mito dell'aedo greco che caratterizzò il Settecento per effetto dei numerosi confronti testuali stabiliti con la sua opera, cui s'ispirò contestualmente anche la coeva letteratura in lingua neogreca[8].

Come ignorare, altresì, seguendo il filo del classicismo 'non pedante' di Mustoxidi (non pedante proprio perché ispirato a un preciso programma ideologico-culturale) il tributo a Erodoto mediante l'opera di tutta una vita, vale a dire la traduzione italiana delle *Nove Muse* avviata nel 1820 alla vigilia delle lotte per l'indipendenza nazionale[9]? Rifarsi al «padre della storia» significava per l'erudito corcirese muoversi lungo un asse altrettanto paradigmatico dell'immaginario filellenico, quello secondo cui rinverdire la storia nazionale, celebrandone gli antichi fasti, gli atti di eroismo, le gesta di solidarietà, gli aneliti di libertà che scandirono le fasi tribolanti del conflitto ateniese-persiano narrato da Erodoto, avrebbe trasmesso al popolo greco, per sovrapposizione di quadro,

---

6 Malgrado l'attualità storica scontasse – continuava Mustoxidi – «la tirannia dei barbari», che impediva ai greci il raggiungimento di quella libertà che «madre è di gloriose azioni e degli scrittori che le tramandarono ai posteri». *Ivi*, p. 36.

7 Erano queste le sue intenzioni, immaginando un ciclo di medaglioni dedicato ai classici greci da chiudere con la biografia di Sofocle, secondo quanto egli dichiara in una lettera a Giambattista Passano, scritta da Trieste il 29 aprile 1818, nell'atto di offrirgli la *Vita di Anacreonte* (Venezia, Alvisopoli, 1817): «Spero fra poco di potere approntare anche la vita d'Omero, giacché per quella di Sofocle, causa gli ostacoli che le ho esposto ne converrà attendere». La lettera si conserva inedita presso il Fondo G.B. Passano della Biblioteca Universitaria di Genova, nella serie *Autografi di Andrea Mustoxidi*, segn. 3381, 160, n. 273.

8 Si veda su tutto ciò, C. Carpinato, *'La discoverta del vero Omero': riscritture greche*, in *Pensiero occidentale e Illuminismo neogreco*, Atti del Convegno Nazionale di Studi Neoellenici (Napoli, 15–18 maggio 1997), in «Italoellenika», 6, 1997–1998, pp. 287–311.

9 Cfr. *Le Nove Muse di Erodoto Alicarnasseo, tradotte e illustrate da A. Mustoxidi corcirese*, Milano, Gio. Battista Sonzogno, vol. I, 1820. Il secondo volume uscì nel 1822, sempre per i tipi di Sonzogno. Ne seguirono un terzo (Milano, Paolo Andrea Molina, 1832), un quarto (*ibidem*, 1842), e infine un quinto ma pubblicato postumo (Milano, Bernardoni, 1863).

incitamenti ad affrancarsi dalla morsa liberticida del turco dominatore[10]. Un'analogia di vissuto e di spaccato, insomma, che Mustoxidi avrebbe peraltro suggellato nelle quartine di «altissima poesia» (tali le giudicò Tommaseo)[11] del suo *Inno alla Grecia*, composto in piena temperie risorgimentale (benché pubblicato molto più avanti) al fine di celebrare il ritorno della dea Libertà nella «terra nativa» che è «di forti madre ancor». Versi inneggianti al risveglio del «Leone acheo» che aveva «snudato il brando» contro il «barbaro Tiranno», con allusione all'impresa militare del popolo greco che finalmente aveva impugnato le armi per «emendar del tempo i danni» con il «sangue dei tiranni»[12].

Ma torniamo per un momento a Omero, restando sempre al tema della narrazione filellenica intrapresa da Mustoxidi e sviluppata secondo i canoni del classicismo ottocentesco. Interessi biografici a parte, nota è la confidenza da lui vantata con l'epica omerica in ragione dell'aiuto prestato a Monti durante l'impresa di traduzione dell'*Iliade*. La collaborazione del corcirese risaliva al 1809, proprio all'affiorare dei primi dubbi interpretativi[13]. Tanto egli si adoperò in funzione della restituzione di quel «prezioso anello che unisce la letteratura italiana alla greca»[14] che ne seguì attentamente gli sviluppi anche a distanza. Era a Parigi agli inizi

---

[10] Si utilizza la stessa semantica filellenica in un articolo apparso sulle colonne dell'«Antologia» nell'ottobre 1823, dove si legge: «Fra i grandi avvenimenti per i quali distinguesi il nostro secolo, non è certamente il meno interessante quello per cui i discendenti di Milziade, di Temistocle, di Cimone infiammati dall'amore della libertà, tentano di respingere di nuovo di là dall'Ellesponto l'asiatica oppressione, e rinnovellano i prodigi delle Termopili e di Maratona. L'Europa pende attenta sull'esito di questa impresa, facendo voti per la vittoria de' greci». Cfr. F.G., *La Grèce, ou description topographique ec. La Grecia, o descrizione topografica della Livadia, della Morea, e dell'Arcipelago, di G.B. Depping, con una carta della Grecia, e con vedute ec., Parigi 1823. Tomi 4 in 18°*, in «Antologia», n. XXXIV, ottobre 1823, pp. 82–108 (a p. 82).

[11] Cfr. M. Lascaris, *Niccolò Tommaseo e Andrea Mustoxidi*, in «Atti e Memorie della Società Dalmata di Storia Patria», III-IV, 1934, p. 17.

[12] *Ibidem*, nota 2.

[13] Cfr. A. Scardicchio, *Un fecondo discepolato ottocentesco. Monti e l'allievo greco Mustoxidi*, *cit.*, pp. 61–69.

[14] Cfr. A. Mustoxidi, *Lettera ed osservazioni sull'Iliade volgarizzata dal cavaliere Vincenzo Monti*, in Id., *Prose varie*, *cit.*, p. 176. Lo scritto è datato Venezia 6 dicembre 1814: «Bello perciò ed invidiabil dono avete ora fatto alla vostra patria colla versione dell'*Iliade*, che si può riguardare qual prezioso anello che unisce la letteratura italiana alla greca».

del 1809[15] e da quanto si apprende da una lettera di Manzoni a Monti dell'11 febbraio di quell'anno si trovò a discuterne con Fauriel[16] a proposito dell'anteprima che ne aveva dato il Foscolo nel suo *Esperimento di traduzione dell'Iliade di Omero* (1807)[17]. Nella lettera parigina di Manzoni, che registra la «grata meraviglia» con la quale Fauriel reagì dinanzi al primo saggio di versione montiana, Mustoxidi è chiamato in causa per il compito promozionale assunto in vista del lancio ufficiale dell'*Iliade* in terra francese, per il quale puntava proprio sul coinvolgimento del Fauriel (inadempiente, sino a quel momento, circa l'incarico nel frattempo ottenuto di stendere alcune osservazioni sul secondo libro dell'*Iliade*). Scriveva Manzoni a Monti quell'11 febbraio 1809, ripristinando il dialogo coll'illustre amico in tempi anche per lui di vagheggiamenti neoclassici ispirati al suo magistero (l'*Urania* è del settembre 1809[18]):

> Un certo Manzoni, che ti ama sempre teneramente, e che ora sta forse a mille miglia dalla tua memoria, ti scrive per darti parte dei motivi che hanno impedito il suo amico Fauriel dall'assolversi dall'obbligo contratto verso di te. Il nostro Mustoxidi t'avrà detto ch'egli al leggere il tuo primo [canto] dell'*Iliade* fu preso d'una grata meraviglia, vedendo finalmente una

---

15 Mustoxidi vi era giunto nel gennaio dello stesso anno (vedi la lettera a Monti del 22/10 gennaio 1809, in V. Monti, *Epistolario*, raccolto ordinato e annotato da A. Bertoldi, Firenze, Le Monnier, 1928–1931, vol. III, p. 233) e vi sarebbe rimasto sino al successivo agosto (vedi lettera di Monti a Pieri del 31 luglio 1809, in V. Monti, *Epistolario*, *cit.*, vol. III, p. 285).

16 Come si dirà oltre, il legame tra i due si consolidò in occasione della collaborazione prestata da Mustoxidi alla raccolta di *Chants populaires de la Grèce moderne*, curata dal Fauriel a partire dal 1823 e pubblicata in due volumi, nel 1824–1825, presso il Didot. Per il ruolo svolto dal corcirese in quella circostanza, si veda M. Ibrovac, *Claude Fauriel et la fortune européenne des poésies populaires grecque et serbe*, Paris, Didier, 1966, pp. 118–124; A. Politis, *I anakálypsi ton ellenikon dimotikon tragoudion: proipotheseis, prospatheies kai i dimiourgia tis protis sillogis*, Atene, Themelio, 1999^2, p. 243.

17 Cfr. U. Foscolo, *Esperimento di traduzione dell'Iliade di Omero*, Brescia, Bettoni, 1807, pp. 57–85.

18 Con queste parole Manzoni aveva anticipato all'amico l'uscita del poemetto mitologico: «Più rileggo i tuoi versi, o mio Monti, e più mi scappa la voglia di pubblicarne de' miei; ma la memoria dell'affettuoso e candido incoraggiamento che sempre mi desti a buttar via questa vergogna non m'abbandona quando mi dispongo a questo rischio. Vedrai dunque fra poco un mio poemetto stampato. Non so se sia ridicolo il parlartene prima, ma stimerei peggio il tacerne, scrivendo a te, che dalla mia prima giovinezza tanto coraggio mi festi a seguir questa strada, dicendomi cose di me che io non avrei ardito pensare». Lettera di Manzoni a Monti, Meulan 2 agosto 1809. Cfr. V. Monti, *Epistolario*, *cit.*, vol. III, p. 286.

versione d'Omero nella quale moltissimi eran riuniti di que' pregi ch'egli andava fantasticando in un'opera di questa fatta, e che cercò indarno nelle altre traduzioni. Al sentire dunque che tu stampavi il secondo, propose di scrivere le sue osservazioni, e di pubblicarle. Aveva egli allora un po' d'ozio; ma il tuo secondo libro tanto indugiò, che trovò il Fauriel occupato in un'opera, ch'egli disegnava stampare già da gran tempo [...][19].

Come si vede, discorso sull'*Iliade* a parte, Manzoni nel riferirsi a Mustoxidi adopera il lessico confidenziale (il «nostro Mustoxidi»). Classe 1785 entrambi, i due si conoscevano sin dai tempi degli studi pavesi, quando entrambi frequentavano lo studio di Monti. Erano in contatto epistolare dal 1803[20] e si sarebbero spesso incontrati di persona, soprattutto a Milano, nel biennio successivo. Dopo un periodo di separazione dovuto ai frequenti spostamenti di Mustoxidi (prima a Corfù e poi a Firenze) si ritrovarono a Parigi nel 1809, dove il lombardo aveva intanto raggiunto la madre saputo della morte di Carlo Imbonati (luglio 1805)[21]. Nella capitale francese consolidarono la loro amicizia e infittirono le relazioni intellettuali, agendo in sintonia nel vivace e stimolante epicentro dell'intellettualità europea d'inizio secolo segnato dall'influenza di Fauriel. È questo un elemento importante, come si vedrà, nell'economia del nostro discorso, che ha a che fare questa volta con le tangenze che interessano l'attività di Mustoxidi con il romanticismo europeo grazie ai contatti avuti con i suoi rappresentanti maggiori.

Se è vero che il soggiorno nella Parigi napoleonica non arrise particolarmente alla carriera dell'erudito ionico che, nonostante la buona reputazione vantata, non ottenne le gratificazioni auspicate (sfumò

---

19 Si trattava della prefazione al poema *Parthenaïs* (1803), opera del danese J.I. Baggesen, che il Fauriel tradusse in francese e consegnò alle stampe nel 1810. Vi si ispirò pure Manzoni, su suggerimento dello stesso Fauriel, negli sciolti del carme *A Partenide* dello stesso anno. Per la lettera, cfr. A. Manzoni, *Tutte le lettere*, a cura di C. Arieti. Con un'aggiunta di lettere inedite o disperse, a cura di D. Isella, Milano, Adelphi, 1986, tomo I, pp. 85–86, n. 54. Si veda anche V. Monti, *Epistolario, cit.* vol. III, pp. 242–243 (p. 242).

20 Si veda la lettera di Manzoni a Monti, datata [Lecco] 15 settembre 1803, in V. Monti, *Epistolario, cit.*, vol. II, p. 280 e A. Manzoni, *Tutte le lettere, cit.*, tomo I, pp. 4–5.

21 Per i comuni trascorsi biografici, si rinvia alla sintesi di K. Zanou, *Storia di un archivio: le carte Mustoxidi a Corfù (con due lettere inedite di Manzoni e Foscolo)*, in «Giornale storico della letteratura italiana», CXXIII, 2006, fasc. 604, pp. 566–571.

l'opportunità di ottenere una cattedra presso l'Università di Padova[22], che Monti aveva per lui caldeggiato bussando alle porte delle autorità regnicole), in compenso Parigi gli aprirà le porte del più vivace centro culturale europeo del XIX secolo, ove a introdurlo avrebbe giocato un ruolo determinante proprio Fauriel, conosciuto grazie a Manzoni[23]. Peraltro le relazioni intraprese dal corcirese in quel titolato contesto non furono limitate esclusivamente alla figura di Fauriel, ma si estesero ad altre personalità di rilievo del gruppo parigino degli *idéologues* (Grégoire, Cousin, Ginguené, Duval, la cerchia di Madame de Staël a Coppet[24]), interessando contemporaneamente anche gli esponenti più in vista della comunità greca lì di stanza, tra i quali è giusto ricordare, per spessore e operatività, il medico filosofo originario di Chio Adamantios Korais. C'è da dire che in Francia il filellenismo aveva trovato un naturale terreno d'incubazione, nutrendosi della stessa filosofia dei Lumi che aveva ispirato e sospinto gli ideali della Rivoluzione francese. E gli stessi membri della comunità greca che Mustoxidi ebbe come interlocutori costanti nel corso delle sue trasferte parigine (se ne contano in tutto tre) integravano

---

22 Converge in questa direzione la lettera di Vincenzo Cristini a Monti, datata Parigi 6 giugno 1809, pubblicata in V. Monti, *Epistolario, cit.*, vol. III, pp. 269–270. Testimonianza da mettere in connessione con la missiva di Mustoxidi allo stesso Monti del 18 febbraio 1810 (*Ivi*, p. 323).

23 Pare che i primi contatti tra Mustoxidi e Fauriel risalissero al 1803–1804, all'epoca cioè degli studi che Fauriel conduceva sull'antica Grecia, attendendo alla sua *Histoire du Stoïcisme.* Cfr. al riguardo J.B. Galley, *Claude Fauriel membre de l'institut, 1772–1843*, Saint Étienne, Imprimerie de la Loire républicaine, 1909, p. 190.

24 Mentre non esiste una corrispondenza diretta tra Mustoxidi e Ginguené, un indizio della loro conoscenza è contenuto in una lettera del primo a Fauriel, datata 22 aprile 1812: «Molti ossequi a Madama Condorcet e molti saluti all'egregio D. Ginguené». Per la lettera, cfr. A. Politis, *I anakálypsi ton ellinikón dimotikón tragoudión, cit.*, p. 410. Riferimenti a quell'amicizia ricorrono anche in N. Tommaseo, *Colloqui col Manzoni*, a cura di T. Lodi, Firenze, Sansoni, 1928, p. 12 e in Id., *Andrea Mustoxidi*, «Archivio storico italiano», n.s., XII, parte seconda, 1860, pp. 30–61 (a p. 35). Per quanto attiene, invece, ai contatti tra Mustoxidi e Amaury Duval, sebbene i due non si conobbero mai verosimilmente di persona (in una lettera del 5 novembre 1820 a suo cugino, Mustoxidi scrisse: «Je n'ai pas l'honneur de connaître personnellement Mr. Duval, mais c'est sous votre médiation que j'ose me présenter et le prier de mettre le comble à ses bontés en engageant le libraire de vous faire connaître le résultat de cette vente»; cfr. P. Enepekides, *Documents et nouvelles lettres inédites d'Adamantios Coray tirées des bibliothèques et archives européennes*, Jahrbuch der Österreichischen Byzantinischen Gesellschaft, 5 (1956), *cit.*, p. 121), è vero però che furono in contatto per via della pubblicazione dell'opuscolo mustoxidiano su Parga.

la cerchia degli *idéologues* e di Fauriel, considerato che frequentavano gli stessi luoghi di ritrovo e gli stessi spazi di discussione intellettuale: dall'Institut National ai salotti letterari, tra i quali quello tenuto da Madame de Condorcet (compagna di Fauriel) a Meulan e quello di Madame de Staël a Coppet.

Dall'epistolario manzoniano apprendiamo che nel luglio 1809 Mustoxidi fu ospite di Fauriel nella Maisonnette di Meulan insieme con Manzoni[25]. Impressionò a tal punto da lasciare vivi ricordi di sé, come testimoniano le parole di rimpianto proferite da Manzoni nel momento del suo commiato:

> Come esprimervi, mio sempre più caro Mustoxidi, il doloroso desiderio che ci ha lasciato la vostra partenza? Ci doleva di dirvi addio, ma ora ci pesa il non averlo fatto. Mia madre e mia moglie gareggiano con me nel dispiacere di avervi perduto, come nella stima e nell'affezione per voi; e comune ci è la brama e la speranza di riabbracciarvi nel bel giardino del giardino di natura [...][26].

Ci informa Tommaseo, nel suo necrologio del corcirese, che in effetti anche Giulia Beccaria, avendolo conosciuto e apprezzato, «serbò grata memoria del Mustoxidi», tant'è che «rivistolo dopo anni molti, gli fece festa; e, come a persona della famiglia, gli si apriva de' proprii dolori»[27]. Difatti, come ricorderà sempre Tommaseo, il rapporto fiduciario e confidenziale che la famiglia Manzoni instaurò col corcirese fu tale da indurre quest'ultimo ad assumersi la responsabilità di portare con sé in Italia il manoscritto dell'*Urania*, «che il poeta [Manzoni], salito a maggiore altezza, – sono sempre parole di Tommaseo – doveva ripudiare e gettar via come foglia arida quello che ad altri sarebbe fragrante corona». Una fiducia ben ripagata, potremmo dire, se è vero che Mustoxidi circa vent'anni dopo, «pregato di lasciare copia di certi versi giovanili dell'autore degl'"Inni", vi si oppose con parole di schietta probità, degne invero di chi fu onorato della fiducia di Alessandro Manzoni»[28]. Così scrivendo

---

25 Si vedano le lettere di Manzoni in A. Manzoni, *Tutte le lettere*, *cit.*, pp. 90, 92; I. Botta (a cura di), *Carteggio Alessandro Manzoni-Claude Fauriel*, Milano, Centro Nazionale di Studi Manzoniani, 2000, pp. 116–117.

26 Cfr. A. Manzoni, *Tutte le lettere*, *cit.*, p. 92.

27 Cfr. N. Tommaseo, *Andrea Mustoxidi*, *cit.*, p. 33.

28 *Ibidem*.

Tommaseo alludeva a quanto accaduto nel biennio 1828–1829[29], periodo in cui era alle prese con l'allestimento di una raccolta completa degli scritti di Manzoni e interpellò proprio Mustoxidi per farsi cedere il fascicolo di inediti manzoniani in suo possesso, che comprendeva non soltanto il manoscritto dell'*Urania* ma anche un sonetto antinapoleonico ed altri versi licenziosi[30]. Il corcirese, però, si rifiutò, ritenendo la pubblicazione di quei testi lesiva dell'immagine di uomo mite e morigerato che l'autore degli *Inni sacri* e dei *Promessi sposi* si era nel frattempo guadagnato[31].

Non sfugga, a questo punto, l'intreccio di nomi e di situazioni. Le proficue occasioni d'incontro maturate a Parigi e proseguite poi a Milano tra Mustoxidi, Manzoni e Fauriel, unitamente ai dialoghi epistolari intessuti nel solco delle collaborazioni avviate, recano il segno di quelle tangenze col Romanticismo che andranno a incidere sull'attività del corcirese, giustapponendosi ai suoi esercizi classicistici e palesando quindi l'altra faccia della sua anima *naturaliter* filellenica. Com'è noto, il bipolarismo in atto nel corso dell'Ottocento tra le due categorie stilistiche di 'classico' e di 'romantico' non si reggeva su una rigida contrapposizione di caratteri formali e di contenuto, come studi recenti hanno confermato[32]. Figuravano anche espressioni negoziali e di compromesso, com'era il caso di Mustoxidi, la cui naturale vocazione classicistica non fu affatto immune dai condizionamenti dell'ideologia romantica coeva. L'influenza è evidente, ad esempio, nel professato culto della storia (antica ma anche contemporanea, come avrebbe dimostrato nell'*Exposé* sui fatti di Parga, libello anonimo pubblicato nel 1819[33]); oppure nell'aura soffusa di nostalgia per i luoghi d'origine presente nelle lettere e nelle opere scritte durante l'esilio italiano; ancora nell'attenzione riservata alla lingua, ai costumi, alle tradizioni del popolo greco, deposito di saggezza e

[29] Id., *Opere di Alessandro Manzoni milanese con aggiunte e osservazioni critiche*, Firenze, presso Vincenzo Batelli e figli, 1828–1829.

[30] Id., *Colloqui col Manzoni*, *cit.*, p. 11.

[31] Vedi la lettera di Mustoxidi a Tommaseo del 28 febbraio 1829, in M. Lascaris, *Niccolò Tommaseo ed Andrea Mustoxidi*, *cit.*, p. 24.

[32] A. Costazza (a cura di), *Il romantico nel Classicismo / il classico nel Romantico*, Milano, Led, 2017, p. 7. Si veda in particolare il saggio di W. Spaggiari, riguardante la polemica classico-romantica (soprattutto le pp. 31–33).

[33] Cfr. *Exposé des faits qui ont précédé et suivi la cession de Parga, ouvrage écrit originairement en grec, par un Parganiote, et traduit en Français par un des ses compatriotes*, Paris, public par A. Duval, Brissot-Thivars, 1820.

di virtù tramandatosi dai tempi antichi a quelli attuali senza soluzione di continuità. Alla luce di tali interessi, insomma, un ruolo determinante ebbero le relazioni intrattenute da Mustoxidi con Manzoni, Fauriel e Tommaseo, per limitarci agli esempi di maggiore spessore e significato del panorama del Romanticismo europeo. A Manzoni erano ben «cognite le qualità» dell'amico e a lui spesso si rivolgeva quale persona «tanto dotta e amabile»[34]. Non ebbe perciò remore a smistargli l'invito venutogli da Fauriel nel 1811 a supporto di taluni studi di biografia dantesca cui il francese andava attendendo. La responsiva manzoniana a Fauriel, datata febbraio 1811, non lascia dubbi circa la disponibilità di Mustoxidi ad adoperarsi nelle ricerche d'archivio per esaudire la richiesta pervenutagli indirettamente dall'amico francese; per quanto giungesse in un momento delicato della sua vita privata, prossimo com'era alla rottura con la figlia di Monti Costanza:

> J'ai parlé tout de suite à Mustoxidi des notices littéraires dont vous avez besoin, et je dois vous dire que tout ce que vous aurez, ce sera par lui, parce que j'ai vu qu'avec mon embarras et mon ignorance je n'aurais pu rien faire; ainsi soyez tranquille, il vous procurera tout ce qu'il sera possible d'avoir. Il fait à présent une note des livres imprimés récemment sur Dante, et dont probablement vous n'avez pas connaissance. Il y a deux ou trois jours qu'un de ses amis partit pour Ravenna; il lui a bien recommandé de fouiller dans les Archives de cette ville, où probablement il y aura quelque chose de relatif au séjour que Dante y a fait et à sa mort. Mais pour les *Miscellanea* etc., on n'a pas pu se les procurer. Mustoxidi en a parlè entr'autres à Lamberti qui est Bibliothécaire a Brera, et qui n'en sait rien. Mais Mustoxidi croit que la lettre de Dante existe imprimée ailleurs que là; enfin d'une manière ou de l'autre, vous l'aurez sûrement[35].

Le lettere che Manzoni scambia con Fauriel in quel giro di mesi documentano le apprensioni che entrambi vissero per i travagli privati dell'amico corcirese, cui negarono ogni responsabilità nel *bailame* familiare che scoppiò e finì per coinvolgere, inevitabilmente, il medesimo Monti, con il quale Mustoxidi arrivò di colpo a interrompere i rapporti, rinunciando a condividerne le sorti letterarie per almeno un anno[36]. Manzoni

[34] Cfr. A. Manzoni, *Tutte le lettere, cit.*, tomo I, p. 5 (lettera di Manzoni a Mustoxidi del 22 ottobre 1803).

[35] Cfr. I. Botta (a cura di), *Carteggio Alessandro Manzoni-Claude Fauriel, cit.*, p. 149 (lettera di Manzoni a Fauriel, Milano febbraio 1811). Si veda inoltre A. De Gubernatis, *Manzoni ed il Fauriel, studiati nel loro carteggio inedito*, Roma, Barbèra, 1880, pp. 77–78 e pp. 296–299.

[36] Cfr. A. Scardicchio, *Mustoxidi in Italia, cit.*, p. 21.

perciò, a distanza di qualche mese, provò a scusarsi con Fauriel dei ritardi accumulati dal corcirese nell'evasione della committenza dantesca, giustificando l'amico anche alla luce dei contestuali lavori filologici, assolti con profitto nel caso dell'importante rinvenimento di due codici inediti dell'Orazione di Isocrate *Sulla Permutazione*[37]. Tuttavia, giunto al punto di pubblicare in un volumetto i frutti unanimemente apprezzati della sua scoperta isocratea, Mustoxidi da Milano prese carta e penna per scrivere personalmente a Fauriel (siamo nel 1811). Si rammaricava nella lettera di non avere «nuove letterarie» per lui, quantomeno di attinente alle ricerche dantesche. In compenso ringraziava l'amico di aver fatto pervenire a Manzoni tutta la sua afflizione «pel tristo compenso che Monti ha dato alla più santa delle amicizie»[38].

È questa una delle poche lettere a noi note del carteggio Mustoxidi-Fauriel, che dovette essere ben più sostanzioso di quanto siamo in grado di documentare. Di Fauriel non c'è rimasta alcuna lettera, un po' com'è accaduto per la corrispondenza del francese con Manzoni, le cui lettere sono andate in gran parte perdute per ragioni ancora oggi misteriose[39]. Di Mustoxidi, invece, abbiamo una seconda missiva, un po' più tarda della precedente, scritta sempre da Milano in data 22 aprile 1812[40],

---

37 Mustoxidi ritrovò i due codici nel corso di alcune ricerche condotte presso la Laurenziana di Firenze e l'Ambrosiana di Milano. L'edizione che ne seguì gli procurò un immediato successo presso la comunità scientifica internazionale, coronato con la nomina a socio corrispondente della prestigiosa *Académie des Inscriptions et Belles Lettres* di Parigi (18 dicembre 1812) e di membro della *Royal Academy* prussiana (1816). Cfr. A. Mustoxidi, *Epistole che precedono al libro intitolato Discorso d'Isocrate della permutazione ora per la prima volta all'antica lezione ridotto, e di ottanta pagine, circa, accresciuto, per cura di Andrea Mustoxidi istoriografo delle isole Jonie*, Milano, dalla Stamperia di G.G. Destefanis, 1812 (poi in A. Mustoxidi, *Prose varie, con aggiunta di alcuni versi, cit.*, pp. 163–172).

38 Per la lettera di Mustoxidi, cfr. A. De Gubernatis, *Il Manzoni e il Fauriel studiati nel loro carteggio inedito*, Roma, Barbera, 1880, pp. 81–82; G. Sforza, G. Gallavresi (a cura di), *Carteggio di Alessandro Manzoni*, parte seconda (1822–1831), Milano, Hoepli, 1921, p. 298.

39 Cfr. I. Botta (a cura di), *Carteggio Alessandro Manzoni-Claude Fauriel, cit.* p. LXXXIX. «L'interrogativo su ciò che realmente avvenne, sui mutamenti delle reciproche affezioni che i due letterati amici sperimentarono con lo scorrere inesorabile del tempo, sulle ragioni misteriose per cui Manzoni non conservò se non in piccola parte le lettere dell'amico (e – si badi – le superstiti sono quasi tutte scritte dopo il '22), mentre questi custodì gelosamente ogni sua missiva, financo i biglietti estemporanei o le commendatizie, va considerato tutt'ora aperto».

40 La lettera si conserva nel *Fondo Autografi Cipriano Pallotti* della Biblioteca Comunale dell'Archiginnasio di Bologna (segn. XXII, 1377). È riportata integralmente

che è quella in cui si dà riscontro del compiuto interessamento circa la questione Dante, con la segnalazione di alcune fonti erudite sette-ottocentesche contenenti pareri importanti circa la *vexata quaestio* della mancata originalità di Dante nella costruzione dell'edificio della *Commedia*. Argomento che evidentemente stava a cuore a Fauriel, per gli studi biografici che stava conducendo nel solco della riscoperta di Dante in età romantica. Studi che, però, avrebbero avuto una risonanza pubblica soltanto nel 1833–1834, in occasione del corso universitario tenuto alla Sorbonne dedicato alla Letteratura italiana, a Dante e alle lingue indoeuropee[41], poi confluiti nelle pagine di un articolo pubblicato sulla «Revue des Deux Mondes» il 1° ottobre 1834.

Si aggiungono ora a tali testimonianze epistolari le altre due lettere di Mustoxidi a Fauriel che abbiamo recuperato presso la Biblioteca Apostolica Vaticana di Roma. Si tratta rispettivamente di una lettera priva di data cronica e topica, recante la sola indicazione 22 agosto (ma probabilmente dello stesso anno della successiva), e di una seconda scritta da Ginevra il 31 agosto 1824[42]. Mustoxidi e Fauriel, dopo gli incontri parigini del 1809 e il successivo rientro a Milano del primo, si rividero in Italia nella primavera del 1824, a insurrezione greca scoppiata, quando Fauriel raggiunse Manzoni a Milano programmando una *full immersion* nelle contrade di Venezia e di Trieste, pretendendo di essere accompagnato da Mustoxidi per un giro finalizzato alla raccolta, dalla viva voce

---

in A. Politis, *I anakálypsi ton ellinikón dimotikón tragoudión*, *cit.*, pp. 409–410, con una trascrizione però non impeccabile, tale da rendere a tratti il documento incomprensibile. Una parziale riproduzione figura anche in A. De Gubernatis, *Il Manzoni ed il Fauriel studiati nel loro carteggio inedito*, *cit.*, pp. 90–91 e in G. Sforza, G. Gallavresi, *Carteggio di Alessandro Manzoni*, parte prima (1803–1821), *cit.*, p., 311. Come si evince da un passaggio interno, la lettera di Mustoxidi a Fauriel era acclusa alla lunga missiva che Manzoni indirizzò da Brusuglio allo stesso destinatario il 20 aprile 1812. Cfr. A. Manzoni, *Tutte le lettere*, *cit.*, vol. I., pp. 129–133, e *Carteggio Alessandro Manzoni-Claude Fauriel*, *cit.*, pp. 175–179.

41 Cfr. E. Maiolini, *Claude Fauriel. Alle origini della comparatistica*, Firenze, Franco Cesati, 2014, pp. 161–164.

42 Si conservano nella *Raccolta Visconti degli autografi Ferrajoli* (ff. 5162r-5163r e ff. 5162r, 5162*bis*v), fondo in cui è presente anche un'altra missiva del corcirese indirizzata a Francesco Fontani, Bibliotecario della Riccardiana di Firenze (Corcira, 27 maggio/8 giugno 1806; ff. 5160r-v, 5161r, 5161*bis*v). Per una loro descrizione, cfr. *La Raccolta e la Miscellanea Visconti degli Autografi Ferrajoli*, introduzione, inventario e note a cura di P. Vian, Città del Vaticano, Biblioteca Apostolica Vaticana, 1996, p. 341. Le due lettere sono state pubblicate in A. Scardicchio, *Mustoxidi in Italia*, *cit.*, pp. 24–25.

dei parlanti greci, di canti popolari in lingua demotica da tradurre poi in francese in vista della sua celebre raccolta del 1824–1825[43]. Di tale importante rapporto di collaborazione recano traccia le lettere della Vaticana, riferite allo stesso arco di tempo. Mustoxidi nella prima ringrazia l'amico per il dono graditissimo del primo volume dei *Chants*, esprimendo viva riconoscenza per le parole cortesi pronunciate sul suo conto nella prefazione[44]. Nella seconda partecipa al Fauriel gli entusiasmi che il suo libro fresco di stampa aveva suscitato nell'ambiente francofono e cosmopolita di Ginevra, all'epoca uno dei centri più attivi della rete filellenica europea (insieme con la vicina Coppet, nucleo per eccellenza del preromanticismo europeo)[45]. A Ginevra Mustoxidi si era recato nuovamente (dopo il primo soggiorno del luglio del 1809, in occasione del quale conobbe Madame de Staël per intercessione di Sismondi[46]) al seguito di Giovanni Capodistria, non a caso citato nella lettera insieme ai fratelli Viaros e Agostinos. Confessa di essere ancora sulle tracce di ulteriori versioni di produzioni orali greche, da somministrare all'amico in vista del secondo volume della raccolta (uscito nel 1825), e fa cenno poi a Manzoni, in entrambe le occasioni, incaricando il Fauriel di recargli i propri saluti, sapendo che il francese dimorava in contrada Morone, presso l'abitazione milanese dei Manzoni (non solo a Brusuglio, dunque, l'usuale dimora estiva della famiglia, dove pure è attestata la sua presenza). Non

---

[43] Cfr. I. Botta (a cura di), *Carteggio Manzoni-Fauriel, cit.*, p. 440. Scrisse, infatti, a Manzoni da Venezia: «J'ai trouvé Moustoxidi aimable comme à l'ordinaire, et on ne peut plus complaisant et plus empressé: il avait déjà recueilli un certain nombre de pièces grecques dont quelques unes sont curieuses pour une collection plus complete que celle que j'ai pu faire jusqu' à présent». *Ibidem*. E da Trieste: «Moustoxidi qui connaît ici tout le monde et toutes les nations, a voulu me présenter à tout le monde; et je me suis laissé mener au moins chez les Grecs, et à des diners de bombance, dans l'espoir de trouver les chansons et les informations pour les quelles je suis venu ici»; *ivi*, p. 446.

[44] «Una mano ignota mi ha lasciato in casa il vostro bel libro, e penso che mi sia venuto dalla censura. Esso servirà di viatico alla mia mente. Intanto vi ringrazio di cuore delle cortesi parole che avete adoperato in mio favore. L'esser lodato da un uomo vostro pari vince ogni modestia, ma troppo e immeritatamente avete parlato di me». Lettera di Mustoxidi a Fauriel, 22 agosto [Milano, 1824]. Cfr. A. Scardicchio, *Mustoxidi in Italia, cit.*, pp. 24–26.

[45] «Qui tutti sono incantati dal vostro libro, e specialmente i Capodistria». Lettera di Mustoxidi a Fauriel, Ginevra 31 agosto 1824. *Ivi*, p. 25.

[46] Cfr. T. Lodi, *Sismondi e la Staël veneziana*, in «Civiltà Moderna», 4, 1932, p. 622 e J.C.L. Sismondi, *Epistolario*, a cura di C. Pellegrini, Firenze, Nuova Italia, vol. I., p. 211.

mancano gli accenni alle «nuove» di Grecia, «belle e mirabil» per ciò che attiene alle fasi altalenanti dei combattimenti, piuttosto bizzarre, invece, per ciò che concerneva la nuova prosodia in volgare dell'amico zantiota Andrea Kalvos, anche lui a Ginevra: segno anche questo di un'affinità di vedute con l'amico Fauriel e quindi della condivisione del medesimo fervore filellenico.

Insomma, la frequentazione italiana di Mustoxidi e Fauriel, in quell'arco di tempo della primavera-estate del 1824, aveva riattivato le relazioni che risalivano al periodo parigino del 1809. Altre fonti attestano che avrebbero continuato a scriversi anche dopo il reciproco allontanamento, scambiandosi principalmente informazioni pratiche e impressioni sulle rispettive attività letterarie, per poi incontrarsi nuovamente a Firenze nel dicembre 1824, ospiti entrambi in casa Vieusseux[47]. La loro corrispondenza, tuttavia, dovette farsi sporadica all'indomani della partenza di Fauriel dall'Italia. Si sarebbero rivisti ancora a Parigi nel 1827, da quanto emerge da un biglietto del francese all'amica Mary Clarke, in cui si allude a un prossimo coinvolgimento politico del corcirese a fianco di Giovanni Capodistria, in procinto di diventare il primo governatore greco di uno stato finalmente libero e democratico.

Ma la perdita di una parte della corrispondenza non ci consente di andare oltre nella ricostruzione di quel rapporto per capire quanto effettivamente durò. Restano comunque gli *Chantes* a riprova di un legame di sincera amicizia e di proficua collaborazione letteraria, in grado di produrre uno dei risultati di maggiore impatto presso l'intellettualità europea sensibile alle sorti politiche e militari della Grecia ribelle. Un monumento, insomma, della letteratura greca moderna, documento prezioso della storia di un popolo riconsegnato all'attualità grazie a un meticoloso lavoro linguistico, filologico, comparativo nel solco anch'esso degli indirizzi del romanticismo coevo, giacché recepiva il monito di Madame de Staël circa l'utilità delle traduzioni moderne come *transfert* antropologico e culturale. Nella scia, peraltro, delle discussioni che Fauriel aveva avviato con Manzoni sin dal 1804, circa l'esigenza avvertita di inaugurare un nuovo corso per la letteratura moderna, obbediente al disegno di accorciare le distanze «tra lingua parlata e la scritta», di «erudire la

---

[47] Cfr. R. Ciampini, *Gian Pietro Vieusseux. I suoi viaggi, i suoi giornali, i suoi amici*, Torino, Einaudi, 1953, p. 103. Un buon resoconto del rapporto tra Fauriel e Mustoxidi compare in A. Polítis, *I anakálypsi ton ellinikón dimotikón tragoudión*, *cit.*, pp. 239–244.

moltitudine» facendola «invaghire del bello e dell'utile», rifuggendo dalla prassi desueta degli imitatori puri, abituati a procedere per «imprestito dagli antichi modelli»[48], come scriveva Manzoni.

Le aperture sul versante della poesia popolare non furono per Mustoxidi il frutto di un interesse occasionale. Già nel 1804[49] aveva iniziato a raccogliere canti del Mani di argomento patriottico-amoroso, mostrandosi incline alla lezione herderiana circa la relazione esistente tra il sentimento e lo spirito di un popolo e l'idea e il carattere di una nazione. Progettò così di allestirne una silloge intorno al 1820, preceduta da un'introduzione e da un ragionamento sulla poesia moderna dei greci. A noi è rimasta soltanto la prima, strutturata in forma di epistola (*A Demetrio Schinas bizantino*[50]), recante la data del 15 ottobre 1820. In essa Mustoxidi rivendica con orgoglio l'appartenenza a una progenie che serba il «seme» dei «generosi e gentili spiriti» antichi, sostiene con fierezza che «l'ululato dei barbari» non ha affatto «atterrito le Muse» e che i greci continuano a «isciogliere canti soavi» rispecchianti le vestigia «del greco sapere». La memoria dell'eroismo del passato, dunque, s'univa in lui alla *pietas* per l'amaro presente, motivo a suo dire della «fiera ed implacabile indignazione» provata dai fratelli greci, che come «accorti nocchieri» aspettavano solo il vento propizio per sciogliere le vele «con una propria navigazione»[51]: ecco la chiusa tanto metaforica quanto profetica della lettera, a significare l'indifferibilità della sollevazione contro la Sublime Porta data ormai per imminente.

Ma il progetto della raccolta dei canti popolari greci alla fine naufragò, essendosi sovrapposta alle intenzioni di Mustoxidi la medesima iniziativa di Fauriel, che il corcirese appoggiò convintamente facendosi parte diligente nell'opera di recupero di una serie di testimonianze orali in lingua ellenica o nuov'ellenica, come egli stabilì di chiamarla nella

48 La sintonia tra Manzoni e Fauriel scocca già alla prima lettera che il milanese mandò al francese da Parigi il 9 febbraio 1806 (cfr. A. Manzoni, *Tutte le lettere*, *cit.*, pp. 18–20). I due ancora non si conoscevano personalmente e Manzoni inviò a Fauriel i suoi versi sull'Imbonati, ricevendone sinceri apprezzamenti.

49 Lo rivela una lettera di Sismondi a Isabella Teotochi Albrizzi, datata 6 marzo 1804. Cfr. T. Lodi, *Sismondi e la Stäel veneziana*, *cit.*, pp. 609–610.

50 A. Mustoxidi, *A Demetrio Schinas bizantino*, in Id., *Prose varie, con aggiunta di alcuni versi*, *cit.*, pp. 213–218.

51 *Ivi*, pp. 214–218.

lunga disamina linguistica affidata all'articolo di debutto sull'«Antologia».[52] Fu qui che propugnò la tesi della sostanziale continuità tra greco antico e moderno, nonostante le dominazioni che si erano succedute e le varietà che col tempo si erano stratificate; le quali non avevano impedito alla lingua greca di conservare l'originaria patina attica, nell'uso sia colto sia popolare dei parlanti, tanto da diventare patrimonio collettivo della nazione. Se una e indivisibile era la lingua, dunque, una e indivisibile doveva essere la nazione; l'esaltazione romantica del popolo greco, erede legittimo degli antichi elleni, concorreva a suffragarne i propositi democratici e libertari[53]. Era in pratica la stessa dottrina linguistica cui si era ispirato Fauriel nei *Chants*, uniformandosi a un criterio di normalizzazione allo scopo di documentare uno *standard* di parlato popolare (il *dhimotiki*) che sviluppatosi mediante l'uso aveva assunto dignità letteraria. Il contrario di quanto predicava Korais, sostenitore piuttosto di un modello linguistico basato sul greco antico (la *katharevousa*), proposto perfino (ma senza successo) come lingua ufficiale dello stato greco all'indomani della sua costituzione (1828)[54]. Anche per le ragioni sin qui esposte Mustoxidi non mancò di rendere grazie a quell'amico francese di «acuto ingegno» e «peregrina e molteplice erudizione» (Fauriel) per aver riportato alla luce i «tesori dapprima ignoti» della lingua greca, ora depositati in un canzoniere fresco e sobrio ispirato alle «affezioni domestiche», all'«amore», all'«entusiasmo guerriero» dei greci. Salutava così quel documento rivelatore nel suo complesso «d'una vergine facoltà poetica» e insieme espressione «della natura, del clima dei Greci», «della fisica e morale lor condizione»[55].

Quello tra popolo e natura era un connubio inscindibile, scriveva Tommaseo sull'«Antologia» intervenendo sulla questione della lingua in Italia[56]. «Quando la letteratura si distacca dal popolo – precisava – si

---

52 Cfr. A. Mustoxidi, *Alcune considerazioni sulla presente lingua de' Greci*, in «Antologia», XVII, 51 (marzo 1825), pp. 44–73.

53 Sugli intrecci tra lingua e nazione nella Grecia del Risorgimento, con accenno al contributo di Mustoxidi, si veda F. Bellucci, *La Grecia plurale del Risorgimento (1821–1915)*, Pisa, Edizioni ETS, 2012, pp. 35–40.

54 Cfr. A.G. Noto, *La ricezione del Risorgimento greco in Italia (1770–1844). Tra idealità filelleniche, stereotipi e Realpolitik*, Roma, Edizioni Nuova Cultura, 2015, pp. 59–60.

55 Cfr. A. Mustoxidi, *Alcune considerazioni sulla presente lingua de' Greci*, *cit.*, pp. 53–54.

56 N. Tommaseo, *Gita nel Pistojese*, in «Antologia», XLVIII (ottobre 1832), p. 18.

separa dalla natura». Ciò valeva naturalmente anche per la lingua greca, il cui *sermo vulgaris* per l'italo-dalmata non era altro che l'evoluzione fisiologica del *sermo illustris* della tradizione letteraria. Lo testimoniavano a suo dire i canti del popolo, che riflettevano i pensieri, gli stati d'animo, gli orizzonti poetici trasmessi di bocca in bocca con un'eleganza e un'armonia pari a quelle della codificazione scritta. Perciò, a giudizio di Tommaseo, era finita l'epoca delle «mummie scriventi» e delle soluzioni dai «costrutti contorti»[57]: la nuova grammatica della lingua vivente meritava la consacrazione letteraria, in virtù del moderno bagaglio di idee lucide, parole semplici, periodi snelli, che riflettevano lo stile antico del popolo greco ed esprimevano con schiettezza e genuinità il suo spirito più autentico. Da qui l'esortazione a rivolgersi alla poesia popolare per far rivivere la gloriosa tradizione ellenica tramite testimonianze raccolte, anziché dai libri, dalla viva voce dei parlanti. Un compito che Tommaseo attribuì, come si sa, anche a se stesso, attendendo alla pubblicazione dei *Canti greci* (Venezia, 1842), terzo volume dei *Canti popolari toscani corsi illirici greci* e opera chiave del romanticismo italiano, sebbene priva dell'urgenza che aveva caratterizzato la scrittura di Fauriel e perciò più declinata sul versante della filologia che su quello dell'ideologia. Ma segno comunque evidente del culto patriottico della poesia dei volghi che si era diffuso tra i letterati d'Europa secondo la voga romantica, quindi documento probante del propagarsi del discorso filellenico anche oltre l'anno di formazione dello stato greco (1828).

Mustoxidi e Tommaseo si conobbero a Venezia nel cruciale anno 1821[58], anno di ansie, tribolazioni, esaltazioni patriottiche per il corcirese, che in maniera pressante avvertì l'urgenza di unirsi alla schiera dei propri connazionali proprio a Venezia, per seguire l'avvicendamento delle sorti di quel «popolo fervido – scriveva in una bella lettera dai toni accorati a Beatrice Serbelloni Trivulzio – che sente la nobiltà della sua origine, che spera e non patteggia coll'oppressore»[59]. I rapporti di Mustoxidi con i rappresentanti della propria comunità non si limitarono a un contributo

---

57 Id., *Il supplizio di un italiano a Corfù*, Firenze, Barbèra, 1855, p. 196.

58 «Il primo mio incontro con lui fu a Venezia, ch'ero con Luigi Carrer: e rammento il sito, là presso al campo di S. Apollinare [...]. Mi sta ancora dinanzi il suo atteggiamento di modestia quasi timida e di familiarità contegnosa, da cui venivano a poco a poco altre qualità diverse, se non opposte, prendendo risalto». Cfr. N. Tommaseo, *Andrea Mustoxidi, cit.*, p. 39

59 Datata Milano 1821, la lettera alla Serbelloni si conserva presso l'Archivio Mustoxidi di Corfù, segnata III/1/23.

di natura intellettuale. «Tormentato dal desiderio di essere utile ai suoi connazionali – racconta nella sua biografia il cognato De Tipaldo – si dedicò nel suo soggiorno a Venezia a presedere e riformare le scuole di siffatta comunità, e vegliò specialmente sul destino degl'infelici profughi (tra le famiglie de' quali scelse la compagna della sua vita)»[60]. E ancora, in un'altra lettera di Mustoxidi alla medesima Beatrice Serbelloni si allude all'attività filantropica da lui svolta al servizio dei conterranei: «Il più delle mie ore le divido coi miei connazionali e sono greco in Italia, non solo d'animo, ma d'occhio, di favella, d'usanza. Una quantità di que' miseri, che si son sottratti dagl'incendi e dalle carneficine, donne, bambini, vecchi traggon conforto dal frequentare le mie stanze. Le loro crudeli vicende, i magnanimi ed eroici sforzi dei nostri, le comuni speranze son l'argomento de' nostri discorsi»[61]. Ma si diceva del rapporto con Tommaseo. Dopo il primo incontro veneziano del 1821, i due si sarebbero frequentati e scritti per lungo tempo, uniti da un sentimento di stima reciproca di cui è riprova la disponibilità con cui Mustoxidi accolse nel 1827 la proposta del giovane, e ancora poco noto, Tommaseo di contribuire alla *Collana degli antichi storici greci volgarizzati* (da lui diretta per l'editore Sonzogno) con la traduzione del trattato *Della collocazione delle parole* di Dionigi di Alicarnasso. Rimasero in contatto anche all'indomani del rientro in patria di Mustoxidi (1829) e dal loro carteggio apprendiamo che più volte il corcirese chiese all'amico di raggiungerlo a Corfù, con la promessa di trovargli un incarico all'altezza delle sue aspettative. Mustoxidi nella città natale si sarebbe sistemato definitivamente nel 1832, al termine dell'esperienza politica alla guida del Ministero dell'Educazione nazionale, all'indomani cioè dell'assassinio di Giovanni Capodistria (1831). A Corfù avrebbe perseverato nell'esercizio politico-civile, nelle vesti prima di deputato e poi di senatore del Parlamento ionico (1833). Tommaseo, dal canto suo, una volta declinato l'invito e l'offerta di sistemazione, avrebbe optato per la Venezia asburgica, dove si

---

[60] Cfr. *Biografia del cavaliere Andrea Mustoxidi scritta e pubblicata in Venezia nell'anno 1836 da Emilio Tipaldo, corretta dallo stesso Mustoxidi in Corfù nell'anno 1838. Annotata e continuata sino alla sua morte da Andrea Papadopulo Vreto Leucadio. Coll'Aggiunta di una interessante Corrispondenza storico-politica-letteraria diretta ad esso dal Cavalier Mustoxidi*, Atene, dalla Stamperia di P.A. Sakellarios, 1860, pp. 4–5.

[61] Il brano epistolare è riportato in A. Giulini, *Spigolature del carteggio inedito di Andrea Mustoxidi*, in «Giornale storico della letteratura italiana», LXXXIX, 1927, p. 131.

sarebbe stabilito nel 1839 per rimanervi quasi ininterrottamente per un decennio segnato, come si sa, da un'intensa attività politica e letteraria[62]. La corrispondenza con Mustoxidi si infittì nel 1841, proprio all'epoca della stesura dei *Canti greci*[63], alla cui realizzazione il corcirese prestò ancora una volta il suo fattivo contribuito. Fu solerte a inviare all'amico pezzi inediti da includere nella silloge, gli segnalò libri e pubblicazioni inerenti all'argomento, si prodigò a rendere in italiano alcuni passi oscuri riportandone alla luce gli esatti significati e così via[64]. Già debitore verso Fauriel, Tommaseo attribuì all'operato di Mustoxidi la «freschezza di novità» che la sua corposa collezione poté vantare, omaggiando nella sua prefazione quell'«erudito elegante» che per primo aveva avuto «di tali raccolte il concetto»[65]. Ad accomunare Tommaseo e Mustoxidi c'era la stessa passione ellenica e filellenica, oltre al vincolo amicale che lì unì e si mantenne ben saldo nonostante alcuni bruschi episodi di tensione e di rottura che pure talvolta si verificarono[66]. Ciò nonostante alla morte di Mustoxidi (1860) Tommaseo non perse l'occasione di commemorare, nel suo corposo necrologio per l'«Archivio storico italiano», con animo sereno e distaccato, la lunga carriera dell'amico greco. Volle, tra le altre cose, evidenziare il valore del Mustoxidi "romantico", del cultore delle tradizioni popolari, del collezionista di canti della propria isola e annotatore di «voci del greco antichissimo» ancora in uso presso i «villici»[67]. Non poteva esserci un servizio migliore, insomma, a parere di

---

[62] A Corfù, invece, giungerà subito dopo, nel 1849 (restandoci sino al 1854) dando vita al suo secondo esilio; e in quella circostanza Mustoxidi gli offrirà la cittadinanza onoraria e fu, peraltro, nella cittadina ionica che il dalmata prese moglie.

[63] I *Canti greci* di Tommaseo uscirono nel 1842 (Venezia, Tasso), quale terzo dei quattro volumi della collezione di *Canti popolari toscani corsi illirici greci* (Venezia, Tasso, 1841–1842). Si leggono in edizione critica in N. Tommaseo, *Canti greci*, a cura di E. Maiolini, Parma, Guanda, Fondazione Pietro Bembo, 2017.

[64] M. Lascaris, *Niccolò Tommaseo ed Andrea Mustoxidi*, *cit.*, pp. 5–39; le lettere che riguardano l'argomento canti sono quelle pubblicate con i numeri 9, 10, 11, 12, 13, 14.

[65] Cfr. N. Tommaseo, *Canti greci*, *cit.*, p. 3.

[66] Ci riferiamo all'attrito che si venne a creare a seguito della pubblicazione del *Supplizio di un italiano in Corfù* dello stesso Tommaseo (Firenze, Barbèra, Bianchi e Comp., 1855), ispirato a un fatto di cronaca nera accaduto nella cittadina ionica ai tempi del suo secondo esilio, ossia quello greco. Cfr. A. Scardicchio, *Mustoxidi in Italia*, *cit.*, pp. 132–133.

[67] Nelle Isole Ionie, in effetti, i canti popolari si potevano cantare liberamente e pubblicamente, senza incappare nella censura delle autorità ottomane, non essendo queste ultime a governare sull'isola.

Tommaseo, di quello reso da Mustoxidi «alla nazione e alla civiltà greca come alla filologia universale e alla storia ideale dei popoli»[68]. Perché il suo restava complessivamente un esempio fulgido di «affetto patrio», tale da garantirgli il primato nell'eletta schiera dei suoi connazionali.

[68] N. Tommaseo, *Andrea Mustoxidi*, *cit.*, p. 43.

Foscolo filelleno? Di nuovo sulla questione di Parga

Christian Del Vento

Università di Pavia

Gli scritti di Foscolo sulla questione pargiota si collocano a metà strada tra adesione al filellenismo e riflessione sul diritto internazionale e sulla situazione dell'Europa della Restaurazione[1]. L'articolo *On Parga* in particolare, steso nell'estate del 1819, può essere ricondotto a quell'impegno di Foscolo per la Grecia di cui Francesca Sensini parla in questo stesso volume a proposito degli scritti sulle Isole Ionie, cui Foscolo aveva atteso tra l'inverno e la primavera del 1817[2]. Al di là dei rapporti

---

[1] Sulla *mouvence* filellenica, in rapporto al Risorgimento italiano e all'esulato politico, assieme a C. Francovich, *Il movimento filoellenico in Italia e in Europa*, in G. Spadolini *et alii*, *Indipendenza e Unità Nazionale in Italia ed in Grecia.* Atti del convegno di studio (Atene, 2–7 ottobre 1985), Firenze, Olschki, 1987, pp. 1–23, si rinvia senz'altro al capitolo *Greece and the Regeneration of the Mediterranean* in M. Isabella, *Risorgimento in Exile: Italian Émigrés and the Liberal International in the Post-Napoleonic Era*, New York, Oxford University Press, 2009, pp. 65–91. Sugli scritti sulle Isole Ionie si veda ora anche L. Beltrami, *Foscolo e gli scritti sulle Isole Ionie*, in F. Sensini, C. Del Vento (a cura di), *Ugo Foscolo tra Italia e Grecia: esperienza e fortuna di un intellettuale europeo.* Atti del convegno internazionale interdisciplinare *Ugo Foscolo tra Italia e Grecia: esperienza e fortuna di un intellettuale europeo* (Nizza-La Mortola, Giardini Hanbury, 9–11 marzo 2017), Milano, Mimesis, 2020, pp. 326–340, cui si rinvia per la bibliografia sulla questione.

[2] Per la datazione, in particolare, dello *Stato politico delle Isole Ionie*, si veda l'introduzione a U. Foscolo, *Prose politiche e apologetiche (1817–1827)*, a cura di G. Gambarin, Firenze, Le Monnier (Edizione nazionale delle Opere di Ugo Foscolo, 13), 1964, I, pp. XXVI, su cui cfr. M. Scotti, *Le «Prose politiche e apologetiche»*, in «Giornale storico della letteratura italiana», cxlii, 1965, 438, pp. 296–310 (poi in Id., *Foscoliana*, Modena, Mucchi, 1997, pp. 99–120). Sull'articolo *On Parga*, oltre all'introduzione di Gambarin (*ivi*, pp. XXXV-LXXIX), cfr. A. Colombo, *«Le langage d'un homme qui aurait désiré plus de liberté pour son pays»: Foscolo, Mustoxidi e gli esuli pargioti*, in *Foscolo e la cultura europea*, num. monogr. dei «Cahiers d'études italiennes», XX, 2015, pp. 219–35 (poi, rivisto, col titolo *«Le genti che l'Anglia vendé». Diagnosi della*

personali e degli affetti famigliari che lo legavano alla Grecia, questo impegno si era già manifestato nel progetto, «prova della *sua* fedele ed amorosa rimembranza [...] della Grecia» e dei Greci («perch'io li amo tutti come nobili sciagurati che sentano a prezzo di calamità la gloria de' loro antenati»), di un libro «su la guerra d'Alì-Pascià contro i Sullioti»[3], così come lo descriveva nell'estate del 1810 all'amico Michele Ciciliani, originario di Santa Maura:

> [...] sarà prova della mia fedele ed amorosa rimembranza di te e della Grecia il libro ch'io vado meditando e che scriverò su la guerra d'Alì-Pascià contro i Sullioti. E tu potrai aiutarmi, inviandomi 1° la nascita, la fortuna, le conquiste e il carattere d'Alì; 2° lo stato de' costumi e delle armi della Turchia e segnatamente dell'Albania a' giorni nostri; 3° le cose vere che potrai indagare per emendare le narrazioni inesatte forse di coloro che scrissero intorno a quella guerra; 4° l'esito de' Sullioti, e le circostanze tutte della lor dispersione. [...] Raccogli anche gli opuscoli stampati o scritti intorno alle condizioni delle Grecia presenti[4].

---

crisi ionica tra Foscolo e Mustoxidi, in «Giornale storico della letteratura italiana», CXCI, 2014, 633, pp. 94–120, e ora rifuso in *Ugo Foscolo, Vincenzo Monti e la nazione greca*, in Id. *Dalle "vaghe fantasie" al "patrio zelo". Letteratura e politica negli ultimi anni di Vincenzo Monti*, Milano, Led, 2016, pp. 21–51). Sul contributo foscoliano al filellenismo, che fu circoscritto alla produzione di articoli e libri in difesa dei greci, si vedano i contributi di A. Di Benedetto, *«Le rovine di Atene»: Letteratura filellenica in Italia tra Sette e Ottocento*, in «Italica», LXXVI, 1999, 3, pp. 335–353, e Id., *Le nazioni sorelle. Momenti del filellenismo letterario italiano*, in F. Bruni (a cura di), *Niccolò Tommaseo: popolo e nazioni. Italiani, corsi, greci, illirici*. Atti del Convegno internazionale di studi nel bicentenario della nascita di Niccolò Tommaseo (Venezia, 23–25 gennaio 2003), Roma-Padova, Antenore, 2004, II, pp. 444–450, di A.G. Noto, *La ricezione del Risorgimento greco in Italia (1770–1844). Tra idealità filelleniche, stereotipi e Realpolitik*, Roma, Edizioni Nuova Cultura, 2015, pp. 95–130, di Isabella, *Risorgimento in Exile*, *cit.*, pp. 67, 70–75, e ora la terza sezione di Sensini e Del Vento (a cura di), *Ugo Foscolo tra Italia e Grecia*, *cit.*, pp. 247–398.

3 Per cui cfr. Foscolo, *Prose politiche e apologetiche*, *cit.*, I, pp. XVIII-XIX, e Id., *Epistolario*, III, *1809–1811*, a cura di P. Carli, Firenze, Le Monnier (Edizione nazionale delle Opere di Ugo Foscolo, 16), 1953, pp. 373, 449 e 510–511.

4 Si tratta della lettera a Michele Ciciliani del 20 agosto 1810 (*ivi*, p. 449). Quasi un anno dopo, l'8 maggio 1811, scriveva ancora all'amico: «O amico mio! sono stanco, stanco mortalmente di questi tempi e di questi paesi; e più ancora di questa mia lontananza dalla mia casa e dalle braccia di mia Madre. Intanto io cerco di distormi da questi amari pensieri co' libri; — e quanto più presto avrò le memorie per la guerra di Suli, tanto meno noioso mi parrà lo studiare e lo scrivere. Anche Cimbidi mi ha fatto sperare notizie» (*ivi*, pp. 510–511). A riprova del fatto che Foscolo non accantonò il progetto continuando, se non altro, a vagheggiarlo, tra i libri che Foscolo lasciò a Milano nel 1815 se ne trovano alcuni sulla storia delle Isole Ionie e sullo

Prima di Parga, infatti, Suli era stata l'altra città della costa epirota a essere occupata dal "Leone di Giannina", oltretutto in maniera molto più cruenta di quanto sarebbe poi avvenuto in occasione della cessione di Parga. L'articolo su Parga sembra dunque rientrare in un progetto ben preciso, il cui fine era dichiaratamente quello di denunciare il governo di Alì Pascià e di sostenere la causa della libertà greca[5]. Rispetto a questo gruppo di scritti, pubblicati, restati inediti o anche solo vagheggiati, il *Narrative of Events illustrating the Fortune and Cession of Parga* sembra differenziarsi nettamente[6]: più che alla denuncia dei misfatti del governo ottomano o all'elaborazione di un modello costituzionale per un futuro stato indipendente, Foscolo riprende qui, dandogli una forma definitiva, le fila di una riflessione più vasta che aveva avviato nella primavera del 1809 con l'orazione sulla giustizia[7], e su cui era già tornato in quel collettore di materiali talora solo abbozzati che sono i cosiddetti *Discorsi «Della servitù dell'Italia»*, da cui nei primi anni della Restaurazione avrebbe attinto per nuovi e diversi progetti[8].

---

stato presente della Grecia (cfr. P. Borsa, A. Kolonia, *Foscolo "inglese" e la Grecia, 1826–1827: per l'edizione dell'Epistolario*, in Sensini e Del Vento (a cura di), *Ugo Foscolo tra Italia e Grecia, cit.*, pp. 249–278, in particolare le pp. 259–260).

5 Isabella, *Risorgimento in exile, cit.*, p. 73, ricorda come «Foscolo's narrative features all the themes and tropes which [...] were to be found in contemporary European representations of his character, and which turned Ali into an oriental or Ottoman ideal-type, and the negation of all western ethical and religious values. Listing the numerous massacres of men, women, and children marking Ali's conquests of villages and his reprisals against former enemies, whom he would otherwise spare only for the slave market, Foscolo defined him as "the most brutal barbarian of his age"».

6 Sul *Narrative* si rinvia, oltre alle pagine dell'introduzione di G. Gambarin a Foscolo, *Prose politiche e apologetiche, cit.*, I, pp. XXXV-LXXIX, al contributo di A. Manganaro, *Foscolo tra Inghilterra e Ionio: la questione di Parga*, in *La letteratura degli Italiani. Centri e periferie.* Atti del XIII congresso dell'ADI (Pugnochiuso (Foggia) 16–19 settembre 2009), a cura di D. Cofano e S. Valerio, Foggia, Edizioni del Rosone «F. Marasca», 2011 (poi in forma rivista e ampliata, col titolo *Foscolo tra Inghilterra e Ionio: i vinti di Parga*, in Id., *Iusque datum sceleri. Foscolo e la memoria dei vinti*, Leonforte, Euno Ed., 2014, pp. 135–157), e ancora a Colombo, *Dalle "vaghe fantasie" al "patrio zelo", cit.*

7 Sul nodo che stringe il *Narrative* e l'orazione sulla giustizia del 1809 si vedano le osservazioni di A. Colombo (*ivi*, pp. 42–44). Sulla stessa linea anche Manganaro, *Foscolo tra Inghilterra e Ionio, cit.*, p. 147.

8 Sui *Discorsi «Della servitù dell'Italia»*, che si leggono in U. Foscolo, *Prose politiche e letterarie dal 1811 al 1816*, a cura di L. Fassò, Firenze, Le Monnier (Edizione nazionale delle Opere di Ugo Foscolo, 8), 1933, si vedano ora i contributi di A. Pecoraro, *Per un'edizione dei discorsi «Della servitù dell'Italia» di Ugo Foscolo*, Università degli

L'articolo *On Parga*, dopo la pubblicazione nel numero di ottobre 1819 dell'«Edinburgh Review», diffuso in realtà solo nel gennaio del 1820[9], suscitò un certo interesse a livello internazionale al punto che la «Revue Encyclopédique», organo di riferimento di quella internazionale liberal-democratica di cui Marc-Antoine Jullien fu una delle anime nella Francia e nell'Europa della Restaurazione[10], lo pubblicò in traduzione francese nei numeri di luglio-ottobre 1820[11], infrangendo la regola che escludeva gli articoli non originali[12]. Questa eccezione alla sua linea editoriale conferma non solo la vicinanza di Foscolo all'ex rivoluzionario francese[13], ma anche il fatto che l'articolo foscoliano si inserì all'interno di una strategia molto più ampia volta a incidere a livello europeo sul

---

Studi di Firenze, Dottorato in Filologia, Letteratura italiana, linguistica, *curriculum* internazionale di Italianistica, ciclo XXV, 2018, 2 voll., e Id., *Appunti per un'edizione dei cosiddetti discorsi «Della servitù dell'Italia» di Ugo Foscolo*, in V. Allegrini *et alii* (a cura di), *Oltre le righe. Usi e infrazioni dello spazio testuale*. Atti del Seminario (Pisa, Scuola Normale Superiore, 19–21 ottobre 2017), Pisa, Edizioni della Normale, 2020, pp. 217–240.

9 Sulle vicende redazionali ed editoriali dell'articolo *On Parga* si veda ancora Foscolo, *Prose politiche e apologetiche*, *cit.*, I, pp. XXXIX-LI.

10 Su cui si veda E. Di Rienzo, *Marc-Antoine Jullien de Paris (1789–1848). Una biografia politica*, Napoli, Guida, 1999, in particolare pp. 281–332.

11 *Notice sur Parga et sur Ali Pacha*, in «Revue encyclopédique», VII, juillet 1820, pp. 418–54, e VIII, octobre 1820, pp. 17–32 (poi anche in volume, Paris, A. Bertrand, 1820). L'articolo foscoliano reca la sigla «L. S.», ovvero la traduttrice Louise Swanton Belloc (cfr. S. Verdino, *La questione di Parga: Foscolo e altre scritture*, in Sensini e Del Vento (a cura di), *Ugo Foscolo tra Italia e Grecia*, *cit.*, pp. 341–354, in particolare p. 343).

12 «Cet article est traduit presqu'en entier de la *Revue d'Edimbourg*, n° LXIV. Quoique la *Revue Encyclopédique* ne soit point dans l'usage d'emprunter des articles aux journaux étrangers, ses éditeurs ont cru pouvoir admettre ici une exception à cette règle. L'importance du sujet, l'intérêt des faits historiques, en général peu connus, que l'auteur de l'article a développés, la réputation méritée du recueil littéraire dans lequel on les a puisés; enfin, l'avantage de connaître le jugement impartial des Anglais sur un acte politique, qui tend à compromettre leur gloire nationale, ont paru offrir des motifs suffisans pour justifier cette exception» (*Notice sur Parga*, *cit.*, pp. 418–419). Si veda Foscolo, *Prose politiche e apologetiche*, *cit.*, I, pp. XLVII-XLVIII nota.

13 Sui rapporti tra Foscolo e Jullien, che lo scrittore conobbe e frequentò verosimilmente a Venezia e a Milano fin dal 1797, poi di nuovo a Milano negli ultimi tempi del regno d'Italia e, probabilmente, in Svizzera nel corso del 1816, ci sia consentito di rinviare a C. Del Vento, *Foscolo e Marc-Antoine Jullien: Note in margine ai «Discorsi su Lucrezio»*, «Lettere Italiane», XLIX, 1997, 3, pp. 392–426, e Id., *«Un allievo della rivoluzione». Ugo Foscolo dall'apprendistato letterario al «nuovo classicismo»*, Bologna, Clueb, 2003, pp. 68–69, 76–79, 104–105 e 112–114. Sugli spostamenti di Jullien

dibattito sollevato dalla questione pargiota[14], come testimonia anche il progetto di far tradurre in francese il *Narrative* da Auguste Trognon, che nel 1819 aveva già pubblicato la traduzione dell'*Ortis*[15]. Il Capponi, che si trovava a Londra in quei mesi e frequentava assiduamente Foscolo, scrisse all'Albany nel dicembre 1819 che a commissionare allo scrittore gli scritti su Parga fosse stato il potente ministro greco-russo Giovanni Capodistria[16], con cui Foscolo ebbe sempre eccellenti rapporti, sia personali che

---

durante tra il Triennio repubblicano e la prima Restaurazione si veda ancora Di Rienzo, *Marc-Antoine Jullien de Paris, cit., passim.*

14 Sulla fortuna, anche sotterranea, dell'articolo *On Parga* si veda Verdino, *La questione di Parga, cit.*

15 Cfr. Foscolo, *Prose politiche e apologetiche, cit.*, I, p. XLVIII. Si veda la lettera di Foscolo a John Cam Hobhouse dell'11 agosto 1819: «[...] j'ai deja pris le parti de publier à la fin de l'année ici avec mon nom une *Histoire de Parga* en forme, en italien, et divisé en trois livres, en suivant tant que j'en serai capable, la maniere des historiens grecs. – J'en ferai executé la traduction anglaise contemporannément dans un style *signorile asciutto, e assoluto*; et je suis certain que votre langue, malgré son verbiage moderne, saura facilement s'y prêter. J'ajouterai aux deux editions Anglaise et Italienne tous le documents en appendix, et je ferai en même tems publié un traduction de l'ouvrage en français par un ecrivain qui vient de publier une nouvelle traduction de l'Ortis ou il a admirablement saisi les characteristics de mon style» (U. Foscolo, *Epistolario*, VIII, *1819–1821*, a cura di M. Scotti, Firenze, Le Monnier (Edizione nazionale delle Opere di Ugo Foscolo, 20), 1974, pp. 78–79. Sulla traduzione di A. Trognon (*Jacopo Ortis, imprimées sur les manuscrits autographes, traduites de l'italien*, Paris, P.-F. Delestre, 1819) cfr. M. Fubini, *Un articolo di Thomas Jouffroy*, in Id., *Ortis e Didimo. Ricerche e interpretazioni foscoliane*, Milano, Feltrinelli, 1963, pp. 253–263. Sulla traduzione di A. Trognon e, più in generale, sulla ricezione francese di Foscolo si veda S. Béarelle, *Foscolo en français: approche et critique des traductions*, in E. Neppi *et alii* (a cura di), *Foscolo e la cultura europea*, num. monogr. dei «Cahiers d'études italiennes», XX, 2015, pp. 171–188, in particolare pp. 182–183.

16 La lettera, datata «Londra, 19 dicembre 1819», si legge in L.G. Pélissier, *Le portefeuille de la comtesse d'Albany. 1806–1824*, Paris, A. Fontemoing, 1902, p. 443: «Foscolo le fa molti ossequi. Egli lavora molto, al solito per giornali. Ed ora è vicino a pubblicare un libro su Parga e sul tirannico governo delle isole Ioniche, dove sento che le cose vadano più male che mai. Con ciò egli si comprometterà molto col ministero, ma egli si appoggia ad altre protezioni. Credo, benché non si abbia a dire, che questi lavori gli fossero commessi da Capo d'Istria, quando fù qua» (*ivi*, p. 443). Sul Capodistria si vedano gli studi di C. Montague Woodhouse, *Capodistria: the founder of Greek independence*, Londra-New York, Oxford University Press, 1973, di D. Dontas, *Greek Historians on John Capodistrias: a Selective Bibliography*, in «Balkan Studies», XXXI, 1990, 1, pp. 87–106, e la presentazione di E.E. Koúkkou a *Jean Capodistria, 1776–1831. Ministre des affaires étrangères de Russie (1815–1822), premier gouverneur de la Grèce libérée (1828–1831): visionnaire et précurseur d'une Europe unie*, Athènes, Librairie Kauffmann, 2003.

politici, in particolare durante i lavori del Congresso di Vienna, come lo scrittore avrebbe ricordato nel memorandum inviato a lord Bathurst il 17 febbraio 1824[17], poi nell'anno trascorso in Svizzera, dove il Capodistria lo protesse dalle brighe dell'Austria presso le autorità cantonali di Zurigo, e infine a Londra proprio nell'agosto-settembre del 1819[18].

Quale che fosse stato il ruolo effettivo del conte di Capodistria nel progetto foscoliano di un libro sulla questione pargiota[19], va detto che Foscolo appare in quei mesi un personaggio determinante nello svolgimento delle trattative che si stavano aprendo intorno al futuro delle Isole Ionie. Capodistria pensava che Foscolo, che esercitava una certa influenza sulla scena politica inglese, in particolare in seno all'opposizione *whig*, avrebbe potuto offrire un contributo determinante per far avanzare i negoziati tra i rappresentanti delle Isole Ionie e il ministero inglese, perché «il est déjà tout établi en Angleterre», e perché «il jouit d'une bonne opinion auprès des personnages les plus distingués de l'opposition»[20]. A Foscolo, tuttavia, non sfuggivano le responsabilità che il potente compatriota aveva avuto nel determinare la situazione, come scriveva nell'ottobre del 1819, o nell'inverno del 1820, a John Allen: «La sottise de Capo-d'Istria et de Castlereagh dans leur traite 1815 de Paris, ne pouvait mieux paraître que en envoyant aux Îles le Roi Thomas, qui finira roi de trèfles ou je finirai mes jours dans une prison. – Adieu;

17 U. Foscolo, *Epistolario*, IX, a cura di M. Scotti, Firenze, Le Monnier (Edizione nazionale delle Opere di Ugo Foscolo, 22), 1994, pp. 347–349.

18 I rapporti tra Foscolo e Capodistria, anche in rapporto alla battaglia per le Isole Ionie e Parga, sono ricostruiti da G. Gambarin in Foscolo, *Prose politiche e apologetiche, cit.*, I, pp. XIX-XXIV, XXXIV-XXXVII, XLIX-LII.

19 Il Gambarin (*ivi*, pp. XXXVIII-XXXIX) sembra ritenere che un tale ruolo debba essere ridimensionato, facendo riferimento a una lettera all'Hobhouse del dicembre del 1818 (U. Foscolo, *Epistolario*, VII, *7 settembre 1816-fine del 1818*, a cura di M. Scotti, Firenze, Le Monnier (Edizione nazionale delle Opere di Ugo Foscolo, 20), 1970, pp. 452–457), che tuttavia sembra riferirsi alla versione originale dell'articolo *On Parga* (dello stesso avviso è anche M. Scotti, *ivi*, p. 454 nota), mentre è solo nella lettera dell'11 agosto del 1819 che Foscolo descrive a Hobhouse il progetto di un'«*Histoire de Parga* en forme, en italien et divisé en trois livres, en suivant tant que j'en serai capable la manière des historiens grecs» (Foscolo, *Epistolario*, VIII, *1819–1821*, *cit.*, p. 78).

20 Così scriveva il Capodistria da San Pietroburgo a inizio novembre del 1819 ai conti Sicuro e Flamburiani di Zante, ritenendo che le trattative col ministero, e un eventuale ricorso al parlamento, avrebbero avuto maggiori possibilità di successo appoggiandosi a Foscolo, cui proponeva di attribuire una delega ufficiale (cfr. Foscolo, *Prose politiche e apologetiche*, *cit.*, I, pp. L-LI).

pardonnez-moi; – mais depuis la révolte aux Îles je n'ai plus du paix»[21]. In particolare emergeva il suo giudizio fortemente critico nei confronti di Thomas Maitland, il governatore delle Isole Ionie, un dissenso cui, tuttavia, difficilmente poteva dare voce perché, malgrado la sua appartenenza alla cerchia dei *whig*, il generale inglese aveva applicato in maniera piuttosto rigorosa la politica del gabinetto inglese[22]; tant'è che il Jeffrey, editore dell'«Edinburgh Review», si vide costretto a intervenire pesantemente sul testo foscoliano, con censure e non lievi interpolazioni[23]. La posizione di Foscolo, che sosteneva la causa degli abitanti delle Isole Ionie pur essendo un frequentatore assiduo dei circoli *whig*, era dunque estremamente delicata, al punto da astenersi dal frequentare la casa di lord Holland, che era un amico personale del Maitland[24].

---

21 Foscolo, *Epistolario*, VIII, *1819–1821*, *cit.*, p. 100. Ma la lettera potrebbe anche essere successiva, poiché il fascicolo dell'«Edinburgh Review» cui fa riferimento Foscolo fu pubblicato solo nel gennaio del 1820, e la stampa non venale in otto esemplari dell'articolo su *Petrarch and Laura*, cui parrebbe far riferimento, non fu inviata ai pochi destinatari prima del marzo del 1820.

22 Sull'operato di Thomas Maitland come lord Alto commissario si vedano W. Frewen Lord, *Sir Thomas Maitland. The Mastery of the Mediterranean*, New York, Longmans, Green and Co., 1897; W.C. Dixon, *The Colonial Administration of Sir Thomas Maitland*, London, Cass, 1939; E. Kalliga, *To Syntagma tou Maitland gia ta Eptánīsa (1817). Iónies katavolés kai Vretanikoí stóchoi*, in «Istōr», 1991, 3, pp. 3–120; M.E. Paschalidi, *Constructing Ionian Identities: The Ionian Islands in British Official Discourses; 1815–1864*, Department of History, University College of London, 2009, pp. 74–109.

23 Sulla pesantissima requisitoria di Foscolo contro il Maitland cfr. Colombo, *Dalle "vaghe fantasie" al "patrio zelo"*, *cit.*, pp. 36–39. Sugli interventi del Jeffrey, che per altro operò altrettanto pesantemente anche su articoli di argomento prettamente letterario, cfr., oltre a Foscolo, *Prose politiche e apologetiche*, *cit.*, I, p. XLVI, J. Lindon, *Studi sul Foscolo inglese*, Pisa, Giardini, 1987, pp. 44–48.

24 Si veda la lettera inviata da Foscolo a lord Holland il 7 dicembre 1819: «L'origine du malheur de Parga est due à Metternich, a Capodistria et à Lord Caslereagh – mais l'execution a été poussée par Sir Thomas à faire horreur aux Ministres euxmêmes qui maintenant accusent a haute voix leur instrument Whig [...]: les faits des malheurs des Îles, et de la conduite de Sir Thomas ne sont que trop reels – et ce sera à vous Milord d'en juger lorsque j'aurais l'honneur de vous presenter deux petites ouvrages qui sont sous presse. Mais l'amitié que vous avez temoigné pour Sir Thomas, et le parti auquel il appartient, m'ont fait un devoir de m'eloigner de tout lieu ou il a des amis, et ou je pourrais rencontrer ses parents. Pardonnez moi, Milord, ma longue lettre; mais l'idée, que vous et Milady puissiez me croire ingrat etait pour moi insupportable» (Foscolo, *Epistolario*, VIII, *1819–1821*, *cit.*, p. 111). Sui legami tra Thomas Maitland e lord Holland si veda M. Scotti, *I primi cinque anni del Foscolo inglese attraverso l'Epistolario*, in «Atti e memorie dell'Arcadia», V, 1972, 4, pp. 93–118 (poi in Id., *Foscoliana*, Modena, Mucchi, 1997, pp. 121–150).

In questa sede non è possibile ripercorrere tutte queste vicende, che sono state ricostruite in maniera dettagliata da Giovanni Gambarin nel volume XIII dell'Edizione nazionale; ma vale la pena di rievocarne alcuni aspetti per capire meglio le ragioni del punto interrogativo che figura nel titolo accanto a «filelleno», a voler sfumare l'assimilazione del progetto di Foscolo di un libro sulla questione di Parga al solo movimento filellenico[25].

Sappiamo che Foscolo col passare dei mesi maturò crescenti perplessità sull'opportunità di pubblicare un volume che poteva sperare di grande effetto nella questione di Parga e in quella, forse anche più delicata, delle Isole Ionie. Lo scrittore, tuttavia, si trovava in una posizione delicatissima poiché, da un lato, avrebbe dovuto, ma non voleva prendere posizione contro il Maitland, mentre dall'altro la situazione creatasi con la pubblicazione sul numero di maggio della «Quarterly Review» del Murray di un articolo che dava voce alle posizioni del ministero e che lo accusava, per altro in maniera non del tutto infondata, di aver manipolato la descrizione degli eventi[26], lo spingeva a far valere tutti quei particolari dell'articolo *On Parga* che il Jeffrey aveva sacrificato nella versione pubblicata nella «Edinburgh Review». L'articolo apparso sulla «Quarterly Review», pubblicato anonimo secondo la tradizione delle riviste inglesi, era di mano di un collaboratore abituale, John Burrow[27], segretario permanente dell'Ammiragliato (di cui il Murray era l'editore accreditato[28]), che accusava Foscolo di essersi fatto latore di quelli che oggi chiameremmo *fake*. Per contestare le affermazioni di Foscolo Barrow utilizzava il resoconto del viaggio effettuato con Byron nel 1809 nelle Isole Ionie, a Parga e in tutta l'Albania pubblicato pochi anni prima

[25] Isabella, *Risorgimento in exile*, *cit.*, pp. 70–75, assegna senz'altro Foscolo al campo filoellenico («like his contemporary Andrea Mustoxidi, actively participated in the European creation and embellishment of these themes when in exile and as a consequence became also a "philhellene"»; *ivi*, p. 75), ma lo studioso si basa essenzialmente sul solo articolo *On Parga*.

[26] *Parga*, in «Quarterly Review», XXIII, 1820, pp. 111–136.

[27] Come indicato da Isabella, *Risorgimento in exile*, *cit.*, p. 74. Su questo episodio del dibattito apertosi intorno alla cessione di Parga, cfr. P. Cochran, *The Sale of Parga and the Isles of Greece*, in «Keats-Shelley Review», XIV, 2000, pp. 42–51, e Id., *Nature's Gentler Errors: Byron, the Ionian Islands, and Ali Pacha*, in «The Byron Journal», XXIII, 1995, pp. 22–35.

[28] Cfr. Foscolo, *Epistolario*, IX, p. 130.

da John Cam Hobhouse[29], che aveva dato una valutazione più complessa di Alì presentandolo, nonostante la sua crudeltà, come un grandissimo uomo e elogiandolo per essere riuscito a rendere più sicura la regione e a migliorare il sistema stradale[30]. Barrow osservava che gli abitanti di Parga condividevano con gli altri Epiroti, rinomati per la loro ferocia, «a spirit of lawless enterprize and plunder»[31], e difendeva addirittura la figura di Alì Pascià, che manteneva l'ordine in quel mondo brutale e incivile[32]. In particolare, dopo aver ricordato i termini esatti dei vari accordi internazionali che avevano portato alla cessione di Parga, il Burrow si soffermava sul celebre episodio con cui Foscolo aveva concluso il suo articolo, l'esodo dei Pargioti con il disseppellimento dei loro morti, definendola una «story so utterly destitute of truth», dettata esclusivamente da un «determinated and premeditated spirit of amevolence»[33]. L'attacco di Burrow, in realtà, non si limitava a Foscolo, definito il «foreigner resident in London» che aveva «charged and pointed» la «furious battery» scaricata in parlamento contro il governo da Charles Monk, membro dell'opposizione *whig* ai Comuni[34], e che in tutto il suo articolo dimostrava «equal ignorance and impertinence»[35]. Il Burrow scagliava i suoi strali sia contro Charles-Philippe de Bosset, un colonnello svizzero al servizio britannico, ispettore delle Isole Ionie tra il 1816 e il 1818, autore della ricostruzione forse più celebre e approfondita delle vicende di Parga in quel giro di mesi[36], sia contro Amaury Duval, già estensore della «Décade philosophique» e membro dell'Institut de France, che aveva tradotto e pubblicato l'anonimo *Exposé des faits qui ont précédé et suivi la cession de Parga*, cui Andrea Mustoxidi aveva messo mano nell'autunno

---

[29] J. Cam Hobhouse, *A Journey through Albania, and Other Provinces of Turkey in Europe and Asia, to Constantinople, during the Years 1809 and 1810*, London, J. Cawthorn, 1813. Sulla valutazione da parte di Foscolo della testimonianza di Hobhouse si veda Foscolo, *Prose politiche e apologetiche, cit.*, I, pp. 200–201.

[30] Hobhouse, *A Journey, cit.*, pp. 35, 117, 121. Su questo punto si rinvia ancora a Isabella, *Risorgimento in exile, cit.*, p. 73.

[31] *Parga, cit.*, pp. 124–125.

[32] *Ivi*, p. 125.

[33] *Ivi*, p. 136.

[34] *Ivi*, p. 112.

[35] *Ivi*, p. 122.

[36] Ovvero i *Proceedings in Parga and the Ionian Islands, with a series of correspondence and other justificatory Documents*, London, Longman, Hurst, Rees, Orme, and Brown, 1819, su cui cfr. Foscolo, *Prose politiche e apologetiche, cit.*, I, pp. XLIV-XLV.

del 1819[37]. A riprova della dimensione "internazionale" dell'attacco del Burrow, la «Revue Encyclopédique» pubblicò in calce alla traduzione di Foscolo un «Observation»[38], che prendeva di mira proprio «l'article de la "Quarterly Review", dicté avec toute l'amertume du ressentiment que doit inspirer aux ministres la publicité de toutes les circonstances d'un fait aussi généralement condamné»[39], e condannava Alì Pascià come «un tyran, qui ne dut ses succès qu'aux plus noires perfidies», invocando «la renaissance et l'indépendance» della Grecia sotto la guida di un «prince généreux, d'un noble caractère»[40].

Nonostante l'attacco sferrato da John Barrow dalle colonne della sua stessa rivista, il Murray mantenne l'impegno preso con Foscolo di pubblicare il volume. Lo scrittore, tuttavia, si trovò di fronte alla necessità di accogliere le critiche mossegli contro dal feroce estensore della «Quarterly Review» e i solidi argomenti che aveva addotto, rivedendo il progetto originale. Inoltre, tra la primavera e l'estate del 1820 la situazione internazionale cambiò radicalmente, poiché il 23 marzo 1820 si produsse un avvenimento che rendeva caduca la prospettiva adottata da Foscolo nell'articolo *On Parga* e che cambiava radicalmente le carte in tavola: Alì Pascià, che voleva liberarsi dell'ingombrante subordinazione alla Porta e cercava l'alleanza della Russia, annunciò apertamente che si sarebbe fatto protettore e liberatore dei greci dal giogo ottomano, e Ionannis Paparrigopoulos, che era al servizio della Russia, gli comunicò il sostegno dell'Etería[41]. La situazione in Grecia, dunque, aveva cominciato a

---

37 Si tratta dell'*Exposé des faits qui ont précédé et suivi la cession de Parga, ouvrage écrit originairement en grec, par un Parganiote, et traduit en Français par un de ses compatriotes, publié par A. Duval*, Paris, Brissot-Thivars, 1820. Un'analisi comparativa del testo di Mustoxidi e di quello dell'articolo *On Parga* in Colombo, *Dalle "vaghe fantasie" al "patrio zelo"*, *cit.*, in particolare le pp. 39–41 per un esame dell'*Exposé*. Per un panorama complessivo dei rapporti tra Foscolo, Andrea Mustoxidi e la comunità greca nella penisola cfr. A. Scardicchio, *Foscolo e i suoi connazionali in Italia. Un capitolo della fortuna primo-ottocentesca*, in Sensini e Del Vento (a cura di), *Ugo Foscolo tra Italia e Grecia*, *cit.*, pp. 279–308.

38 *Notice*, *cit.*, pp. 30–32.

39 *Ivi*, p. 32.

40 *Ibidem*.

41 W. Brunet de Presle, A. Blanchet, *Grèce depuis la conquête romaine jusqu'à nos jours*, Paris, Didot, 1860, pp. 421–422, e D. Fotiadis, *Ī epanástasī tou '21*, Atīna, Melissa, 1971, I, p. 343

cambiare: nel luglio del 1820, mentre Foscolo lavorava alacremente al progetto tanto da rinunciare all'invito in campagna di Lady Dacre[42], il sultano mise al bando Alì Pascià, che poche settimane prima aveva esortato all'insurrezione contro la Porta i musulmani e i greci albanesi; ma nella notte tra il 1° e il 2 luglio si produsse un altro evento che compromise ulteriormente il progetto di Foscolo: la rivoluzione di Napoli, che seguiva le orme del *pronunciamento* di Cadice del gennaio 1820 e la promulgazione, a marzo, della costituzione. Il quadro politico internazionale si stava dunque modificando rapidamente e i fatti di Parga, che solo pochi mesi prima erano ancora al centro dell'interesse dell'opinione pubblica e a Foscolo sembravano in qualche maniera esemplari della politica estera della Restaurazione, avevano perso rapidamente di attualità; a questo si aggiunse che non solo una parte degli argomenti utilizzati nell'articolo *On Parga* era stata inficiata dall'articolo della «Quarterly Review», ma che anche l'altra si trovava ormai compromessa dal cambiamento improvviso di campo di Alì Pascià. Ciò nonostante Foscolo decise di portare avanti il progetto del *Narrative* e, delle tre parti in cui avrebbe dovuto organizzarsi il volume, stese integralmente le prime due e i primi nove paragrafi della terza, con le relative appendici. Fu solo nella primavera del 1821 che Foscolo, di fronte alle esitazioni del Murray, ma anche per timore che la sua pubblicazione potesse provocare l'applicazione dell'*Alien Bill*, decise di interrompere definitivamente la stampa limitandosi a diffondere cinque o sei esemplari dei fogli già stampati, probabilmente poco più che bozze di stampa. Al Trecchi, cui faceva pervenire i fogli già stampati, il 2 maggio Foscolo scriveva:

> Mio caro Sigismondo – La mia lettera ti sarà data dal S.r Yeates Brown amico mio carissimo, – e degno di essere amico di tutti gli amici miei. A lui ho dato alcuni anzi quasi tutti i fogli stampati fino ad ora della Storia di Parga ecc. – Ma il librajo teme *ora* di pubblicarla, – e gli amici miei me ne sconfortano perchè *ora più che mai* temono l'Alien Bill, – ed ora dove andarei? Brown ti dirà il resto. – Addio[43].

In realtà, in una lunga lettera inviata il 25 novembre del 1822 a Timothy Yeats Brown, che aveva contribuito al finanziamento del volume, Foscolo negava le ragioni che venivano evocate nei circoli londinesi per spiegare la sospensione del libro, spesso niente altro che mere

---

[42] Foscolo, *Epistolario*, VIII, *cit.*, pp. 191–193.

[43] *Ivi*, p. 276.

illazioni diffamatorie, tra le quali la più pesante era senz'altro quella di aver percepito dal governo inglese ben mille sterline per interrompere la pubblicazione di un'opera che avrebbe potuto danneggiarne gravemente la reputazione presso l'opinione pubblica:

> [...] lorsque le livre allait être publié, la révolution d'Italie a fait croire à des Messieurs attachés au Ministère, que un écrit dont l'objet principal était de démasquer la hypocrisie de la Sainte Alliance aurait été dangereux à leurs vues. J'ai dû alors si non supprimer, du moins retarder la publication du livre. L'on eut soin de répondre que votre gouvernement m'a offert une somme assez forte pour me tenter à la préférer à la rémunération modique stipulée avec le libraire, – et que[44] j'ai calculé qu'il valait mieux brûler mon ouvrage pour mille livres ster. que de le publier pour trois cent[45]. D'autres on dit, et imprimé dans *John Bull*, qu'étant ici à la tête des agens de la Russie je ne pouvais espérer la continuation de mon salaire, si je ne supprimais un livre ou l'Empereur Alexandre et Capodistria ne pourraient faire que une très pauvre figure. Enfin des gens non moins sots, mais plus charitables ont cru et répété sérieusement que le livre a été supprimé par les menaces et la frayeur de l'«Alien bill». Si vous avez lu ou entendu quelques unes de ces calomnies, n'en croyez rien; [...] un homme qui a résisté aux faveurs de Napoléon, et qui n'a pas été effrayé par sa toute-puissance ne peut pas être gagné à se taire par mille livres, ni épouvanté par les insinuations de l'Alien bill, – ni être si dépravé jusqu'à être l'agent d'une puissance étrangère (surtout des Russes!) dans un pays où il a cherché asyle, et où il est reçu [avec] tant de l'hospitalité!
>
> Le fait est, que dans l'état où était alors l'Europe et d'après la diplomatie de vos Ministres, je ne pouvais laisser sortir le livre sur Parga et sur les horribles[46] effets de la Sainte Alliance, sans blesser les sentiments et les intérêts de mon libraire [...].
>
> D'ailleurs ce n'était pas l'intérêt de Murray que je devais respecter uniquement. Il était aussi de mon devoir de songer à d'autres amis, entre autres Confalonieri et Capo d'Istria qui m'avoient fourni plusieurs documents sans lesquels mes assertions n'auraient eu aucun appui. Avant la révolution d'Espagne, lorsque je commençais mon livre, et avant celle de Naples, lorsque je l'achevais, la Sainte Alliance n'était que une théorie; mais aussitôt qu'elle fut mise en exécution tous les documents qui en exposoient les mauvaises conséquences auroient sans doute compromis les deux individus que l'on

[44] Nella trascrizione si legge «qui».

[45] Nella trascrizione si legge «troicent».

[46] Nella trascrizione si legge «hombles», termine inesistente, probabile errore di lettura per «horribles».

> savait en possession des papiers, et en correspondance d'amitié avec moi; ou les aurait facilement soupçonné de me les avoir fourni [...].
> Voici les raisons de la suppression de l'ouvrage [...][47].

A Yeats Foscolo indicava dunque le vere ragioni di quella decisione: la mutata situazione politica in Europa; il rischio, su cui tornerà poi spesso, di esporre il Capodistria e, soprattutto, Federico Confalonieri, che gli avevano fornito documenti riservati, alle ritorsioni dei governi restaurati; la necessità di togliere il Murray dall'imbarazzo di una pubblicazione che lo avrebbe messo in difficoltà con il governo *tory*. Penso che, malgrado la sua lunghezza, valga la pena di rileggere questo lungo stralcio dalla lettera scritta al Murray il 20 agosto 1822, ovvero quasi un anno dopo l'interruzione della stampa, perché, al di là delle motivazioni già addotte col Brown, rivela le vere motivazioni del sostanziale fallimento del progetto:

> Some persons surmised, and possibly many may still believe it, that I was bribed by the English Government to suppress such a work. On the other hand King Tom asserts through his secretaries to the honest editor of John Bull, that I am here at the head of a Committee in the pay of Russia to excite both the English and Greek radicals against the paternal administration of the Jonian Islands. [...] The publication of the work would have defrayed at least these expenses, and at the same time it would have proved that no government minister or kings have any claim of gratitude upon me, and that they excite in my mind no other sentiment than compassion which greatly partakes of contempt. Yet other and stronger considerations arising from circumstances which happened while I was writting the work, opposed themselves to its pubblication. I availed myself of the curiosity and interest excited by the cession of Parga throughout Europe in order to state a series of facts authentic enought to show in full light the nature and consequence of the new international law. The revolution of Naples coming unexpectedly at the very moment I was completing my narrative added new

[47] Cfr. Foscolo, *Epistolario*, IX, *cit.*, p. 128–131. Il testo della lettera di cui non si possiede l'originale e che fu pubblicata per la prima volta da G.A. Martinetti, *Perché Foscolo soppresse il libro su Parga*, in «Rivista d'Italia», VI, 1903, 2, pp. 249–260, è stato esemplato dallo Scotti su una copia che il Bianchini trasse dall'originale in possesso di un discendente del Brown (*ivi*, p. 126 nota). La trascrizione del Bianchini, seguita fedelmente nell'edizione nazionale, è tuttavia manifestamente corrotta in più punti e ci pare debba essere emendata non solo laddove siano presenti indubbi errori di lettura, ché non sono giustificati dall'uso foscoliano e producono talora veri e propri controsensi, ma, nell'impossibilità di accertare la *facies* dell'originale foscoliano, anche normalizzata dal punto di vista ortografico.

facts to illustrate and strengthen the arguments on the Holy Alliance with which I intended to close the book. I therefore enlarged my plan, but to ascertain the events then going on in Italy it was necessary to wait, – but in a very short period the fall of Naples contributed only to consolidate the Holy Alliance and discouraged me from continuing my work. Not that I was afraid to attack a bad system because its first application had been successful; for I believe still an everlasting peace cannot exist among men; and the contrivance of a confederacy of kings to keep all human institutions, and all political constitutions always stationary, is contrary to the nature of things and the tendencies of mankind; and while such a confederacy does exist, the nations will wage either an open or silent civil war with their kings. But I have supported my arguments upon documents containing names and statements which, if published after the last revolution, would undoubtedly lead to prison several individuals [...]; – to this I may add the danger of my brother, who is constantly detained in Hungary, apparently with a military commission, but in reality as an hostage. [...] my own philosophy is not so highminded as to make me think that I ought to sacrifice my dearest affections to the very improbable liberty of the Italian slaves. – I have then, as for my book, chosen the expedient of leaving out all that I inserted concerning Italy, and thus I returned to my original plan of speaking only of Parga and Greece. But in this very plan too, to *present* some unity of interest by engaging the attention of the reader to an extraordinary and celebrated character, I had adopted Ali Pacha as the hero of my narrative, – and the new circumstances in which he found himself soon after his having taken possession of Parga, favored and at the same time delayed my work. The general outcry respecting the sacrifice of the Pargiotes, and the intrigues of some Ambassadors induced the Porte to believe that Ali had the English Government to support his ambition; and this jealousy at last induced the Sultan to come to the resolution of dispossessing Ali of his conquests. Hence Ali resorted to the extremity of calling upon the Greeks to become an indipendent nation, – and this was in fact the most efficient, although the least noticed among the causes which produced the present situation of Greece. The long siege sustained by Ali, – the struggles and repeated attempts of the Pargiotes to recover their City, and in the end the tragic catastrophe of the Hero of the Ottoman Empire, would have increased the interest, and completed the history. But to prevent history from degenerating into romance, it was necessary to be assured of the facts which I heard related in so many different ways that I dare not adopt them without previously collecting such information and documents at to justify my statements of the latter events in Albany. But at such a distance, and with the certainty that all letters are opened by the *Police* of King Tom, it is now impossible to separate the false from the real circumstances of the end of Ali. I still hope that at some future period the publication of this history will procure me some ounces of reputation and some pounds of profit; and it will be found very interesting,

> if not for our contemporaries (whose curiosity about Parga and Ali is already exhausted) at least for posterity[48].

Le motivazioni che avevano impedito a Foscolo di portare a termine il libro sulla questione di Parga non erano in realtà molto diverse da quelle che avevano già provocato l'abbandono del progetto di un volume sul Machiavelli, negli anni 1810–11, poi quello dei cosiddetti *Discorsi «Della servitù dell'Italia»*, negli anni 1815–16. Tutti questi progetti erano fortemente in fase con l'attualità, cioè partivano da un pretesto per poi affrontare i nodi della contemporaneità e tutti avevano sofferto della rapidità con cui la situazione politica era cambiata obbligando Foscolo ad adattarsi alle mutate circostanze, senza tuttavia mai giungere a una forma definitiva che lo soddisfacesse. Così come, spiegava Foscolo al Murray, era accaduto anche nel caso del libro su Parga. A provocare il fallimento del progetto furono senza dubbio un certo numero di cause concomitanti[49], a partire dalla rivoluzione di Spagna, ma soprattutto da quella di Napoli e, poi, del Piemonte che, sopraggiunte durante la redazione del *Narrative*, lo avevano indotto a mutare il progetto; ma non aveva ancora terminato quel volume che l'intervento della Santa Alleanza aveva messo fine a quelle esperienze obbligandolo a un nuovo, profondo mutamento del progetto iniziale. A questi problemi si aggiunsero i prodromi dell'imminente insurrezione greca del 25 marzo 1821, nell'accordo, che abbiamo visto, tra Alì Pascià, proclamatosi protettore dei Greci, e l'Etería. Foscolo lo ammette tra le righe della lettera al Murray: sarebbe stato difficile continuare a descrivere Alì Pascià come il barbaro carnefice dei Greci e dei pargioti, ora che era diventato il difensore della loro causa contro la Porta; al punto che, come ricordava al Murray, era diventato l'eroe del suo racconto, col rischio di «degenerating into romance»[50]. Nell'articolo *On Parga*, Foscolo aveva descritto Alì come un tiranno sanguinario, che con l'accordo dell'Inghilterra aveva indotto

---

[48] Foscolo, *Epistolario*, IX, *cit.*, pp. 85–88.

[49] Andrea Manganaro osserva, dietro Mario Scotti (M. Scotti, *Croce e Foscolo*, in *Foscolo e la cultura meridionale*. Atti del convegno foscoliano (Napoli, 29–30 marzo 1979), a cura di M. Santoro, Napoli, ESI, 1980, pp. 87–120, poi in Scotti, *Foscoliana*, *cit.*, 275–310, in particolare p. 282), come «a determinare l'incompiutezza o la "soppressione" per autocensura di questo libro, al di là delle plausibili ragioni esterne, contribuì un altro motivo, riguardante la coerenza delle idee espresse e, pertanto, anche il tessuto argomentativo, la composizione propriamente testuale del libro» (Manganaro, *Foscolo tra Inghilterra e Ionio*, *cit*, p. 144–145).

[50] Foscolo, *Epistolario*, IX, *cit.*, p. 88.

all'esilio i pargioti, costretti ad abbandonare le loro terre e i loro morti; nel *Narrative*, invece, Alì diventava l'eroe di un racconto molto diverso, quello della lotta tra l'aspirazione non più del solo popolo greco, ma, con un allargamento della prospettiva, anche di quelli spagnolo e napoletano contro la logica implacabile del gabinetto inglese, e dei suoi interessi politico-commerciali, per tutelare i quali, accusava Foscolo, l'Inghilterra dietro la difesa di facciata delle ragioni del «new international law»[51], in realtà portava avanti con estremo cinismo una politica di sopraffazione non meno condannabile di quella di Alì.

Le difficoltà che Foscolo incontra nel gestire un progetto che stava assumendo dimensioni sempre più ampie del solo *affaire* di Parga si riscontrano nel dossier genetico del libro, dove si ritrovano vari frammenti, con le relative indicazioni di Foscolo, che sarebbero confluiti nell'*Account of the Revolution of Naples during the years 1798, 1799*, pubblicati nell'autunno del 1821 nel «New Monthly Magazine»[52]. L'*Account* fu dunque l'esito finale di quel progetto lungamente meditato, ma testimonia anche quale fosse la prospettiva progressivamente assunta da Foscolo: non più un intervento dedicato alla questione pargiota o, comunque, alla situazione greca, ma più in generale la denuncia della natura e delle conseguenze del nuovo diritto internazionale, e la condanna del sistema politico della Santa Alleanza. L'allargamento della prospettiva offriva a Foscolo l'occasione per sviluppare un aspetto della sua teoria della giustizia che aveva appena abbozzato nell'orazione del 1809, ovvero quella del diritto internazionale, cui aveva previsto di consacrare l'incompiuta parte terza del *Narrative*[53]. La decisione di concentrarsi sulla rivoluzione napoletana del 1799, e non su quella del 1820–21 come gli aveva richiesto invano il Murray[54], permetteva infatti a Foscolo di denunciare i due principi politici più detestabili su cui si basava la politica estera inglese e, più in generale, quella della Santa Alleanza – il principio di intervento e, peggio ancora ai suoi occhi forse, il diritto di ingerenza – senza dover attaccare per la questione delle Isole Ionie il governo inglese di lord Liverpool e, in particolare, il ministro degli esteri, lord Castlereagh e il Maitland. Foscolo, infatti, costruisce la sua

---

[51] *Ivi*, p. 86.

[52] Foscolo, *Prose politiche e apologetiche*, *cit.*, I, pp. LXXIX-LXXXVI.

[53] Foscolo, *Prose politiche e apologetiche*, *cit.*, II, pp. 44–45.

[54] Si veda la lettera al Murray del 17 settembre 1821 (Foscolo, *Epistolario*, VIII, *cit.*, pp. 309–316).

narrazione sugli abusi di Nelson, di lord Hamilton e, soprattutto di lady Hamilton, che nella conclusione dell'*Account* è definita senza mezzi termini una prostituta, con una salace illazione che, in realtà, allude alla natura della politica inglese:

> The origin of Nelson's misfortune was the right assumed by the belligerent powers, of interfering by dictation in the domestic government of foreign states. And since this practice is now adopted as the basis of the international law of Europe, and it is about to be put in full execution, it was perhaps necessary to dwell on the consequences which twenty years ago it has produced at Naples. This interference was, before the French revolution, limited to the assisting the sovereign or the people, in their mutual differences, by diplomacy and machinations; and did not extend to the dictating or breaking of covenants between the prince and the nation. It is impossible but that his utter ignorance of the country and his prejudice in favour of the factions for which he is interested, must drive every foreign officer to the commission of acts of injustice: and he perpetrates them with so much more violence, as he acts upon a plan adopted by his own government, indifferent alike to the good or bad fortune of a country which it has no pretension to keep by the right of conquest. Captain Troubridge was astonished that the Neapolitan people had no idea of any thing but revenge, without perceiving that the lusts of revenge of the Queen and her foreign courtiers was countenanced by the British forces. Other females, bred in prostitution, have influenced the character of other great men; but Lady Hamilton would never have tarnished the memory of Nelson with the blood of so many innocents uselessly shed, if, at the time he was acquainted with her, she had not been the wife of an English ambassador[55].

Foscolo poteva soprattutto porre sullo stesso piano la politica estera inglese e quella introdotta dalla Rivoluzione francese, identificata come l'origine del moderno diritto internazionale, e delle sue ingiustizie. Aprendo l'*Account*, infatti, Foscolo scriveva:

> Since the first years of the French Revolution, the French and English interference in the affairs of independent kingdoms gave rise to the calamitous diffidence with which, thenceforth, the Neapolitans, as well as other nations, have regarded their princes, and believed them bound in a conspiracy against the liberty and national independence of their own subjects. Bonaparte having usurped the right of dictatorship over Europe, his conquerors divided it among themselves, in order to rule all the smaller states, and planned the present international law, which is now driving populous

---

[55] Foscolo, *Prose politiche e apologetiche*, *cit.*, II, pp. 44–45.

countries to insurrections so unforeseen as to excite the apprehension of a renewal of the abuse of force, and the contempt of justice. [...] Nevertheless as those princes are still living, who with their ministers and subjects were overwhelmed in the vortex of past convulsions, and as it seems that, in spite of the expedients resorted to by the European rulers, those convulsions are on the eve of returning, it may not be altogether useless to account for their miseries, and to retrace their folly, although a just sense of its horrors and ridicule should be awakened only in the speculative part of mankind[56].

Lo scopo di Foscolo era evidente: che il suo interesse andasse al di là degli eventi contingenti sta il fatto che, nell'*Account*, la prima metà dell'articolo è dedicata a una disamina della politica francese nella Penisola e, più in generale, del moderno diritto internazionale, per la quale aveva recuperato vari materiali approntati per la terza parte del *Narrative*.

Nella prime pagine del *Narrative*, infatti, Foscolo dichiara il suo proponimento: «to relate in such a manner as to preserve from exaggeration, sophistry and oblivion, a series of facts» sulla città di Parga, la cui cessione «is an event, the examination of which is of importance, inasmuch as it involves the principle of the law of nations»[57]. In altri termini, nel *Narrative* la cessione di Parga è presentata da Foscolo come esempio del modo in cui l'Inghilterra piegava ai propri interessi il diritto internazionale[58], avendo trasformato in uno strumento della propria politica estera quel diritto di ingerenza che era stato introdotto dalla Francia rivoluzionaria per giustificare la sua politica di espansione[59]. Al suo pensiero, soprattutto ai giudizi sulla Gran Bretagna e le altre potenze europee, Foscolo darà voce, coi necessari adattamenti richiesti dalla verosimiglianza storica, in

---

[56] *Ivi*, pp. 3–4.

[57] Foscolo, *Prose politiche e apologetiche*, *cit.*, I, pp. 176–177.

[58] Sulla centralità, agli occhi di Foscolo, «dello *ius gentium*, che torna del resto quale elemento di forza della requisitoria con la quale in seguito si apre e si chiude, per la parte residua che ne rimane, l'ultima sezione del progettato libro su Parga», cfr. Colombo, *Dalle «vaghe fantasie» al «patrio zelo»*, *cit.*, p. 41. Manganaro, *Foscolo tra Inghilterra e Ionio*, *cit.*, p. 154, osserva come il discorso di Foscolo fosse «finalizzato ad una demistificazione della politica estera inglese, a una netta denuncia dell'imperialismo».

[59] *Ivi*, pp. 149–150, ha giustamente richiamato, tra le cause che possono spiegare l'abbandono del progetto del *Narrative*, anche la «delusione storica che già venti anni prima aveva colto i giovani europei e lo stesso Foscolo» rispetto a quella rivoluzione di cui si sentiva figlio e che, ai suoi occhi, Napoleone aveva tradita trasformandosi nell'«usurpateur des Etats de l'Europe» (Foscolo, *Prose politiche e apologetiche*, *cit.*, I, p. 403).

quel bellissimo passaggio, di altissima qualità letteraria, che è il discorso del vecchio pargiota nel libro II (§§ XVIII-XIX)[60]:

> The expulsion of the French appears to me so necessary, that I will not waste words in recommending it. But, I exhort you to consider well, before you yiel yourselves up to the English, that the king of England now has in his pay all the Kings of Europe, obtaining money for this purpose from his merchants; so that in that country, the merchants and the king are but as one: wherefore, should it become advantageous to the merchants to sell you, [...] the English will sell you [...]. If, however, you persist in surrendering yourselves to England, beware how you confide in the promises, and never the power to perform them, as you do, who are all free men. But go and present yourselves before their King: if he mean[s] to be the master of this city, let him swear it upon the Gospel of Christ. Yet even then, I would not entirely trust him. For within these twenty years, Christian Princes have openly trafficked with their subjects and friends, and have shown but little regard to the Gospel. [...] This our city is small and poor, and simple and ignorant [...]. However, this our Parga still possesses the weapons [...][61].

Nelle parole del vecchio pargiota sul destino di Parga non si fatica a intravedere il giudizio di Foscolo sulla caduta del regno d'Italia: se la cacciata dei francesi era stata inevitabile per ottenere l'indipendenza, le potenze alleate avevano tradito le loro promesse, in particolare l'Inghilterra, dove gli interessi politici della corona coincidono con quelli commerciali dei mercanti e che aveva lusingato molti italiani con false promesse di indipendenza propalate dai suoi generali, finendo con il sacrificarli sull'altare dei propri interessi e vendendoli all'Austria, che invocava il Vangelo, ma non diversamente da tutte le altre potenze continentali era al soldo dell'Inghilterra e aveva mercanteggiato col governo di lord Liverpool il loro destino; e concludeva ricordando che l'unico mezzo per garantire l'indipendenza del regno sarebbero state le armi[62].

---

60 Che il discorso fatto pronunciare al vecchio pargiota, già presente nell'articolo *On Parga*, l'unica testimonianza per cui Foscolo non produsse documenti, riflettesse piuttosto il punto di vista dello scrittore, lo osservava già il Gambarin (Foscolo, *Prose politiche e apologetiche*, *cit.*, I, p. LXXVII) e ora, dietro di lui, Manganaro, *Foscolo tra Inghilterra e Ionio*, *cit.*, pp. 153–154, che parla di «maschera di Foscolo».

61 Foscolo, *Prose politiche e apologetiche*, *cit.*, I, pp. 252–253.

62 Manganaro (*Foscolo tra Inghilterra e Ionio*, *cit.*, pp. 154–155) ricorda come l'appello del vecchio pargiota a prendere le armi e non sottomettersi agli stranieri non sia solo retorica, ma «la sola, dignitosa alternativa possibile alla perdita della patria e dell'identità, l'unica, debole, speranza di futuro per la loro comunità», esattamente come in tante testimonianze foscoliane degli anni 1813–15.

Il *Narrative*, a differenza dell'articolo *On Parga*, dove le istanze filelleniche, orientaliste e finanche balcaniste erano state predominanti, al punto da suggerire a Foscolo un'alterazione della realtà storica, degli eventi, delle persone e dei luoghi coinvolti nella narrazione[63], riprendeva l'idea esposta a lord Holland fin dall'estate del 1819:

> [...] demontrer avec un serie de faits les bevues des Diplomates de l'Europe, – la nonchalance inhumaine, car je ne puis pas dire la mechanceté calculée de vos Ministres; et la gaucherie et l'irregularité, et la connivence avec Ali je ne sais pas à propos de quoi, que l'on a mis dans l'execution de cette affaire. – Parga n'est plus; mais puisque toute l'Europe s'en occupe, il est très-utile d'en saisir l'occasion pour interesser la nation Anglaise aux affaires dehors de son Île, et demontrer evidemment le nouveau côde du Droit des gens que les alliés ont adopté contre la liberté e la justice[64].

Foscolo voleva dimostrare che la reinterpretazione del diritto delle genti sancita dal congresso di Vienna legittimando il principio di intervento, che riduceva il campo d'azione politica delle singole entità nazionali, aveva negato le aspirazioni alla libertà e all'autodeterminazione dei popoli. A confermare quale fosse il vero argomento del *Narrative*, nella *Lettera apologetica* Foscolo chiamerà il *Narrative* addirittura «il volumetto intorno al nuovo diritto delle genti»[65], e ricorderà che:

> Le iniquità delle astuzie della Santa Alleanza applicate sì crudelmente sopra quella repubblichetta apparivano più manifeste appunto perchè i pazienti e i carnefici erano pochi, e conosciutissimi; i testimoni tutti vivevano; i documenti parlavano recenti e innegabili. Quindi lasciavano discernere tutte le traccie per le quali prevalse questo nuovo diritto delle genti che caccia i popoli dalla terra de' loro antenati, e si vanta d'averli compensati perchè fa

---

63 Sulla trasformazione degli eventi nell'articolo *On Parga* in un potente strumento di propaganda filellenica cfr. Isabella, *Risorgimento in Exile*, *cit.*, p. 71, che osserva anche come «similar philhellenic manipulations [...] can be found in numerous contemporary French and English literary representations of Parga's cession» (*ivi*, p. 74).

64 Foscolo, *Epistolario*, III, *cit.*, p. 80.

65 Foscolo, *Prose politiche e apologetiche*, *cit.*, II, p. 240. Colombo, *Dalle «vaghe fantasie» al «patrio zelo»*, *cit.*, p. 45, sottolinea il legame tra la denuncia del «nuovo diritto delle genti che caccia i popoli dalla terra de' loro antenati» che si legge in questo passaggio della *Lettera apologetica* e la censura dei «new principles of international law» nell'articolo della «Edinburgh Review» (Foscolo, *Prose politiche e apologetiche*, *cit.*, II, p. 65).

stimare i loro poderi e le loro case, e li paga a suo beneplacito. E perchè gli uomini di Stato ridevano di tanta pietà per tre mila abitatori di Parga, siccome i Mandarini chinesi sogliono ridere de' pochi milioni de' sudditi delle alte Potenze europee, mi sono anche studiato di derivare dalla storia del mondo le prime origini e le vicissitudini varie del diritto delle genti, e come in altri secoli soleva operare, e come funestamente così rimutato doveva operare di necessità a' dì nostri, e per l'avvenire[66].

Nel suo articolo su *Il libro inglese del Foscolo* (1949)[67], Croce riteneva che Foscolo intendesse «dare al diritto delle genti il carattere di legge morale e assoluta, valida a garantire la libertà e la giustizia»[68], e che di conseguenza nel III libro si fosse contraddetto poiché una tale concezione del diritto internazionale presumeva di «concepirlo come legge posta dall'alto, da Dio, conforme al dettame della Chiesa e alla filosofia scolastica, la quale anche oggi fa coincidere diritto e politica, politica e morale»[69]. Croce ne traeva la conclusione che il «libro del Foscolo falliva al fine di condanna dell'accaduto in virtù di un principio superiore e assoluto»[70]. In realtà Foscolo, nel *Narrative* era coerente con la propria teoria della giustizia, che identificava col solo diritto positivo. Lo scrittore considerava che, in una realtà in cui il genere umano era «guerriero ed usurpatore»[71], la giustizia consisteva esclusivamente nella possibilità da parte dei dominatori di imporre norme e leggi che garantissero il loro predominio. La giustizia, dunque, derivava dalla forza e «non vi può essere mai equità certa, se non quella che nasce dalla concordia degli interessi, del timore, della forza e della ragione di stato»[72]. Foscolo considerava altresì che la giustizia, «sta nelle società particolari de' popoli», cioè delle nazioni, entro cui garantiva degli spazi anche di libertà e di solidarietà, «ma non nella società universale del genere umano»[73], quindi, non tra le diverse nazioni:

---

66 *Ivi*, pp. 216–217.

67 B. Croce, *Il libro inglese del Foscolo sulla cessione di Parga alla Turchia*, in «Quaderni della "Critica"», V, 1949, 13, pp. 20–32. Sul contributo di Croce cfr. le osservazioni di Scotti, *Croce e Foscolo*, *cit.*

68 *Ivi*, p. 28.

69 *Ivi*, pp. 28–29.

70 *Ivi*, p. 31.

71 U. Foscolo, *Lezioni, articoli di critica e di polemica (1809–1811)*, a cura di E. Santini, Le Monnier, Firenze, 1933 (Edizione nazionale delle Opere di Ugo Foscolo, 7), p. 168

72 *Ivi*, p. 178.

73 *Ivi*, p. 169.

> Cercai finalmente il gius delle genti, e lo trovai potentissimo nel timore di due nazioni che non ardivano di affrontarsi, o si collegavano contro una più forte; ma, cessata la causa, cessava il vigor del diritto. Non essendovi nè professi, né carnefici fra due nazioni, nè certezza di gius divino che conciliasse le loro liti, la forza intrometteva solamente la sua sentenza, e la scriveva con la spada. — Esclamavano i vinti, appellandosi al tribunale dell'opinione; ma quel tribunale mancando allora d'un codice, perchè non avea più omai che parole, i vinti obbedivano, i popoli vittoriosi accorrevano al principe, che li faceva ricchi e temuti: i vicini lo rispettavano, e i lontani e i posteri lo ammirarono[74].

Già per il Foscolo del 1809, dunque, il diritto delle genti non era se non un concetto ideale che non era universalmente applicabile ma che era usato di volta in volta dal più forte come legge per sostenere il proprio agire politico[75]. Pochi anni dopo, in uno dei frammenti approntati per il progetto dei cosiddetti *Discorsi «Della servitù dell'Italia»* (1815–16), Foscolo riprendeva lo stesso paragrafo, con poche modifiche[76]. Quando nei primi due paragrafi del libro III Foscolo ripropone in maniera compendiosa la sua teoria della giustizia, non vuole assolutamente trovare alla «pietà» e all'«indignazione per le sorti di Parga» un «fondamento» e una «giustificazione nell'idea del diritto delle genti», ma intende mostrare esattamente il contrario, ovvero che il diritto internazionale in quanto legge universale fondata su principi universali di umanità e giustizia non esiste, poiché muta perennemente nelle forme e nella sua applicazione assieme alle circostanze storiche che lo generano, e come tale è sempre un'emanazione del diritto del più forte[77]:

---

74 *Ivi*, p. 179.

75 Sul rapporto tra l'orazione sulla giustizia del 1809 e gli scritti su Parga si veda anche Colombo, *Dalle «vaghe fantasie» al «patrio zelo»*, *cit.*, pp. 42–44.

76 Cfr. Foscolo, *Prose politiche e letterarie*, *cit.*, II, pp. 202–203: «Invano i giurisprudenti celebrarono il diritto delle genti: lo trovai potentissimo nel timore di due nazioni che non ardivano di affrontarsi, o si collegavano contro un'altra più forte; ma, cessata la causa, cessava il vigor del diritto. Non essendovi tribunali, nè professi, nè patiboli tra' due principi, la forza inframmetteva inappellabilmente la sua sentenza, e la scrivea con la spada, finchè il terrore delle altre nazioni, e il fremito del genere umano contro l'usurpazione non suscitasse nuove forze per abbattere il vincitore. Frattanto i vinti obbedivano; i popoli vittoriosi onoravano il principe che li facea ricchi e temuti, i vicini lo rispettavano, e i lontani e i posteri lo ammiravano».

77 Su questo punto cfr. anche Colombo, *Dalle «vaghe fantasie» al «patrio zelo»*, *cit.*, p. 42, che ricorda opportunamente che «lo *ius gentium* si offriva, secondo il Foscolo, a ogni modalità d'uso da parte di una politica spregiudicata e opportunistica» e, dunque, «poteva essere piegato agli scopi del momento per trarne un dettato di

> Hence it follows, that justice consists solely in the strict observance and impartial execution of laws which are constituted to preserve the acquisitions of nations and individuals. [...] And since superiority of power confers acquisition, and dictates the compacts necessary for its preservation, justice can have no authority but so far as its preservation, justice can haver no authority but so far as its laws are enforced by power. It follows that the employment of force is respected, while, by assuring the right of property and conquest, it prevents a too frequent recurrence of usurpation and wars: but as soon as individuals and nations abuse their power to violate every compact, and to plunge mankind into irreconcilable dissensions, they make man's very nature revolt against them; because, without concord among the inhabitants of the same country, and without some intervals of peace among different nations, the earth would soon become a desert files with dead bodies[78].

Era esattamente l'assunto dell'orazione sulla giustizia, in cui più esplicitamente aveva ricordato che

> [...] quanto le sublimi contemplazioni, confondendo le verità di fatto con la visione metafisica, spargano semi fecondissimi di illusioni, di paradossi e di sette. Perché se i pochi pratici di governo tendessero alla conservazione del genere umano, il genere umano o dovrebbe esser retto da un solo governo, o non dovrebbe essere in guerra mai. L'estensione delle terre e dei mari, e le guerre di tante genti in tutte le età escludono l'una e l'altra ipotesi. Dunque la ragione di stato, che non è naturalmente conosciuta da ogni uomo, ma da' pochi pratici di governo, non può tendere che alla conservazione del popolo governato. Ora la conservazione d'un popolo non può conseguirsi senza mantenergli le forze contro l'usurpazione di un altro. Dunque il giusto non emana se non dalla ragione di stato, non si propaga fuori della ragione di stato e si riconcentra fermamente nella ragione di stato[79].

Foscolo aveva ripreso quella conclusione alla fine del § II del III libro, ricordando proprio che «the general interest of every state to overpower its neighbours, or not to be overpowered by them, compels the citizens to respect those laws, which, by best securing to each his own possessions, ensure the concord, independence and strength of nation»[80]; e al principio del paragrafo successivo aveva concluso amaramente che

---

valore ancipite, o agire persino da strumento giuridico mediante il quale conferire credito pari a proclamazioni tra loro in conflitto aperto».

78 Foscolo, *Prose politiche e apologetiche*, *cit.*, I, pp. 294–295.

79 *Ivi*, p. 170

80 *Ivi*, p. 296.

> [...] the acquisitions derived from the right of conquest, far from being protected by any of those causes which ensure the right of property, are, on the contrary, contested by them all. The safety of every state depending on its power, it has a right to aggrandize that power to the greatest extent of which it is capable/ There being no judges to interpret treaties nor executioners to enforce the observance of them, the only tribunal of nations is the field of battle[81].

Foscolo aveva posto la tesi al principio del libro accennando al fatto che lo *ius* delle genti non è una legge morale assoluta, ma soggetta al diritto del più forte:

> Most of those who have written concerning the ruin of Parga, seem to have had no other end in view but to flatter the popular passion of commiseration for the week and hatred against the powerful. [...] However it is an event, the examination of which is of importance, inasmuch as it involves the principle of the law of nations, adopted by the universal consent of mankind, as the only security for any intervals of repose from the wars and usurpations which this earth appears destines perpetually to suffer. But conquerors, ever prone to render principle subservient to their immediate interest, have, from time to time, introduced into the practice of that law alterations which endure only until other wars, other usurpations, other conquerors, and other interests, may have dictated a different rule of practice[82].

Il giudizio di Croce, secondo cui Foscolo aveva fallito nel condannare «in virtù di un principio superiore e assoluto» l'accaduto, che invece poteva trovare riscatto solo nella «possente oratoria che portava alla luce il sentimento dell'offesa all'umanità»[83], si basava su un'incomprensione di fondo: il fine che Foscolo si era proposto con il *Narrative*, infatti, non era la condanna morale dell'*affaire* di Parga, bensì la dimostrazione che gli unici principi che determinano l'agire politico in tutte le epoche non sono se non l'utilità, la forza e l'interesse dei vincitori, innalzati surrettiziamente a principi superiori e universalmente validi; scegliendo, come si desume dagli abbozzi frammentari della conclusione del *Narattive* che ci sono pervenuti, vari esempi tratti dalla contemporaneità (la parabola napoleonica, l'*affaire* di Parga e la rivoluzione di Napoli) Foscolo svelava machiavellianamente ai popoli in che cosa consistesse il diritto delle genti non solo nella storia, ma anche nella versione apparentemente nuova nata durante la rivoluzione francese, prontamente accolta dall'Inghilterra e, infine, consacrata dalla Santa Alleanza.

---

81 *Ivi*, p. 297.

82 *Ivi*, pp. 175–176.

83 Croce, *Il libro inglese del Foscolo*, *cit.*, p. 31.

Patriai tèmpore iniquo: Ugo Foscolo e la questione di Parga

Francesca Sensini

Université Côté d'Azur (Nizza)

> Ma, viaggiando, io meditava nei monumenti dell'antichità le virtù e le colpe, la prospera e l'avversa fortuna delle genti, ed imparava la possente favella delle rovine. E con particolare affetto e studio religioso scrutava in ogni parte le memorie d'Italia e di Grecia, magnanime sorelle, dalla bassa fortuna in cui giacevano, destinate oggi a risorgere ed a riprendere il meritato seggio fra le grandi nazioni incivilite[1].

1. Introduzione

La riflessione sulla situazione della Grecia contemporanea occupa Foscolo negli anni del suo esilio londinese (1816–1827) e sostanzia alcuni scritti di particolare interesse «per la conoscenza del pensiero politico del Foscolo nella sua piena maturità»[2]. Si tratta dello *Stato politico delle isole*

---

1 G. Regaldi, *Storia e poesia. Discorso recitato in Parma nell'aula* universitaria il dì 6 dicembre 1860, *Canti e prose*, vol. 2, Torino, Tipografia scolastica, 1861, p. 9.

2 U. Foscolo, *Edizione nazionale delle opere*, vol. XIII - parte I. *Scritti sulle Isole Ionie e su Parga*, a cura di G. Gambarin, Firenze, Le Monnier, 1964, p. XXVI (in seguito abbreviata in *EN*). In merito all'elaborazione del pensiero politico del Foscolo dagli anni giovanali alla maturità e alle sue apparenti contraddizioni, rinvio a E. Neppi, *Foscolo e la Rivoluzione francese. Momenti e figure del pensiero politico foscoliano*, «Laboratoire italien» [Online], 9 | 2009, http://journals.openedition.org/laboratoireitalien/554 (data di ultima consultazione: 10 settembre 2022). Cfr. C. Del

ionie in lingua italiana (1817)[3], *On Parga*, edito in inglese nell'ottobre del 1819 sulla «Edimburgh Review» e l'incompiuto *Narrative of events illustrating the vicissitudes and cession of Parga* del 1820 (i due ultimi considerati da Christian Del Vento, in questo stesso volume, per il legame con l'attualità politica delle Isole Ioniche e, insieme, per la prospettiva più ampia, non strettamente filellenica, che Foscolo adotta per lumeggiare la sua riflessione sul diritto internazionale e sulla situazione dell'Europa tornata all'*Ancien régime*)[4].

Proprio in quel periodo, la marginalità della Grecia – che è anche la sua liminarità, tra Occidente e Oriente – diventa centrale non solo sullo scenario politico internazionale successivo alla caduta di Napoleone e al congresso di Vienna, ma anche in Gran Bretagna, nel confronto tra «conservatori» e «liberali», traduzioni approssimative con cui possiamo riferirci, rispettivamente, ai partiti dei *tories* e degli *whigs*. La Grecia ha bisogno dell'impegno di Foscolo nella sua veste non solo di greco, ma anche di patriota transnazionale e filelleno di grande fama. In misura non minore, Foscolo ha profondamente bisogno della Grecia per la sua definizione di intellettuale e di uomo[5]. Così, mosso dall'affetto per la patria d'origine e dalla gravità degli eventi che in quegli anni la toccano, egli spera che la sua voce possa influenzare l'opinione pubblica europea e la politica estera inglese e, insieme, offrire una guida ai connazionali

---

Vento, *Un allievo della rivoluzione. Ugo Foscolo dal «noviziato letterario» al «nuovo classicismo»* (1795–1806), Bologna, Clueb, 2003.

3 Sono da collegare allo *Stato politico* due altri scritti di poco posteriori: il *Mémoire sur l'éducation publiques aux Îles Ioniennes*, allegato a una lettera non datata all'amico filelleno Lord Guilford e verosimilmente collocabile tra fine maggio e inizio giugno 1817 e un testo, senza titolo nell'apografo, che Gambarin propone di intitolare *Come far abrogare la costituzione delle Isole Ionie*, successivo alla promulgazine della costituzione da part di Lord Mailand, il 2 Maggio 1817, databile tra la fine del 1818 e l'inizio del 1819 (U. Foscolo, *EN*, vol. XIII - parte I, *cit.*, pp. XXVI-XXXV). Cfr. M. Scotti, *Le prose politiche e apologetiche e i primi cinque anni del Foscolo inglese attraverso l'epistolario*, in *Foscoliana*, Modena, Mucchi, 1997, pp. 102–109; 146–150.

4 Per gli scritti su Parga rimando al capitolo IV *Foscolo tra Inghilterra e Ionio: i vinti di Parga* in A. Manganaro, *Jusque datum sceleri. Foscolo e la memoria dei vinti*, Palermo, Eunoedizioni, 2014, pp. 137–157.

5 Gli anni dell'esilio londinese sembrano aver permesso a Foscolo di scavare dentro la sua condizione «transnazionale» e riscoprire patrie e appartenenze, al di là delle delusioni storiche di cui aveva fatto esperienza (vedi K. Zanou, *Transnational Patriotism in the Mediterranean, 1800–1850. Stammering the Nation*, Kindle, Oxford, Oxford University Press, 2018, pp. 43–46/240).

allo scopo di arginare la *Realpolitik*, assai poco interessata nella prassi alle autonomie nazionali, delle cancellerie europee.

È bene ricordare che la Grecia natale di Foscolo corrisponde a un frammento particolare del mosaico a fior d'onda, sparpagliato e insieme raccolto intorno a un invisibile nucleo ideale, che è la Grecia nel suo complesso. Le «sacre sponde» di Zacinto, infatti, sono parte delle sette Isole Ionie, con nome greco Eptaneso. Quest'area della Grecia insulare rappresenta un *unicum* in Europa per il vorticoso avvicendarsi di dominatori nel periodo a cavallo tra la Rivoluzione francese e il Congresso di Vienna: passate ai francesi dopo la caduta della Repubblica di Venezia, neanche due anni più tardi, nel 1799, entrano nell'orbita russo-turca. Con il trattato di Costantinopoli del 1800 passano di fatto sotto il controllo turco, benché formalmente siano dichiarate autonome e organizzate in quella che prende il nome di Repubblica settinsulare. Conquistate dalla flotta russa durante la guerra della quarta coalizione contro l'impero napoleonico, nel 1807 vengono cedute dallo zar Alessandro I a Napoleone con il trattato di Tilsit. Nel 1811 vengono occupate dagli Inglesi (con l'eccezione di Corfù, che resta francese fino al 1814). Con la formazione dei cosiddetti Stati uniti delle Isole Ionie – Το Ηνωμένον Κράτος των Ιονίων Νήσων – il protettorato inglese è di fatto ratificato a fronte di un'autonomia di facciata.[6] Questa sistemazione, favorita dall'opera diplomatica di Giovanni Capodistria in funzione antiaustriaca, doveva essere propedeutica ad una successiva indipendenza sotto l'egida della Gran Bretagna; almeno questi erano i disegni dell'illustre corfiota al servizio dello zar. Foscolo non cela le forti perplessità rispetto alla soluzione prospettata da Capodistria, il cui *vulnus* risiede, ai suoi occhi, nei poteri attribuiti al *Lord High Commissioner*, nella persona del *whig* Sir Thomas Maitland, troppo estesi per consentire al nuovo stato un vero margine di autonomia.

Nello *Stato politico delle Isole Ionie*, Foscolo considera la situazione dell'Eptaneso dalla creazione del protettorato inglese, in seguito al trattato di Parigi del 5 novembre del 1815, fino all'emanazione della carta costituzionale del maggio 1817. Le considerazioni dell'autore sono destinate ai compatrioti dell'Eptaneso «in via di proposta e di consigli

---

6 Per un quadro storico preciso delle vicende politiche dell'Eptaneso – vero e proprio laboratorio politico e costituzionale del futuro stato greco – dopo il 1797 rinvio a R.M. Delli Quadri, *Il Mediterraneo delle Costituzioni. Dalla Repubblica delle Sette Isole Unite agli Stati Uniti delle Isole Ionie 1800–1817*, Milano, Franco Angeli 2017.

probabili»[7]. Per quanto liberticida, infatti, il trattato prevede la redazione di una carta costituzionale, il che offre ancora agli isolani la possibilità di rivendicare diritti ed esprimere aspirazioni politiche. Foscolo intende sfruttare questo margine di negoziazione per limitare i danni del protettorato e per affermare quei princìpi, sopra tutti lo *ius gentium*, che i liberali inglesi si fregiano di promuovere e difendere in Europa. Ogni suggerimento pratico è dettato da un'analisi della congiuntura storica e ricondotto a princìpi generali.

È importante sottolineare come il pensiero di Niccolò Machiavelli si ponga quale modello fondamentale del pensiero politico del Foscolo maturo, caratterizzato da un realismo che, per quanto lucidissimo, non si arrende alla disperazione né intende annichilire l'azione politica del soggetto. In particolare, all'autore fiorentino Foscolo riconosce la capacità di ricavare, da eventi relativi a una realtà politica specifica e municipale, una lezione politica di interesse universale:

> (Machiavel *scil.*) described the events of his own little republic of Florence, as if they ought to serve as a lesson to all the other free states in the world; and the subject of his history, though scarcely more than municipal, derives interest and dignity from its tendency, application, and from the profound reflections which the historians continually awakens in our minds[8].

Lo stesso intento presiede agli scritti filellenici del Foscolo inglese, in cui gli eventi relativi alle Isole ioniche e a Parga si rivelano materia di un ideale laboratorio di riflessione politica e, nello stesso tempo, terreno di un conflitto eterno tra la violenza del potere e l'aspirazione all'autodeterminazione dei popoli. Questa idea è chiaramente espressa nell'epigrafe latina dell'incompiuto *Narrative of events illustrating the vicissitudes and the cession of Parga*. Foscolo cita Tacito, *Annales*, IV, 32: «Quae referam parva forsitan et levia memoratu videri, non nescius sum. Nobis in arcto et inglorius labor. Non tamen sine usu fuerit introspicere illa, primo aspectu levia, ex quis magnarum saepe rerum motus oriuntur». In effetti, il lavoro di Foscolo pare «ristretto e inglorioso», come quello dello storico latino che, nella parte omessa del passo, invidia la condizione degli storici che scrivevano «veteres populi romani res: ingentia

---

7 U. Foscolo, *EN*, vol. XIII - parte I, *cit.*, p. 34.

8 U. Foscolo, *Antiquarj e critici. On the Antiquarians and Critics*, edizione critica bilingue a cura di P. Borsa, Milano, Ledizioni, 2012, p. 35. Cfr. E. Neppi, *Foscolo e la Rivoluzione francese, cit.*, pp. 188–189.

illi bella, expugnationes urbium, fusos captosque reges». Nondimeno, precisa lo storico latino, «non sarà inutile indagare fatti a prima vista di scarsa importanza, ma dai quali prendono le mosse avvenimenti di grande rilievo». E l'attenuazione sottolinea opportunamente l'interesse che presentano per Foscolo filelleno i fatti di Parga e, più in generale, le vicende della sua patria d'origine, nella comprensione di fatti e di leggi generali che governano la storia.

2. Il filellenismo come identità culturale e politica

Il filellenismo raggiunge la sua acmé proprio nel periodo in cui Foscolo si dedica agli scritti politico-storici sulla Grecia, tra il 1819, quando Parga viene ceduta all'Impero ottomano, e il 1829, anno della pace di Adrianopoli e della proclamazione dell'indipendenza della Grecia. Le sue radici tuttavia risalgono alla seconda metà del Settecento, quando la Grecia dà avvio al processo di liberazione dal giogo turco, risvegliando l'interesse dell'opinione pubblica europea per le sue sorti[9]. Nel quadro della guerra russo-turca del 1768–1774, con i cosiddetti «fatti di Orlov» – Ορλωφικά – del 1770, i Greci del Peloponneso, sostenuti dalla Russia di

---

[9] La bibliografia sull'argomento è ricchissima. Rinvio ad alcuni saggi fondamentali che affrontano le varie declinazioni del fenomeno, dalle pubblicazioni più recenti fino agli studi più classici: K. Bassi, P.J. Euben (a cura di), *When worlds elide: classics, politics, culture*, Lanham, Lexington Books, 2010; M. Haagsma, P. den Boer, E.M. Moormann (a cura di), *The impact of classical Greece on European and national identities*, Amsterdam, Gieben, 2003; S.L. Marchand, *Archeology and philhellenism in Germany (1750–1970)*, Princeton, Princeton University Press, 1996[1]; A. Noe, *Der Philellenismus in der westeuropaischer Literatur 1780–1830*, Amsterdam, Rodopi, 1994; P. Cartledge, *The Greeks: A Portrait of Self and Others*, Oxford, Oxford University Press, 1993[1]; E. Kostantinou, *Europaischer Philellenismus*; *Die europäische philhellenische Literatur bis zur 1. Hälfte des 19. Jahrhunderts*, Frankfurt, Peter Lang, 1992; L. Storoni-Mazzolani, *Sfacteria. Le sacre sponde. Storie e miti del mondo greco*, Milano, Mondadori, 1984; C. Spetsieri Beschi, E. Lucarelli (a cura di), *Risorgimento greco e filellenismo italiano. Lotte, cultura, arte*, Roma, Edizioni del Sole, 1986; T. Spencer, *Fair Greece, sad relic. Literary Philhellisme from Shakespeare to Byron*, Bath, Chivers, 1974; William St. Clair, *That Greece might still be free: The Philhellenes in the War of Independence*, Oxford University Press, Oxford, 1972; M. Byron Raizis, *American Poets and the Greek revolution, 1821–1828: A Study in Byronic philhellenism*, Thessaloniki, Institut for Balkan Studies, 1971; W. Barth, M. Kehrig-Korn, *Die Philhellenenzeit. Von der Mitte des 18. Jahrhunderts bis zur Ermordung Kapodistrias' am 9 Oktober 1831*, München, Max Hueber, 1960.

Caterina II con forze di mare e di terra, si ribellano ai turchi ottomani, dando prova di ferocissima determinazione.

In piena guerra, il 10 ottobre 1770, Pietro Verri scrive al fratello Alessandro esprimendo scetticismo riguardo alle notizie circolanti a mezzo stampa sui successi dei russi, magnificati dai russofili per interessi di borsa, ma dichiarando apertamente di sperare in una liberazione della Grecia contro «l'oppressore» turco: «ma vorrei pure che la patria di Pericle, di Milziade, di Platone e di tanti uomini venerabili, cambiasse destino, e che sulle loro ossa onorate non passeggiasse l'oppressore d'una avvilita e ingegnosa nazione». D'altronde per questi stessi motivi Verri immagina che le conversazioni riportate nel «Caffé» sotto forma di articoli si svolgano presso il locale di un greco dell'isoletta di Citera, il quale «mal soffrendo l'avvilimento e la schiavitù in cui i Greci tutti vengono tenuti dacché gli Ottomani hanno conquistata quella contrada, e conservando un animo antico malgrado l'educazione e gli esempi, son già tre anni che si risolvette di abbandonare il suo paese»[10].

Nelle considerazioni di Verri appaiono dunque sintetizzati alcuni elementi caratterizzanti il filellenismo nel suo insieme: da un lato, l'ammirazione per la Grecia antica e il suo ruolo di nazione civilizzatrice, accompagnata dal sentimento di un debito, parzialmente solvibile offrendo sostegno alla Grecia moderna in lotta per l'indipendenza e lottando con essa per l'inveramento della preghiera di Didone, *exoriare aliquis nostris ex ossibus ultor* (Virgilio, *Eneide* IV, 625)[11]; dall'altro, la consapevolezza dell'avvilimento del paese dopo oltre tre secoli di dominio straniero e delle sue difficoltà a portare a termine autonomamente il suo riscatto.

---

10 F. Novati, E. Greppi, A. Giulini (a cura di), *Carteggio di Pietro e Alessandro Verri (dal 1766 al 1797)*, Milano, L. F. Cogliati, 1919, vol. IV (ottobre 1770–dicembre 1771), p. 19.

11 L'imprecazione *exoriare aliquis* compare sul frontespizio illustrato dell'opera dell'aristocratico collezionista di antichità M.G.F.A. de Choiseul-Gouffier, *Voyage pittoreque de la Grèce*, t. 1, s.e., Paris, 1782. Segue una «Explication du frontespice», in cui l'autore chiarisce il senso dell'immagine in apertura della sua opera: la Grecia è una donna incatenata, circondata da monumenti funebri in onore di quanti si sono immolati per la sua libertà. Ella si appoggia sulla tomba di Leonida e dietro di lei un'iscrizione riporta la frase di Simonide per i trecento spartani morti alla Termopili: «passant, va à dire à Lacédémone que nous sommes morts ici pour obéir à ses lois». Cfr. O. Boisset, *L'Antiquité retrouvée des Modernes: le cas du voyage pittoresque en Grèce du Comte de Choiseul-Gouffier*, «Bulletin de l'Association Guillaume Budé», année 2003 / 1, pp. 130–156.

Da quest'ultima considerazione deriva il pessimismo con cui non pochi intellettuali del Settecento guardano alla Grecia moderna, dubitando della possibilità effettiva – e addirittura del reale desiderio dei greci – di un affrancamento dalla servitù. In particolare, l'ignoranza della storia patria è additata come causa di un degrado culturale ed etico immedicabile. Voltaire si chiede retoricamente se la parola «patria» si addica a un greco del suo tempo, ignaro del suo illustre passato:

> Ce mot de *patrie* sera-t-il bien convenable dans la bouche d'un Grec, qui ignore s'il y eut jamais un Miltiade, un Agésilas, et qui sait seulement qu'il est l'esclave d'un janissaire, lequel est esclave d'un aga, lequel est esclave d'un bacha, lequel est esclave d'un vizir, lequel est esclave d'un padisha, que nous appelons à Paris le *Grand Turc* ?[12]

Questa interessante questione si pone logicamente, e in ogni tempo, per ogni popolo che, per diverse ragioni, abbia perso memoria e consapevolezza della propria storia. In effetti Voltaire dichiara espressamente di voler sollevare degli interrogativi e vi riesce, allora come oggi.

Pessimismo e disillusione innervano anche il filellenismo romantico, in particolare l'esperienza del suo filone pratico e combattente, che vede molti filelleni europei più o meno celebri impegnati sul fronte della guerra di indipendenza greca del 1821. Si pensi al disprezzo maturato dal Conte Giacinto Provana di Collegno o all'amarezza che intacca lo slancio romantico di Santorre di Santarosa[13]. L'incontro con i greci contemporanei tematizza infatti le contraddizioni interne al movimento stesso, derivanti da una considerazione ambigua della Grecia, antica «patria ideale», e «pittoresca ma poco esemplare» nazione moderna[14].

L'aporia di una Grecia irrimediabilmente scissa tra antichità e modernità viene superata nella riflessione di quegli intellettuali che storicizzano il problema, considerandolo entro un processo più vasto e, insieme, valutandolo in rapporto alla situazione storica del presente.

---

[12] Voltaire, *Dictionnaire philosophique*, Paris, Garnier, 1878, tome 20, *s.v. patrie.*

[13] S. Birtachas, *Esilio risorgimentale e filellenismo combattente*, in F. Sensini, C. Del Vento (a cura di), *Ugo Niccolò Foscolo tra Italia e Grecia. Esperienza e fortuna di un intellettuale europeo*, Atti del convegno internazionale (Nizza – La Mortola. Giardini Hanbury, 9–11 marzo 2017), Milano, Mimesis, pp. 355–369.

[14] A. Di Benedetto, *Le Rovine D'Atene: letteratura filellenica in Italia tra Sette e Ottocento*, «Italica», vol. 76, n. 3, 1999, p. 341. *JSTOR*, www.jstor.org/stable/479909. Accessed 20 Mar. 2020.

Si pensi alle considerazioni di Giacomo Leopardi che, in una nota del fatidico 1821, invita a meditare la storia greca come un *continuum*. In particolare, il poeta si sofferma sulla meravigliosa singolarità del suo percorso e sulla «invincibile tenacità» dell'indole nazionale, mirabile per forza autoconservativa, evidenziando un dato fondamentale: i costumi, la lingua, la religione e il carattere dei Greci non si sono mai confusi con quelli di altri popoli; i soli cambiamenti riconoscibili sono dovuti al tempo; e il tempo stesso si è limitato a togliere, più che ad aggiungere elementi allogeni[15].

Nel *Discorso in proposito di un'orazione greca di Giorgio Gemisto Pletone*, del 1827, Leopardi ribadisce la sua idea di continuità e l'ammirazione per la «nazione greca», propagatrice e conservatrice di cultura in ogni tempo. Così l'Occidente, travolto dalle invasioni barbariche, è l'Europa inselvatichita e immemore di sé che contrasta con la raffinatezza mai spenta dell'Impero orientale ai tempi delle Crociate. In altre parole, Leopardi riconosce nei Bizantini i «Romani» – Ῥωμαῖοι o Ῥωμιόι come loro stessi si definivano – cioè gli eredi diretti della cultura ellenistico-romana che sopravvisse e si sviluppò al di fuori della cinta della città eterna[16].

Le riflessioni di Leopardi sulla «nazione greca» sono riconducibili alla temperie romantica che promosse lo studio storico dell'antichità e, parallelamente, la critica del classicismo astorico, erudito e ornamentale, compromesso, dopo l'esaurimento della parabola rivoluzionaria e la trasformazione di Napoleone da liberatore a mercante di popoli, con il cesarismo.

In questo contesto il filellenismo assolve anche una sua funzione 'antiromana' (e anticlassicistica), nella misura in cui Roma non è più sentita come la *respublica* associata al trionfo del *civis* di epoca rivoluzionaria

---

15 G. Leopardi, *Zibaldone*, 30 agosto 1821, pp. 567–568 [1591–1593]. Non è improbabile che Leopardi rielabori un passo del *Viaggio in Grecia* di Saverio Scrofani del 1799–1800: «Pure la fermezza del loro carattere, che in mezzo a' barbari, e dopo tante vicende ha fatto loro conservare la propria lingua, la propria religione, i propri costumi, mostra agli occhi del filosofo ciò che potrebbe divenire questa nazione» (A. Di Benedetto, *Le Rovine D'Atene*, *cit.*, p. 348).

16 G. Leopardi, *Discorso del Conte Giacomo Leopardi in proposito di un'Orazione greca di Giorgio Gemisto Pletone; e volgarizzamento della medesima*, *cit.*, pp. 83–84. Cfr. C. Bintoudis, *Leopardi nella prima metà dell'Ottocento greco*, «Rivista di letteratura comparata, bizantina e neollenica», Pisa-Roma, Fabrizio Serra editore, 1/2017, pp. 52–53 in particolare.

ma come l'impero universalista, uniformizzante e autocratico, modello di istituzioni conservatrici e dispotiche: la Roma pontificia, le monarchie *Ancien régime* e, in ultimo, il cesarismo bonapartista[17]. Il passato che ritorna attuale e attualizzabile nell'Ottocento delle rivoluzioni nazionali è quello greco più e meglio di ogni altro poiché la Grecia, tra le nazioni che rialzano il capo è, per citare Leopardi, «sovrana».

La complessità dell'approccio leopardiano è già propria della riflessione di Ugo Foscolo. Il suo senso della storicità del reale lo porta a dare della Grecia, e della grecità stessa, un quadro articolato armonizzante il sogno di una nazione ideale e la realtà del percorso storico di un popolo specifico. La Grecia è modello storico e culturale e, insieme, abito etico dell'autore.

Come modello storico e culturale, essa fornisce un esempio luminoso delle dinamiche storiche e, insieme, delle forme della letteratura e della civiltà. Dallo studio dell'esempio greco Foscolo ricava i presupposti della sua filosofia politica e della sua arte poetica, quei «principj»[18] che sono rinvenibili solo mediante l'analisi dei fatti particolari[19]. Sulla base

---

17 In senso antiromano si muove anche l'interesse degli ambienti culturali conquistati alle nuove idee romantiche nei confronti dei popoli preromani quali esempi di libertà – in particolare i Celti e i Germani nel racconto di Tacito – e del Medioevo come momento di rinascita dei popoli.

18 «Locke ha detto – Figliuoli miei, esaminate i fatti, e troverete i principj; o se non altro dalla serie costante di molti fatti imparerete come dovrete condurvi». Foscolo si esprime così nella lettera alla contessa d'Albany del 31 agosto 1814 (U. Foscolo, *EN*, vol. XVIII, *Epistolario* V, a cura di P. Carli, Firenze, Le Monnier, 1956, p. 228). Il pensiero di Locke supera l'opposizione fittizia tra uomo di natura e uomo sociale per sussumerli nell'idea di una società umana derivata dalla natura stessa, confutando i presupposti della filosofia rousseauviana. A queste acquisizioni Foscolo aderisce pienamente. Nell'elaborazione del suo pensiero, Locke si colloca accanto ad altri autori «all'interno di una costellazione più grande, con cui fa sistema» (M. Palumbo, *Foscolo e Locke*, «Cahiers d'études italiennes», 20, 2015, pp. 49–63 (p. 49). Per i rapporti tra Foscolo e la letteratura inglese, cfr. S. Parmegiani, *Ugo Foscolo and the English Culture*, London, Legenda, 2011.

19 È il metodo che Foscolo riconosce a Macchiavelli stesso, che «derivò la politica non tanto dalla ragione universale del retto e del giusto, quanto dai fatti che aveva veduti, e dai mezzi che soli gli parevano efficaci nelle necessità dell'Italia» (U. Foscolo, *Della patria, della vita, degli scritti, della fama di Niccolò Macchiavelli. Commentarj politico-critici. Frammenti inediti* (1811), *Opere edite e postume*, *cit.*, p. 433). Per i testi foscoliani dedicati a Macchiavelli autore del *Principe*, vedi A. Ridolfi, *U. Foscolo, Scritti sul Principe di Niccolò Machiavelli*, a cura di P. Carta, C. Del Vento, X. Tabet, Rovereto, Nicolodi, 2004; A. Campana, *Ugo Foscolo. Letteratura e politica*, Napoli, Liguori, 2009; G. Nicoletti, *Foscolo*, Roma, Salerno, 2006, pp. 214–216; A. Colombo, *"Incapaci di simulazione co' tristi, ardentissimi per*

di questi presupposti egli concepisce ed elabora il rinnovamento futuro non solo della sua madre patria ma anche della sua patria elettiva, l'Italia, e dell'Europa dei popoli con esse[20].

Come abito etico, la Grecia del Foscolo rinvia al «dover essere della sua e di ogni esistenza, della sua e di ogni poesia»[21] e in quanto tale perde i connotati di una tradizione culturale venerata in astratto, accettata come necessità educativa e tecnica, per diventare una postura intellettuale e uno stile di vita. Nella lettera al diplomatico prussiano Jacob Salomon Bartholdy del 29 settembre 1808, Foscolo delinea l'immagine della sua Grecia storica e ideale. Contrapposta ai «popoli dotti e ingentiliti» per la sua «barbarie, le superstizioni, il servaggio e le tenebre», la Grecia moderna non ha tuttavia pari per il sentimento dell'amor patrio, per l'ospitalità, il rispetto della vecchiaia, la pietà materna. La presente condizione dei greci del suo tempo è certo miserevole, ammette il Foscolo, ma è bene studiare e meditare la storia prima di formulare giudizi. La storia infatti insegna quanto le sorti umane siano incostanti:

> Percorrendo la terra, cercai indarno tra popoli dotti e ingentiliti l'amore ostinato del suolo natio, l'antica ospitalità, la riverenza alla vecchiaia, la pietà materna e le altre schiette virtù che risplendevano tra la barbarie, le superstizioni, il servaggio e le tenebre della Grecia moderna. È vero, fin da i tempi di Plutarco taceano gli Oracoli perché i loro responsi si perdevano nelle solitudini della Grecia spopolata: ma fino d'allora i viaggiatori, che pieni della storia e della riconoscenza dovuta ai maestri del genere umano, approdavano a quelle spiagge deserte, e interrogavano ogni reliquia, ogni pietra, vinti da pietà e da brivido sacro per tante glorie perdute, non ardivano accusare lo stato abietto dei Greci, ma compiangevano l'incostanza della cose mortali e le umane vicissitudini. E Plinio il Giovane, contemporaneo a Plutarco, scriveva a Massimo, spedito a governare la Grecia: «Reverere gloriam veterem et hanc ipsam senectutem, quae in homine venerabilis, in urbe sacra est»[22].

---

pubblico bene". Foscolo e Machiavelli, «Giornale storico della letteratura italiana», 2004, 596, pp. 481–513.

20 Cfr. M.A. Terzoli, *Un italogreco e il Risorgimento italiano*, in Ead., *Foscolo*, Milano, Laterza, 2000, pp. 169–178.

21 P. Treves (a cura di), *Lo Studio dell'antichità classica nell'Ottocento*, Napoli, Ricciardi, 1962, p. 246.

22 U. Foscolo, *EN*, vol. XV, *Epistolario* II, a cura di P. Carli, Firenze, Le Monnier, 1952, pp. 492–493.

In questa lettera l'autore ammonisce, in modo implicito ma chiaro, contro la tentazione di disprezzare i suoi connazionali, imputando loro l'intera responsabilità dell'abiezione in cui versano. E lo fa attraverso le parole di Plinio il Giovane che, rivolgendosi all'amico Massimo, inviato da Traiano in Acaia per riformare le città greche, esorta a rispettare la gloria antica del paese ma anche la sua «vecchiaia», intesa come decadimento che accompagna fatalmente il carico degli anni, legge biologica non meno che storica[23]. Questa «vecchiaia» è infatti «venerabile» negli esseri umani e addirittura «sacra» se predicata di una città e di un popolo[24].

3. «A Londra pensate alla Patria nostra»[25]. Gli scritti su Parga

L'intreccio di *antiquitas* e *senectus* – gloriosa antichità e sacra senescenza – fa del filellenismo foscoliano un'ideologia radicata nel terreno sconnesso e ammalorato della storia e aspirante al cielo calmo e limpido delle idee platoniche. Esso è inoltre un tassello del più ampio ragionamento dell'autore – politico ma anche letterario, come il suo *ethos*

---

23 Ci pare opportuna una breve nota sulla distinzione tra la conoscenza della Grecia storica da parte di intellettuali come Foscolo e la realtà storico-archeologica che ci è nota oggi. Evocando Plinio il Giovane, Foscolo dà voce al rimpianto per la libertà dei Greci - η ελευθερία των Ελλήνων – compromessa dopo Cheronea, soppressa da Roma e mai più ritrovata. Attraverso le parole dell'autore latino, che veniva percepito, in parte erroneamente, come un nostalgico della *libertas* repubblicana, egli fa risuonare la sua stessa nostalgia. La Grecia storica dell'epoca di Plinio il Giovane, al centro della lettera che Foscolo ha in mente, è la stessa di Plutarco, del Pausania delle *Periegesi*, quella che visita Adriano, imperatore filelleno (a lui si deve la ricostruzione del tempio di Zeus Olimpio e il restauro dell'agorà di Atene), meta del *Grand tour* degli intellettuali romani e paese in decadenza sul piano economico, perché le filiere produttive sono oramai spostate in occidente, nella *Hispania Boetica*, e sul piano politico per lo spopolamento progressivo delle piccole comunità che oramai la compongono. Fa eccezione Atene, ancora grande centro di elaborazione filosofica; si pensi all'Accademia platonica, attiva fino all'epoca dell'imperatore Giustiniano. Per una suggestiva e documentata visione d'insieme rimando a D. Puliga, S. Panichi, *In Grecia. Racconti dal mito, dall'arte, dalla memoria*, introduzione a cura di M. Bettini, Torino, Einaudi, 2016

24 Uno stralcio della lettera è citato e commentato in P. Treves (a cura di), *Lo Studio dell'antichità classica nell'Ottocento*, *cit.*, p. 235. Per il testo integrale rimando a Plinio il Giovane, *Epistolarum Libri decem* – l. 8, 24.

25 U. Foscolo, *EN*, vol. XIII - parte I, *cit.*, p. XXI.

impone – che si staglia nella sua radicalità sullo sfondo dell'Europa a cavallo tra Sette e Ottocento e guarda al futuro, contrastando la paura del contigente.

In nome della fondamentale distinzione tra liberi e servi, il filellenismo foscoliano è insieme un'espressione individuata della lotta per la dignità umana e la manifestazione per eccellenza di questa stessa lotta. Ed è un eroe sconfitto a esserne incarnazione universale. È la «funzione Ettore»: «l'affermazione della difesa irrinunciabile dei valori di fronte a quello che appare l'irrefrenabile corso della Storia, del soccombere del 'diritto delle genti' di fronte alla legge della forza»[26].

È così, in una fase tutt'altro che propizia per la reale libertà della Grecia, con gli scritti su Parga Foscolo prende la parola su una vicenda riguardante una piccola repubblica sulla costa ionica della Grecia, alleata di Venezia dal 1401 e mai caduta in mano turca, non solo grazie alla protezione della Serenissima, ma anche alla sue caratteristiche di «natural fortress [...] crowned by a citadel»[27]: Parga, Πάργα, oggi comune della regione dell'Epiro, confinante con l'Albania. In seguito alla convenzione russo-turca di Costantinopoli del 1800, pur venendo affidata alla «Sublime porta», Parga conserva i suoi privilegi, restando di fatto libera e arginando con successo le mire di Alì, pascià di Ioànnina, sul suo territorio.

Nel 1814, per paura del feroce vicino albanese, la piccola repubblica si affida all'Inghilterra, cacciando il presidio francese, meno affidabile in quanto più debole. Tuttavia, la Convenzione di Parigi stabilisce la separazione del destino delle Isole Ioniche da quello della terraferma, richiamando i termini dell'accordo russo-turco del 1800, che prevedeva la cessione di Parga all'Impero ottomano. La convenzione di Costantinopoli del 1816, firmata dall'ambasciatore inglese Robert Liston e dal gran cancelliere dell'Impero ottomano (in pratica il ministro degli esteri), ratifica la cessione, le cui modalità – in particolare l'indennità da corrispondere ai Pargioti che volessero abbandonare il paese – vengono definite con gli accordi anglo-turchi di Ioànnina del 17 maggio 1817.

Il 28 maggio le decisioni vengono rese pubbliche causando l'immediata e viva reazione della popolazione, la quale decide di presentare una protesta formale al comandante del presidio inglese, il colonnello svizzero

[26] A. Manganaro, *Jusque datum sceleri. Foscolo e la memoria dei vinti*, *cit.*, p. 155.

[27] U. Foscolo, *EN*, vol. XIII, *cit.*, p. 134.

francese Charles Frédéric de Bosset. Con l'aggravarsi della situazione dei Pargioti, cui si prospetta o il dominio di Alì o l'abbandono della casa e dei beni e l'esodo nell'Eptaneso, il segretario della comunità, Gregorio Mauroianni, scrive a Foscolo il 24 giugno 1818, allegando alla sua lettera della documentazione relativa ai fatti in corso, non potendo lui stesso, o un altro rappresentante locale, avventurarsi a Londra a perorare la causa di Parga senza un passaporto – che non sarebbe mai stato concesso dalle autorità inglesi *in loco* – e con il rischio di subire ritorsioni. La speranza è che Foscolo renda nota la sciagura della repubblica ionica al re Giorgio III e al Parlamento. Foscolo risponde solo il 23 ottobre, informando Mauroianni di aver ricevuto le carte ma facendogli comprendere la difficoltà della situazione: difficilmente il partito *whig* si sarebbe schierato contro l'Alto Commissario delle colonie ioniche, Lord Maitland, in parlamento. Lo scrittore assicura tuttavia il suo impegno a «far conoscere al mondo le *loro* sventure, e la prudenza e la fermezza con cui le *avevano* sopportate».

A seguito del compimento della questione pargiota, con l'esodo degli abitanti e l'ingresso della repubblica nell'Impero ottomano sotto l'autorità di Alì, il 10 maggio 1819 si riaccende il dibattito internazionale[28]. In quello stesso periodo viene pubblicato uno scritto del colonnello de Bosset, basato su documenti fornitigli "sottobanco" da Foscolo. Di Lord John Russel, amico del poeta, è la mozione del 29 giugno alla *House of Commons* in difesa dell'opera di Bosset e, in particolare, dell'indennità da questi indicata come risarcimento ai profughi pargioti (contro quella stabilità da Maitland, di molto inferiore), con richiesta di pubblicazione dei documenti relativi alla cessione della repubblica.

Il 10 giugno Foscolo propone a Francis Jeffrey, direttore dell'«Edinburgh Review», foglio *whig*, un suo articolo su Parga, come si deduce dalla lettera di risposta dello stesso Jeffrey del 17 giugno. Temendo di finire nelle mani di un pessimo traduttore, com'era già accaduto, Foscolo chiede a Lord John Cam Hobhouse di occuparsi della versione del testo, scritto in francese, in inglese. Alla fine sarà Jeffrey stesso a curare la traduzione.

La stesura procede spedita e l'articolo viene consegnato nel luglio 1819. Nella lettera del 13 agosto a Lord Holland, Foscolo fornisce interessanti

---

[28] Per una prospettiva generale sui riflessi letterari della vicenda pargiota rinvio a S. Verdino, *La questione di Parga ed altre scritture*, in F. Sensini, C. Del Vento (a cura di), *Ugo Foscolo tra Italia e Grecia, cit.*, pp. 341–353.

dettagli sulla genesi del pezzo: la difficoltà di esprimere efficacemente il suo pensiero con strumenti linguistici, per così dire, "spuntati" – cioè due lingue da lui non pienamente padroneggiate, come il francese e l'inglese – nonché di sintetizzare una documentazione ricca e importante; il ricorso alla «méthode historique» nell'esposizione, seguendo la cronologia dei fatti e valendosi di documenti autentici, come lettere e trascrizioni di discorsi dei protagonisti dei fatti stessi. Questa «esquisse», afferma il Foscolo, malgrado la sua brevità, basterà a illuminare le responsabilità della diplomazia europea e la colpevole leggerezza dei ministri inglesi, conniventi con Alì, perché se è vero che Parga non esiste più, è vero anche che in Europa si parla della sua vicenda e del suo destino, ed è per questo «très utile d'en saisir l'occasion pour intéresser la nation anglaise aux affaires déhors de son île, et démontrer évidemment le nouveau code du Droit des gens que les Alliés ont adopté contre la liberté et la justice»[29].

L'articolo esce, tradotto e ridotto per opera di Jeffrey, nell'ottobre 1819, senza titolo né nome dell'autore, com'era prassi nelle riviste dell'epoca. Viene presentato come resoconto di tre opere sul tema. La prima di esse è la *Storia di Suli e di Parga*, scritta in greco moderno e pubblicata in due volumi a Venezia del 1815, anonima, anche se chiaramente attribuibile a Cristoforo Perrevós (1773?-1863), volta a esaltare l'eroismo dei Sulioti. La narrazione si arresta all'occupazione di Corfù da parte degli Inglesi nel 1814, considerati dall'autore difensori della Grecia insieme allo zar Alessandro I. Foscolo si vale di quest'opera per la redazione degli scritti su Parga con la dovuta cautela, depurando il racconto dall'alone leggendario di cui l'autore lo aveva circondanto ed eliminando le esagerazioni celebrative.

La seconda opera sono i *Proceedings in Parga and the Ionian Islands with a series of correspondence and other justificatory documents* del già citato colonnello de Bosset, entrato al servizio dell'esercito inglese nel 1796, divenuto governatore di Cefalonia e, nel marzo 1817, inviato a presidiare Parga. Per aver mostrato solidarietà nei confronti della popolazione greca, il militare è richiamato a Corfù e incaricato di presiedere una commissione che avrebbe dovuto giudicare alcuni isolani accusati di ribellione. Difronte al fermo rifiuto di assumere un compito tanto odioso, il colonnello viene sospeso. Egli rientra dunque a Londra e, per rispondere alle calunnie circolanti sulla sua condotta in Grecia, intraprende la

---

29 U. Foscolo, *EN*, vol. XIII, *cit.*, XLIII.

stesura di un'autodifesa, corredandola di una nota storica su Parga e di documenti relativi alla cessione della repubblica ionica ai turchi. Foscolo conosce il colonnello nel febbraio 1818 tramite Lord Hughes. Da lui riceve informazioni sul comportamento degli Inglesi e di Maitland nelle isole. L'ultima opera cui l'articolo *On Parga* si riferisce è quella stessa del Foscolo, preannunciata come documento anonimo destinato a essere consegnato al parlamento inglese.

Se si confrontano le bozze dell'articolo conservate nella Biblioteca labronica di Livorno con l'articolo pubblicato, ci si rende conto che i tagli effettuati da Jeffrey – circa un terzo del testo originale – riguardano, in particolare, l'ultima parte del testo, dove Foscolo si sofferma sul contegno politico degli Inglesi, facendo emergere quella che egli ritiene una verità più generale e «unica nella storia del genere umano»: «tandis qu'une petite nation a constamment repoussé les menaces, déjouées les ruses, et méprisé les promesses d'Alì, ces moyens ont reussi tour à tour avec les plus grandes Puissances de manière qu'elles ont aveuglement conspiré à la sacrifier (*scil.* Parga) à sa vengeance»[30]. Il riferimento alla connivenza delle potenze con «il vicino crudele e perfido»[31], presente nella bozze (scritte perlopiù in francese inframmezzato da passi in inglese), scompare nella pubblicazione a stampa, insiema ad altri dettagli che avrebbero potuto urtare la sensibilità degli ambienti politici inglesi.

Nonostante i tagli strategici, l'articolo foscoliano viene ripreso e smentito nel maggio 1819 sul «Quartely Review» dell'editore John Murray in un articolo in cui l'anonimo estensore difende l'operato inglese nella questione di Parga, volto a difendere la repubblica greca e la sorte dei suoi abitanti pur nel rispetto dei trattati internazionali, discredita i Pargioti, dipingendoli come inaffidabili e ingannatori, e loda Alì per avere saputo portare ordine nella regione. L'articolo si chiude ridicolizzando come iperbolica menzogna il fatto, riportato nel pezzo foscoliano, secondo cui i Pargioti avrebbero lasciato la patria solo dopo aver disotterrato le ossa degli avi, per non abbandonarli all'avanzata dell'esercito di Alì.

Se *On Parga* è edito in una versione in qualche modo "censurata", la versione stampata del *Narrative of events illustrating the Vicissitudes and Cession of Parga* appare interrotta all'inizio del terzo libro. Le ragioni di questa interruzione sono molteplici e non del tutto chiare. Esse vengono

---

30 U. Foscolo, *EN*, vol. XIII, *cit.*, p. 134, p. 151.

31 *Ivi*, p. XLVI.

esposte, in particolare, in una lettera all'editore del libro stesso, Murray, dell'agosto 1822, e nella *Lettera apologetica*. In estrema sintesi, Foscolo stesso sembra oramai nutrire dubbi sulla fondatezza delle informazioni ricevute dai Pargioti, dopo le accuse di falsificazione e distorsione della realtà che lo avevano colpito in seguito alla pubblicazione dell'agguerrito articolo del «Quarterly Review». A questi si aggiungono lo scarso sostegno da parte degli *whigs* al Parlamento inglese, troppo invischiati in logiche personalistiche e di partito, e lo scetticismo strisciante di una parte dell'opinione pubblica europea sulla possibilità che la Grecia riuscisse a compiere il suo processo di liberazione. A quest'ultima si intreccia una certa amarezza di Foscolo riguardo la condotta dei suoi compatrioti, anche direttamente nei suoi confronti. Per giunta, il quadro internazionale muta negativamente: dopo i moti nazionali scoppiati in Spagna e in Italia nel corso del 1820, la Santa Alleanza ha intensificato la repressione con la connivenza inglese. Foscolo teme anche, e non certo a torto, di poter essere colpito da un provvedimento di espulsione[32]. Alle ragioni esterne si sommano perplessità legate alla coerenza della sua stessa argomentazione: di fatto egli si appella illuministicamente allo *ius gentium* per poi dichiararlo irrimediabilmente esposto alla contigenza storica – non legge morale assoluta ma sottomessa alla materialità dei rapporti di forza – quando si tratta di fare i conti con la storia di questo stesso principio e delle sue applicazioni, esposte nell'incompiuto libro terzo.

Il titolo esteso dell'opera è *Narrative of events illustrating the vicissitudes and the cession of Parga. Supported by authentic documents translated from the manuscript of Ugo Foscolo* e compare sul «frontespizio di mano del traduttore, John Herman Merivale» in Ms. Labr. XXXIII, sez. F. IV. Nell'intestazione dei singoli libri la parola «vicissitudes» è sostituita con «fortunes»[33]. Lo scopo dell'opera è dichiarato con chiarezza: l'esposizione di eventi puntuali, apparentemente minori, eppure esemplari e dunque utilissimi sul piano della riflessione politica generale, esposti al pubblico internazionale *sine ira ac studio* ma con il rigore dello storico, in modo che le valutazione emergano naturalmente dagli eventi:

> It will not be useless to trace the origin and progress of that new doctrine of international law, by which the quarrels of all Europe have, in these latter

[32] U. Foscolo, *La lettera apologetica*, a cura di G. Gambarin, Firenze, Le Monnier, 1964 (*EN*, XIII, 2), pp. 81–241, alle pp. 217–219.

[33] Id., *EN*, XIII - parte I, *cit.*, p. 171.

> days, been decided; and the history of small states, being less complicated, may facilitate the investigation. [...] My purpose is not to accuse, not to vindicate, nor to pass jugement; but to relate in such a manner as to preserve from exaggeration, sophistry and oblivion, a series of facts sufficient to lay the foundations of verditc, which no popular passion may henceforward have the power to alter, and no authority be capable of setting aside[34].

Nel 1820, quando si dedica alla stesura del *Narrative* (anche se l'interesse per la Grecia ionica risale già al 1817), Foscolo è consapevole di non poter più esercitare nessun tipo di influenza sul destino della piccola repubblica, contrariamente a quanto accade per il *Trattato politico delle Isole Ionie*, scritto con l'intento di indirizzare l'azione politica dei compatrioti rispetto al protettorato inglese. A dispetto di questo senso di inutilità pratica, Foscolo riconosce ai suoi scritti su Parga un'utilità morale, di monito per l'Inghilterra, a cui intende rammentare i valori di cui si proclama garante a livello internazionale, e di consolazione per la Grecia. Così leggiamo nella lettera dedicatoria a Lord John Russel: «Perché io mi sentirei colpevole d'ingratitudine verso l'Inghilterra che sì ospitalmente m'accoglie, e d'inumanità verso la Grecia ove nacqui, s'io tacessi i fatti utili a rivendicare la fede della vostra Nazione; utili a consolare i Pargioti nella loro grave calamità»[35].

Dalla *Lettera apologetica* sappiamo che Foscolo donò «cinque o sei copie» dell'opera (forse una tiratura non definitiva) a diversi amici e uomini politici: Sigismondo Trechi, Giovita Scalvini, Camillo Ugoni, John Hobhouse, Hudson Gurney, lord Holland, lord Russell, lord Aberdeen, Christopher Hoggings. Del libro sopravvivono oggi tre soli esemplari. Uno è conservato alla Biblioteca Labronica di Livorno. Un altro, identico, è conservato nella biblioteca di Benedetto Croce a Napoli: si tratta della copia con dedica da Virgilio, *Eneide* III, vv. 4–5 («Diversa exilia diversas quaerere terras / Auguriis agimur divum») donata all'amico esule Santorre di Santarosa nel marzo del 1824. Il conte piemontese era in partenza per combattere nel Peloponneso, dove avrebbe trovato la morte l'8 maggio del 1825, nella difesa dell'isola di Sfacteria. Il terzo libro, tipograficamente uguale ai precedenti, tranne per le pagine 193–208, sostituite da sedici pagine manoscritte, fatte trascrivere presumibilmente dall'autore stesso, fu inviato da Foscolo a Gino Capponi e finito,

---

34 *Ivi*, p. 177.

35 *Ivi*, p. 569.

per vie piuttosto avventurose, nella biblioteca dell'Università di Harvard in Massachusetts nel 1959[36].

4. Conclusioni

Di delusione storica in delusione storica, dalla distruzione della Repubblica di Venezia e dalla svolta imperialistica di Napoleone fino al colpo di coda dell'*Ancien régime* a Vienna, Foscolo arriva all'ultima fase della sua vita con strumenti di analisi politica affilati e audaci per chiarezza e radicalità. A Londra egli non scrive più poesia. Le condizioni materiali dell'esilio giocano un ruolo in questo silenzio: la mancanza di un pubblico italofono, la mancanza di motivazioni. Altre motivazioni urgono e si impongono. L'ennesimo cambio di bandiera e di padrone nell'Eptaneso mobilita l'attenzione e l'energia dell'autore. Greco, filelleno, patriota transnazionale, egli è chiamato a prendere pubblicamente posizione, con l'autorità della sua parola, nel campo della politica internazionale. La Grecia moderna, distinta tanto dalla Grecia mitica quante dalle nazioni dotte d'Europa, contraddistinta da qualità intrinseche e da innegabili risorse, appare martoriata dalle divisioni interne e dall'immaturità politica e culturale. A questi mali Foscolo cerca di indicare dei rimedi realistici e, nello stesso tempo, ambiziosi in prose di carattere storico-politico, come gli scritti su Parga, insieme allo *Stato politico delle Isole Ionie,* attestano.

Al centro di queste opere vi è una riflessione sul «diritto dei popoli», rinascenti dalle ceneri delle speranze tradite dalla Rivoluzione e, parallelamente, una condanna dell'imperialismo delle potenze europee. In prospettiva storicistica, il principio dello *ius gentium* appare un'appendice della metafisica idea di giustizia, sacrificato immancabilmente agli interessi degli stati più forti, del vincitori di questa o di quella guerra. Sopravvive solamente in forma alterata nello spazio discorsivo del pragmatismo politico come legittimazione della conquista – il nuovo dominatore diventa il nuovo garante della «libertà dei greci» – a dispetto della semantica e anticipando il bispensiero pervasivo del discorso politico contemporaneo.

A partire da queste amare premesse, pur senza perdere di vista i princìpi che salvano dalla disperazione – l'amore per la dignità e per

[36] *Ivi*, pp. LXIX-LXX.

la libertà individuali e nazionali – muovendosi entro i margini, seppur angusti, della realtà storica e politica contigente, nazionale e internazionale, Foscolo pensa alla sua patria guidandola nella pratica politica e sostenendola idealmente, in vista della rivoluzione a venire, al cui compimento purtroppo non potrà assistere. La rinascita della Grecia, la sua επανάσταση politica e morale e la sua solidità nel tempo, dipende dal recupero del suo antico pragmatismo e, insieme, dalla tenacia incrollabile della sua aspirazione alla libertà. Le parole del Foscolo sono profetiche:

> E quanto saremo men ignoranti e men poveri, tanti minori pretesti e mezzi daremo a' forestieri d'opprimerci, tanta più dignità potremo assumere di carattere, tanto più confidenza potremo fondare nelle nostre forze, e prepararci a non perdere l'occasione, se mai la fortuna e il tempo ce la porgessero, di acquistare l'indipendenza davvero[37].

---

[37] *Ivi*, p. 11.

Giuseppe Pecchio e l'odeporica filellenica ottocentesca

Vincenzo Bianco

Università del Salento (Lecce)

La fisionomia intellettuale di Pecchio, «liberale in politica e romantico in accezione lombarda in letteratura»[1], si era temprata nelle audaci battaglie sulle colonne azzurre del *Conciliatore.* Benché eterogenei per l'ampio spettro dei temi affrontati, i suoi interventi convergono nell'unanime *vis* polemica contro la ferocia reazionaria degli austriaci. Vale la pena di citare il *Dialogo fra un Chinese ed un Europeo*[2], travestimento lucianeo di una sapida discussione fra i prototipi del classicista e del romantico, che nell'orizzonte del *Conciliatore* si convertiva nell'antinomia reazionario-liberale. Dallo scritto si evince la visione progressista e per nulla museale che Pecchio aveva del mondo classico. Egli non evoca i sommi legislatori dell'antichità greca (Licurgo e Solone) con il sacro ossequio tributato alle *auctoritates*, ma ne fa gli ispiratori di un riformismo fattivo e dinamicamente proteso a modellare le leggi sui complessi scenari del divenire storico. Negoziatore presso Carlo Alberto, Pecchio tentò di ottenere, senza successo, l'intervento piemontese in Lombardia, ma la disfatta di Novara proiettò sul suo operato ombre sinistre di sospetti e di torbide ambiguità, con effetti duraturi nell'opinione pubblica intellettuale.

La disavventura segnò per il milanese il principio di una vita raminga e proprio la Grecia si sarebbe rivelata la tappa più singolare. Pecchio sembrava incarnare l'*alter ego* maturo del *Childe Harold* byroniano, segnatamente quello della prima diade dell'opera, lungo la traversata dai paesi

---

1 G. Nicoletti, *Prefazione*, in Giuseppe Pecchio, *Vita di Ugo Foscolo,* Milano, Longanesi, 1974, p. 65.

2 Cfr. G. Pecchio, *Dialogo fra un Chinese ed un europeo*, in «Il Conciliatore», 12, 11 ottobre 1818, a cura di V. Branca, Firenze, Le Monnier, 1965, vol. 1, pp. 193–196.

iberici alla Grecia soggiogata dai turchi. Convertito al verbo di Sterne, il nuovo Aroldo si era dotato di una moderna coscienza interpretativa dei processi che investivano sia il panorama politico europeo sia l'osservatorio mobile del quotidiano. Non arrancava dietro le vestigia monumentali di un passato lontano né si abbandonava alle angosciose speculazioni di Volney sulle rovine, anzi ingaggiava con spirito agonistico la lotta contro il pessimismo indotto dal tiepido concorso popolare ai moti di libertà e, in generale, dalla percezione della storia come "mattatoio" dal finalismo arcano, sancita da Hegel nelle *Lezioni sulla filosofia della storia*. Al culmine di questo itinerario si colloca l'Inghilterra, meta d'elezione raggiunta nell'agosto del 1823.

Fra gli esuli a Londra Pecchio incontra Foscolo, cui rinfaccia l'abdicazione egoistica all'impegno cospirativo contro l'Austria e il lussuoso stile di vita. Erano addebiti che allungavano la lista di contumelie, spesso ingenerose, rivolte al poeta di Zante da connazionali esuli come lui. Frattanto, si distingueva una categoria di esuli meno propensi a confederarsi per parentela ideologica in reti internazionali, essendo disposti a sposare la causa di qualche nazione agonizzante sotto il tallone straniero. La Grecia era in cima ai pensieri dei liberali europei, era il credo religioso nel Bello irradiato dal neoclassicismo che doveva sostanziarsi di Vero. Il retaggio di John Keats, spirato prematuramente alla vigilia della rivoluzione ellenica, era tutto racchiuso nell'*a priori* di un'identità chiastica: *Beauty is truth, truth beauty*, inveratasi solo a metà. Da qui il valore dell'azione armi in pugno, dell'idea al servizio non di una nostalgia ma della Grecia, *alfa* e *omega* della civiltà. Lo aveva scritto il poeta tedesco Hölderlin nell'*Iperione*: «dalla bellezza spirituale degli Ateniesi conseguì anche, necessariamente, il loro senso della libertà»[3]. Il flusso dei combattenti europei, incentivato dall'esempio di Byron, avrebbe offerto a Pecchio il destro per accusare Foscolo di cinica indifferenza verso il dramma ellenico. Un contegno ingiustificabile, ancor più se confrontato con l'eroica abnegazione di altri esuli, a partire da Santorre di Santarosa, che nel dicembre del '24 era approdato a Nauplia, sulle coste del Peloponneso, sospinto da quello spirito romantico che gli aveva forgiato nella

---

[3] F. Hölderlin, *Iperione o l'eremita in Grecia*, a cura di G. Scimonello, Pordenone. Edizioni Studio Tesi, 1989, p. 90.

mente «il mito di un popolo greco, bravo e buono, *vedendo* con la fantasia il destino dell'Italia confuso nei secoli con quello della Grecia»[4].

Nel *milieu* degli esuli italiani (Giovanni Berchet, Raffaele Poerio, Guglielmo Pepe, Giovita Scalvini, i fratelli Filippo e Camillo Ugoni) Pecchio aveva familiarizzato con Santarosa e ne avrebbe seguito le orme in Grecia nella primavera del '25 senza indossare l'usbergo del combattente, bensì in missione diplomatica, poiché incaricato dal Comitato filellenico londinese di consegnare al governo greco un cospicuo finanziamento di 60000 sterline, ottenuto in prestito dalla banca *Richard & Co.*. Al suo fianco il conte Pietro Gamba, già segretario di Lord Byron e fratello della contessa ravennate Teresa Guiccioli, la quale fu protagonista di una *liaison* con il poeta del *Giaurro.* Riferimenti a una prima *tranche* di foraggiamenti economici a sostegno dei greci si rintracciano nelle ultime lettere che Byron inviò da Missolungi prima del decesso. Byron allude a una somma di 4000 sterline versata nelle casse del governo greco, che gli sarebbe stata restituita una volta ottenuto un prestito nazionale a Londra[5]. Ciò non avvenne: il 19 aprile, esattamente un anno e un giorno prima dello sbarco di Pecchio a Napoli di Romania (Nauplia), Byron spirava nella baia di Missolungi. Alla rivoluzione urgevano nuovi aiuti e, dal canto suo, Pecchio non era un temerario né intendeva intraprendere la trasferta ellenica "alla garibaldina". Cosicché aveva scritto a Santarosa per informarsi preliminarmente sul contesto greco. Pur in assenza di prove documentali, lo si deduce da una responsiva in lingua inglese che il conte gli aveva indirizzato in data 5 aprile 1825, quando la navigazione di Pecchio volgeva al termine. Dall'*exordium* emerge che il mittente non solo era all'oscuro del concomitante viaggio di Pecchio alla volta della Grecia, ma non sapeva addirittura in quale città inglese soggiornasse: «My dear Pecchio, – I know not whether my letter will find you in London, or still at Nottingham»[6]. La lettera, recapitata al destinatario solo al suo rientro a Londra, condensa in formule telegrafiche dati e impressioni cui Pecchio conferirà nella relazione un'oggettiva icasticità, a partire dal contrasto fra

---

4 S. Mastellone, *Un aristocratico in esilio: Santorre di Santarosa*, in «Rivista storica italiana», LV, 1954, pp. 553–576.

5 Cfr. G.G. Byron, *Vita attraverso le lettere*, a cura di M. D'Amico, Milano, Einaudi, 1989, pp. 477–478.

6 S. di Santarosa, *Lettere dall'esilio (1821–1825)*, a cura di A. Olmo, Roma, Istituto per la Storia del Risorgimento Italiano, 1969, p. 477.

la compagine militare organizzata degli Egiziani e la cronica mancanza di coordinamento fra le anime rivoluzionarie elleniche.

Il pessimismo di Santarosa circa la bontà della propria scelta si era tradotto in cupo pentimento. In più aveva intuito un limite del neofita salpato per la Grecia: la non conoscenza del neo-greco, aspetto rimarcato da Camillo Ugoni. Stretto nella morsa dell'assedio turco di Navarino, il conte confessava a Pecchio, nell'ultima lettera da lui scritta alle nere soglie di una morte illacrimata e senza sepoltura, sentimenti di gran lunga più tetri dello sconcerto di saperlo in Grecia. Era il 1° maggio del '25:

> Mio caro Pecchio.
>
> Ti credeva disposto ad intraprendere un gran viaggio, ma non ti aspettava qui di certo. I miei consigli non ti avrebbero chiamato mai. Mi pento amaramente di essermi a 40 anni scostato dalla mia massima di condotta di non servire che la patria mia. Me ne pento perché conosco di non essere utile, né credo di poterlo diventare[7].

Sotto lo sguardo di Pecchio si schiudeva un diorama apocalittico. Gli bastarono tre settimane di disamina autoptica delle sciagure *in fieri* e delle insidie incombenti sulla Grecia per ridimensionare da panacea a palliativo l'impatto degli aiuti affidatigli. Nel consuntivo avrebbe dichiarato che quella nazione martoriata necessitava di denaro per la terza volta e che l'estemporaneità dei finanziamenti si sarebbe rivelata sterile in assenza di interventi strutturali. Il soggiorno itinerante nell'Ellade si protrasse, come l'autore precisa, dal 20 aprile all'11 giugno del '25, quando levò le tende per ritornare in Inghilterra. Lo sgomento per la drammatica caduta di Navarino aveva suscitato in lui una tempesta di interrogativi sull'ascesa prorompente di Mohammed Alì Bascià, vicerè d'Egitto, le cui ambizioni impensierivano gli stessi alleati turchi, poiché pianificava annessioni di terre a scapito della Grecia. Giunto a Londra, affidò al «New Monthly Magazine» un resoconto odeporico intitolato *A picture of Greece in 1825*, subito tradotto in francese.

Le recensioni ne esaltavano lo stile frizzante di acuto e disincantato osservatore, sfoderato nel ritrarre eventi, costumi e personaggi di una nazione sfibrata, lungi dalle persistenti idealizzazioni neoclassiche. Nel sapiente dosaggio di registri prevale quello realistico, che si tinge spesso di contorni drammatici; non difetta l'ironia, sovente dettata da una

---

7 *Ivi*, p. 488.

prospettiva straniante; di rado balugina qualche raggio di sublime nel descrivere gli sforzi quotidiani «con cui gli indipendentisti, con il loro illustre rosario di martiri, tentavano di sottrarre il paese dalle spire del dominio turco»[8]. Il pragmatismo di Pecchio si concentra sulla modesta entità di uomini e mezzi a disposizione degli insorti, rifuggendo con metodica coerenza l'enfasi erodotea sulla disparità di forze tra greci e barbari che aveva ascritto al libro dei prodigi le vittorie greche di Maratona e Salamina. Con analoga prassi non enfatizza l'interpretazione dello scontro greco-turco quale ennesimo capitolo del perenne dissidio tra libertà e dispotismo, anzi sottopone i *tòpoi* della vulgata filellenica a un vaglio critico illuministico, marcando la propria distanza dagli assiomi metastorici formulati da Francesco Saverio Salfi nel *Discours sur l'histoire de la Grèce.*

La versione in lingua italiana apparve a Lugano nel 1826: dodici capitoli, integrati da un glossario rivoluzionario e da un'appendice di documenti cronachistici ed epistolari, che si potrebbero concepire come ideali paralipomeni della *Histoire de la régénération de la Grèce* di François Charles de Pouqueville, il vangelo dell'internazionale filellenica, che ricostruiva minuziosamente le vicende rivoluzionarie elleniche dal 1740 al 1824. Alla continuità cronologica non corrisponde però nella *Relazione* di Pecchio né omogeneità di visione né una comune finalità narrativa.

Il punto d'innesto alla monumentale *Histoire* va arretrato ai paragrafi successivi al racconto della morte di Byron, in virtù di una fugace analessi all'autunno del '24, quando i Primati della Morea intimarono al governo greco di rinnovare i suoi organi, in una congiura militarmente supportata da Teodoro Colocotroni. L'arrivo di Pecchio a Nauplia si misura con lo strascico di quella frattura nel blocco rivoluzionario. Pouqueville accusava Colocotroni di agire ai margini della legge, forte del favore popolare. Pecchio, invece, a riprova della sua sensibilità romantica, lo ritrae prigioniero nelle carceri idriote attorniato da satelliti, ieratico e con le fattezze luciferine da eroe byroniano. Compendiava il carisma dell'antico condottiero quando ostentava le cicatrici come decorazioni, del crociato quando brandiva la spada sgranando il rosario e del patriota mazziniano, apostolo dell'unità, ogni qual volta intimava ai greci di deporre i rancori.

---

[8] G. Gaspari, *Giuseppe Pecchio tra Foscolo e Malthus*, in G. Pecchio, *Storia dell'economia pubblica in Italia*, intr. di M. Talamona, Carnago, SugarCo, 1992, p. XVIII.

Né si fermano qui le divergenze tra Pecchio e lo storico francese. Quand'anche il nostro abbia letto l'*Histoire* a cavallo tra il 1824 e il '25, va ricercato nel compendio che ne allestì a stretto giro Mario Pieri il sostrato speculativo e il termine di confronto più affine all'idea di Grecia da lui elaborata nei *reportages*, nonché la rosa dei temi da approfondire: i punti di forza e i *deficit* della civiltà greca a quell'altezza cronologica. Che Pieri agisse da avvocato difensore nessuno oserebbe negarlo, poiché «piangeva e s'adirava sui fatti de' suoi Greci, e promettevasi a suo tempo di gittar fulmini contra i loro persecutori, e di vendicar la sua patria»[9], eppure non si asteneva dal denunciare che le dissensioni fra i greci procuravano armi al nemico. Quando si avventura in stime demografiche (se pur ondivaghe), quando classifica con rilievi da fisiocrate gli indicatori della prosperità greca o sconfessa la monarchia, reputando più congeniale a quel popolo un governo confederato, egli prefigura i criteri d'indagine di Pecchio. A detta di Pieri, una vulgata denigratoria serpeggiava in Europa e declassava il moto greco, fomentata per ragioni economiche dalle corporazioni mercantili e dalle comunità ebraiche, intese ad arginare la concorrenza ellenica con un'accanita operazione di discredito presso i finanziatori britannici. Di sicuro Pecchio era un periegeta rigoroso, catafratto delle leggi che orientavano l'*homo oeconomicus*; era munito della bisaccia più lieve, contenente il bisturi del realismo e la *paideia* classica, intesa come sapere dinamico e non come erudizione stantia. Né ci sorprende che a sponsorizzarlo presso il *London Greek Committee* per quella missione fosse stato John Bowring, esponente dell'ala diffidente verso l'azione degli esuli italiani sul suolo greco. Il filellenismo di cui si facevano interpreti Bowring e lo stesso Pecchio mirava a scavalcare persino i deputati ellenici nella gerenza finanziaria degli aiuti, poiché solo il controllo del comitato avrebbe consentito di investire il denaro in modo proficuo.

Sin dalla prefazione si impone il tenore demitizzante di Pecchio. Nel riavvolgere il nastro di quell'esperienza, prende le distanze dalla pletora dei commentatori delle vicende greche e sentenzia con ironia che «l'Iliade non *ne* ha forse avuti tanti quanti la guerra presente di Grecia»[10].

---

9 L. Cicchero, *Della vita e degli scritti di Mario Pieri*, in M. Pieri, *Storia del Risorgimento della Grecia dal 1740 al 1824*, Torino, Tip. Ferrero e Franco, 1855, p. XXXIII.

10 G. Pecchio, *Relazione degli avvenimenti della Grecia nella primavera del 1825*, Lugano, Vanelli e C., 1826, p. V.

Subito acquista rilievo una coppia di concetti chiave della poetica odeporica di Pecchio: la diversità e la mobilità. Altro non sono se non il *recto* e il *verso* della sua *Weltanschauung* romantica: il proteismo. Egli stesso lo confessava nel 1819 sul «Conciliatore», inscenando nel ridotto del teatro alla Scala l'incontro con una maschera (forse il riflesso della propria coscienza) che gli porgeva un biglietto con su scritto: «facendoti romantico hai reso omaggio a Proteo»[11]. Tale esplicitata natura proteiforme si duplica all'interno della *Relazione* coinvolgendo in pari misura soggetto e oggetto. Nel primo caso, lo scarto tra l'autore e l'io odeporico si stratifica nella poliedricità intellettuale. Vi agiscono il letterato e il patriota, il giornalista inviato e lo storico, l'educatore e l'economista, giustificando altrettante specole di analisi in una fenomenologia labirintica. Quanto all'oggetto, l'impianto narrativo si regge su macrostrutture di varia estensione che comprendono descrizioni etnografiche, raffronti tra i moderni e gli *antiqui mores*, sequenze riflessive cariche di razionale sollecitudine per i destini ellenici.

Il *tour* di Pecchio descrive un tracciato anulare: parte da Nauplìa e lì si conclude. Lungo il percorso si snoda un ciclo di arazzi narrativi e descrittivi, esaltati dalla vivacità dei chiaroscuri e dalle rare modulazioni di passaggio. Agli intervalli sono affidate riflessioni sulle "veci alterne" che spingono le ruote della storia e valutazioni scientifiche dei dati raccolti sul campo, finalizzate a segnalare apparati carenti, mezzi da potenziare e riforme da promuovere. Pur concedendo qualcosa alla mitografia libresca, citando Omero e i classici greci, Pecchio non si consola con le glorie avite, anzi persevera nell'analisi fattuale e antropologica, donde trarre principî utili per efficientare la macchina rivoluzionaria. Quale esponente del pragmatismo politico inglese riteneva la questione ellenica un affare da destinarsi alla mediazione dei gabinetti europei.

Già nell'*exordium*, dopo una panoramica tra la pianura di Argos e le nevi del Taigete, lo stupore trasognato dell'astante svanisce. L'esotismo pittoresco viene subito soppiantato dalla sordidezza del degrado, mediante un'avvolgente sinestesia tra i ricoveri fatiscenti, i miasmi dell'immondizia e l'abbrutimento collettivo. Malgrado ciò il governo era inerte, quasi avesse assimilato il fatalismo dei dominatori ottomani. Pecchio si trova catapultato in una Grecia turchizzata, dove il gineceo di Penelope poco differiva dall'*harem*. Spesso erano i greci stessi ad adottare usanze dei

[11] Id., *Giustificazione*, in «Il Conciliatore», 54, 7 marzo 1819, vol. 1, p. 284.

loro aguzzini per una forma di vendetta. Ostentare in pubblico turbanti fasciati di bianco, calzare *papauchi* rossi e indossare il *cafetan* verde come trofei strappati al nemico istituiva un contrappasso ad onta dei tiranni, che vietavano i loro indumenti tipici, «perché gli schiavi non somigliassero ai loro signori»[12]. Persino i membri del governo a Napoli di Romania, adagiati sui cuscini, trasmettono al viaggiatore l'impressione di un Divano. Nella foto di gruppo spicca Pietro Mauromicali, sobillatore nel '21 della cacciata dei turchi dalla Morea, ma è l'epirota Giovanni Coletti, educato da Alì Bascià secondo il costume turco, a polarizzare la curiosità del viaggiatore. Come in un medaglione degno di Sallustio, l'autore ne tratteggia il profilo ossimorico con paratattica celerità e un procedimento descrittivo analogo sarà riservato al principe Demetrio Ypsilanti.

Signori della guerra e uomini di stato forniscono il metro fededegno per giudicare lo stato della Grecia. Pur inforcando gli occhiali con le lenti della classicità, Pecchio vede sfumare ogni parvenza di *revival* dell'eroismo acheo, anzi si premura di scongiurare automatismi travisatori, quando dichiara di dover «cit*are* Omero non per ostentazione di sapere, ma per mostrare al lettore come molti costumi antichissimi della Grecia si conservarono attraverso tanti secoli»[13]. Così li rispolvera con cura e ne rimuove le incrostazioni di matrice turca, smaltandoli con le traduzioni di Monti e Pindemonte, in una reinvenzione della reinvenzione.

Con una carovana di *palikari*, Pecchio si muove tra le rovine micenee come un *gaucho* nella *pampa* argentina. Ospite presso una dimora ad Argos, «capitale dell'antica monarchia dell'*Ampio regnante Atride Agamennone*»[14], rivede nella fantesca che versa l'acqua per l'abluzione prima del banchetto l'odissiaca «ancella da bel vaso d'oro»[15], così come nel «brindisi all'indipendenza della Grecia»[16] un barlume delle libagioni omeriche. Nei paraggi di Leòntari è la *mactatio* di un agnello a richiamargli il rito compiuto da Achille e Automedonte nel libro IX dell'*Iliade*. Paradigmatica risulta la descrizione marziale di Romelioti e Sulioti, delle cui prodezze Pecchio conservava un ricordo libresco dall'aura romantica legato ai *Chants populaires de la Grèce moderne* di Charles-Claude Fauriel

---

[12] Id., *Relazione*, *cit.*, p. 13.

[13] *Ivi*, p. 26.

[14] *Ivi*, p. 23.

[15] I. Pindemonte, *L'Odissea di Omero* (I, 189), a cura di V. Marucci, Roma, Salerno, 1998, p. 11.

[16] G. Pecchio, *Relazione*, *cit.*, p. 25.

(1824). L'esperienza diretta soverchiava la fantasia e omereggiando li identificava nei *benchiomati Achei* con formulare esattezza.

Di segno opposto l'incontro con i *leader* insurrezionali. Qui l'immaginario epico subisce lo scacco della storia. A Tripolìtza, in una serie di vere e proprie interviste, Pecchio agisce da perfetto corrispondente di guerra con l'ausilio di interpreti e mediatori, esperendo la discordante polifonia delle strategie rivoluzionarie. All'interno di parchi tuguri dall'arredo etnico incontra il generale *klefta* Caraiscachi e il suliota Giavella: l'uno assertore della natura popolare della rivolta, l'altro fautore di una guardia nazionale sul modello di alcuni stati europei. Comunque sia, Pecchio non indugia mai nel descrittivismo manierato: egli mira a carpire volontà e tatticismi, tanto da intuire una nota di opportunismo dietro l'unanime opzione monarchica al seguito di Costantino Botzàri, fratello di Marco. Il patriota suliota, noto come «il Leonida della rivoluzione greca»[17], viene intervistato nel suo bivacco; il clima orientaleggiante e ieratico è più degno di un re persiano che di un guerriero greco. Interpellato sulle gesta degli antichi greci, la risposta è profonda: «Non abbiamo letto la storia, ma l'abbiamo intesa»[18]. A questo stadio Pecchio depone le iniziali lenti omeriche. La natura stessa della lotta concedeva margini angusti alla solitaria ἀρετή guerriera di Achille, perché contavano di più l'ideale oplitico, la forza del collettivo e la radicata coscienza che «il cuore, e non il nome fa l'eroe»[19]. L'unità e la concordia restavano solo felici intuizioni, visto che la Grecia di Pecchio poco si discostava dalla classica per le rivalità fra città ed etnie. Circostanze probanti riscrivevano fatalmente pagine ingiallite dell'antichità, come ad esempio la defezione di duemila sulioti, anticamera della caduta di Navarino. Pecchio alterna il biasimo alla diplomazia e, mediando tra Costantino Botzàri e il generale Roche, appura la natura federativa del mondo greco.

L'apogeo drammatico della *Relazione* si colloca nei capitoli incentrati sugli esiti funesti di quelle contese: l'assedio di Navarino e la presa dell'isola di Sfactèria. Il lettore non deve attendersi scenari epici di eserciti schierati in ordine di battaglia né affreschi di eroiche resistenze alla poliorcetica turca. Pecchio dipana il groviglio di cause della duplice *débâcle* e ne analizza costernato le ferali conseguenze: dalla morte eroica del conte

---

17 *Ivi*, p. 38.

18 *Ibidem*.

19 G. Pecchio, *Relazione*, *cit.*, p. 39.

Santorre di Santarosa, rievocata in un cammeo, al tragico racconto della fuga notturna della guarnigione di Navarino attraverso il campo nemico. Il rimando velato alla ritirata degli Ateniesi sotto il comando di Nicia, durante la guerra del Peloponneso, gli consente una fugace *aemulatio* del celebre luogo di Tucidide, modello di storiografia drammatica. Spesso lo sgomento cede alla denuncia costruttiva dell'immobilismo decisionale, che impediva di assoldare truppe regolari con il concorso di stranieri, o dello stallo negoziale per la liberazione del generale Colocotroni. Gli appare straniato quel lembo di Grecia in cui vigeva la faida, come nell'età pre-draconiana, e testimonia di aver visto «un monumento alla vendetta privata»[20]. Quel costume barbaro avrebbe privato la causa greca dell'unica donna arruolatasi tra le file dell'Eteria: Laskarina Bouboulina, la "Pentesilea" della rivoluzione, uccisa dai parenti della ragazza rapita dal figlio, anziché sul campo di battaglia. Pecchio la incontra quindici giorni prima che fosse assassinata. Il conciso ritratto lascia evaporare il mito delle Amazzoni e si tinteggia di cromatismi accesi, sempre nel segno dell'esotismo romantico ma più familiari. Pur velata dalle convenzioni, la virtù muliebre greca non sfuggiva all'alacre sagacia di Pecchio, come l'energica testimonianza delle ipsariote nell'isola di Egina, trasformata dalla guerra in un coacervo di profughi. Molte di loro, vestite a lutto per i mariti e i parenti trucidati dai turchi, avevano dismesso gli abiti sgargianti da «montanare svizzere»[21]. Inoltre, c'era ancora spazio nell'emisfero femminile per l'ideale classico di καλοκαγαθία (la complementarità perfetta tra bellezza e virtù morale).

La narrazione di Pecchio non abbacina il lettore, semmai trasmette un'impressione di opacità crepuscolare e di sfinimento ai limiti dell'antieroico. Non a caso, a chiudere la rassegna dei patrioti è Costantino Canaris, celebrato da Pouqueville per le gesta nello scontro navale di Samo. Pecchio lo tratteggia come un indigente, il cui patrimonio consta del fucile appeso alla parete e del coraggio; in lui sembravano assommarsi tutti i dubbi e i sentimenti di precarietà che gravavano su ogni singolo *leader* della rivoluzione. Di villaggio in villaggio il filtro omerico si era andato dissolvendo e l'impietosa retrospettiva dell'*iter* bandiva l'ἀρετή di Ettore e Achille anche dai contesti in cui Pecchio credeva di averla almeno intravista, per l'avvicendarsi di un archetipo di eroe fragile, amletico, letterariamente alessandrino. Un eroe la cui potenziale valentia

20 *Ivi*, p. 82.

21 *Ivi*, p. 86.

risulta fiaccata dalla ἀμηχανία: la stessa inettitudine a reperire soluzioni che nelle *Argonautiche* di Apollonio Rodio paralizza l'azione di Giasone. Nel segno di tale estenuazione della virtù omerica, gli ultimi capitoli dispensano testimonianze drammatiche. A bordo dei caicchi stracolmi di profughi irrompono nel porto di Colouris (un tempo Salamina) i fantasmi delle guerre persiane, dove ebbero asilo gli ateniesi davanti all'avanzata di Serse. Anche il mito di Atene, maestra di civiltà, si eclissa. Lungi dai fasti imperialistici di Pericle, il Pireo era un porto sguarnito; la via maestra, dove un tempo torreggiavano le Lunghe Mura, era gremita di donne e bambini in fuga, mentre i contadini si affannavano a mietere «prima che i Turchi, simili alle locuste, devastassero le loro campagne»[22], come erano soliti fare gli Spartani nella cosiddetta "fase archidamica" della guerra del Peloponneso.

Quella Atene spettrale rappresenta il mesto preconio delle cronache di Navarino (cap. X). Riportati con essenziale puntualità e scrupolo d'inventario circa il numero delle forze coinvolte, i fatti si dispongono in una sobria intelaiatura fluendo verso la catastrofe come il *plot* di una tragedia preannunciata. Sebbene l'*explicit* grondi di spirito crociato: «Così la mezza luna prese il posto della croce!»[23], la matrice laica del filellenismo di Pecchio non viene contraddetta. Infatti, recandosi a visitare la dimora dove i greci si erano riuniti nel '21 per proclamare l'indipendenza e redigere la costituzione, egli professa un genuino culto laico della libertà plaudendo alla volontà del governo di erigervi una chiesa *in memoriam* del risorgimento ellenico, auspicando per quel santuario una fama superiore a San Pietro in Roma. I fotogrammi estremi del viaggio accentuano il divario tra l'irruenza ellenica e il riformismo di Pecchio, sempre più assorbito da pensose valutazioni, che culminano nel colloquio con il maggiore Collegno, reduce da Navarino dopo i tentativi frustrati di restituire alle zolle patrie le spoglie di Santarosa. La missione di Pecchio, sebbene poco risolutiva, poiché le «40 mila lire sterline [...] furono tosto assorbite dai bisogni della flotta e dell'armata di Colocotroni»[24], assunse valenza propositiva. Nella diagnosi dell'inviato agiscono sia la curvatura liberale del latente illuminismo sia quell'intelligenza che – a sentire

---

22 *Ivi*, p. 93.
23 *Ivi*, p. 102.
24 *Ivi*, p. 121.

Baldacci – «gli consentiva di applicare il pensiero degli altri alla propria materia ed esperienza»[25].

Se dall'orizzonte prospettico, stravolto dalle ricognizioni spietate, poteva depennare i punti di fuga verso gli antichi splendori, Pecchio era tuttavia conscio che in quelle settimane tribolate si stilava il capitolo decisivo della storia neogreca e forse il preambolo della storia europea della penisola ellenica. Da qui la chiave di lettura delle *Osservazioni* poste in appendice, dove Pecchio enuclea in un glossario critico i nodi problematici che – a suo parere – richiedevano l'intervento del riformatore, se non proprio di una costituente. Urgeva svecchiare la struttura e il funzionamento del governo: un gabinetto troppo composito per assumere risoluzioni celeri in quella congiuntura; troppo corrotto perché la celerità si traducesse in efficienza. La paralisi deliberativa dipendeva altresì dalla durata annuale del mandato: criticità ataviche per la storia costituzionale greca se si pensa alla *bulè* di Clistene. Pecchio, oltre a invocare delle misure compensative (*check and balance*) alla fluidità dei nominati, propugnava una svolta presidenziale per frenare le spinte centrifughe del tessuto federativo greco: «un solo capo, sussidiato dai ministri [...] in carica almeno tre anni»[26].

In più andava riformato l'apparato militare arruolando unità di truppe estere regolari da affiancare ai reggimenti nazionali, lacerati dagli abusi dei signori della guerra, ormai decaduti al rango di mercenari. Da economista Pecchio caldeggiava l'invio di ispettori per vigilare sul corretto impiego dei sussidi, calcolando i benefici dell'indipendenza in termini di prodotto interno. La *road map* imponeva una virata senza precedenti nella storia di quel popolo.

Eppure la vera battaglia andava combattuta sul terreno dell'istruzione. Pecchio asseriva che «le due cariatidi del dispotismo sono la miseria e l'ignoranza»[27], assillo costante nelle sue riflessioni. Era persuaso che la libertà non alligna in cittadini rozzi e incolti, se non come un corpo estraneo e avventizio. Risaliva ai tempi del *Conciliatore* l'impegno a favore della scolarizzazione, presupposto ineludibile per acquisire una coscienza

---

[25] L. Baldacci, *Pecchio in Inghilterra* in *Ottocento come noi. Saggi e pretesti italiani*, Milano, Rizzoli, 2003, p. 267.

[26] G. Pecchio, *Relazione*, *cit.*, p. 123.

[27] G. Pecchio, *Saggio storico sulla amministrazione finanziera dell'ex Regno d'Italia dal 1802 al 1814*, Londra, Stamp. A. Sincon, 1826, p. 144. L'*editio princeps* dello studio uscì a Lugano nel 1820.

civica. Influenzato da Confalonieri, era divenuto un convinto assertore del metodo didattico di Joseph Lancaster ed Andrew Bell fondato sul mutuo insegnamento, che a cavallo tra Sette e Ottocento si era diffuso in alcune scuole primarie per i meno abbienti. Alla penuria dei maestri si sopperiva con i discenti più dotati, che, investiti del ruolo di monitori, comunicavano ai restanti compagni i contenuti appresi. La campagna promotrice di Pecchio puntava ad avvicinare la cultura al popolo in senso collettivo, secondo l'impostazione dell'*Emilio* di Rousseau, definendola «la vaccina dell'ignoranza popolare»[28]. Per giunta, le scuole lancasteriane erano presìdi di legalità: Pecchio riporta l'esito di un'indagine statistica in Inghilterra, dove nessuno dei frequentanti quegli istituti si era sporcata la fedina penale. I preconcetti della Chiesa, detentrice del monopolio educativo, sulla paventata eclissi della catechesi ad opera di un agente del mondo laico, venivano rintuzzati prospettando i vantaggi che la *paideia* religiosa poteva trarre dalla reciprocità dei processi. Tra i ruderi di Argos, visitando una scuola lancasteriana, Pecchio scorge il semenzaio della nuova Grecia dove già sventolava il vessillo della libertà, tanto da non riuscire a dissimulare il proprio entusiasmo:

> Ma quale fu il mio piacere, quando vidi una scuola di mutuo insegnamento[29].

L'esperienza in terra greca aveva rafforzato in Pecchio la convinzione che, ai fini della rinascita di una nazione, serviva a ben poco armare un esercito se non si "armavano" anche le menti.

---

[28] Id., *Della necessità d'introdurre nelle scuole primarie toscane il metodo di Bell e Lancaster.* Memorie dei signori F. Nesti, L. Serristori, F. Tartini-Salvatici e C. Ridolfi, socj di varie accademie, in «Il Conciliatore», 18, 1° novembre 1818, vol. 1, p. 289.

[29] Id., *Relazione*, *cit.*, p. 24.

Cristina di Belgiojoso e la Grecia

Silvia Tatti

Università La Sapienza (Roma)

Arrivando in Grecia alla fine del 1849, in fuga dopo la fine della Repubblica romana e dopo essere scappata anche dall'epidemia di colera di Malta, Cristina di Belgiojoso[1] portava con sé il bagaglio di una memoria storica e letteraria ingombrante e di una conoscenza letteraria pregressa della Grecia che avranno conseguenze significative sul suo soggiorno e sul suo giudizio nei confronti del paese.

Nel luglio del 1849, la sconfitta della Repubblica romana e la presa di Roma da parte dei francesi aveva costretto alla fuga anche l'aristocratica lombarda che in un primo tempo si era sentita tutelata dalla sua condizione e dalla natura umanitaria dell' impegno patriottico come coordinatrice delle infermiere durante l'assedio di Roma. Cristina aveva infatti prestato servizio negli ospedali romani a fianco di altre donne, tra cui molte aristocratiche, e aveva assistito anche esponenti del clero, motivo per cui pensava di salvarsi dalle rappresaglie che giunsero gravissime dopo la sconfitta dei repubblicani, nel luglio del 1849. In realtà Cristina svolgeva già da anni una militanza politica attiva, in contatto regolare, fin dagli anni '30, con patrioti lombardi e di altre nazioni; nel corso dell'esilio francese aveva favorito, anche con un aiuto finanziario, la pubblicazione di giornali politici nei quali scriveva articoli lucidi e puntuali sulla situazione italiana. La classificazione dell'impegno romano come attività umanitaria di aiuto agli ospedali suona più come un tentativo

1 Tra i numerosi contributi sulla Belgiojoso si vedano, anche per i rinvii bibliografici, G. Conti Odorisio, C. Giorcelli e G. Monsagrati (a cura di), *Cristina di Belgiojoso. Politica e cultura dell'Ottocento*, Napoli, Loffredo editore, 2010; M. Fugazza, K. Rörig (a cura di), *«La prima donna d'Italia». Cristina Trivulzio di Belgiojoso tra politica e giornalismo*, Milano, Franco Angeli, 2010; K. Rörig, *Cristina Trivulzio di Belgiojoso. Storiografia e politica nel Risorgimento*, Segrate, Scalpendi, 2021.

di ricostruire in chiave edulcorata e letteraria la propria storia, in un momento in cui la principessa, facendo i conti con la sconfitta seguita ai moti del '48-'49, prendeva le distanze, nel corso dell'esilio greco-turco, dalla politica attiva. In ogni caso, la buona fede ostentata al ritorno delle forze papali non bastò a metterla al riparo da una minaccia di arresto; di fronte all'ipotesi di essere imprigionata, Cristina si era dunque imbarcata in tutta fretta con gli altri esuli romani a Civitavecchia e aveva fatto sosta a Malta da dove era ripartita, in seguito a un'epidemia di colera, alla volta della Grecia.

La scelta di recarsi in Grecia e di continuare poi la fuga verso l'Asia minore dove si fermerà cinque anni rivela già l'attitudine originale e l'autonomia di Cristina per la quale l'esperienza dell'esilio significherà una svolta radicale, innanzitutto dal punto di vista biografico, ma anche per quanto riguarda il piano della scrittura e della maturazione intellettuale. Per Cristina l'esilio comporta, oltre a un abbandono della militanza politica attiva, una riduzione dei vincoli sociali che condizionavano la sua attività intellettuale e l'assunzione di un profilo di scrittrice molto più aperto e incisivo, con una significativa legittimazione della scrittura narrativa che precedentemente la Belgiojoso non aveva affrontato nel suo percorso autoriale. Nel periodo del primo esilio trascorso in Francia, dove aveva vissuto prevalentemente dopo il 1830 in fuga da Milano e dalla polizia austriaca che la perseguitava e controllava per il ruolo da lei rivestito all'interno della carboneria milanese, Cristina aveva pubblicato libri teologici e storici, un corposo volume sul dogma cristiano (*Essai sur le dogme catholique*[2]) e si era confrontata con la traduzione in francese della *Scienza nuova* di Vico[3] preceduta da una lunga introduzione in cui affrontava questioni storiche e antropologiche. Assieme al giornalismo politico-patriottico, il suo principale impegno di scrittrice negli anni che precedono l'esilio in Turchia si era dunque riversato su testi filosofici, teologici e politici, pubblicati spesso anonimamente, segno di una difficile assunzione, consueta all'epoca, di un'autorialità femminile.

Il secondo esilio quindi, dopo quello francese, avvia un rinnovamento del profilo di scrittrice della Belgiojoso che, in una differente situazione sociale e culturale, si confronta con le potenzialità espressive anche

2 C. di Belgiojoso, *Essai sur la formation du dogme catholique,* Paris, Jules Renouard, 1842.

3 *La Science Nouvelle, Vico et ses ouvres, traduite par M.me Belgiojoso*, Paris, J. Renouard & C, 1844.

narrative della scrittura, all'origine di una corposa produzione di testi odeporici, memorialistici, romanzeschi che affianca da questo momento in poi quella giornalistica e saggistica già appartenenti al percorso della scrittrice. Nel corso dell'esilio greco-turco, Cristina compie, come sempre, scelte autonome anche per quanto riguarda le coordinate spaziali. La fuga da Roma la conduce dunque inizialmente a Malta assieme a molti altri esuli; numerosi sono anche i patrioti che dopo le sconfitte delle repubbliche romana e veneziana si erano diretti invece a Corfù; tra gli esuli romani che partono da Ancona, c'è ad esempio Luigi Mercantini, autore della poesia *Corcira*, nostalgica verso l'Italia e riconoscente nei confronti dei luoghi amici, tra cui la Grecia che ospita i profughi. E a Corfù arriva anche in un primo tempo la famiglia di Daniele Manin reduce da Venezia; molto italianizzata, Corfù costituiva dunque una delle mete degli esuli, alternativa a Malta e alla Grecia continentale dove invece si dirige Cristina che sceglie di andare, dopo la prima tappa forzata di Malta, ad Atene e in seguito in Turchia, dove si ferma per cinque anni.

Dicevo all'inizio che Cristina arriva in Grecia accompagnata da un ingombrante bagaglio letterario che possiamo in parte ricostruire dalle citazioni comprese nei suoi scritti, soprattutto i *Souvenirs dans l'exil*[4] composti a caldo nel corso del viaggio; la presenza di questa biblioteca pregressa rende la sua testimonianza non una semplice riflessione personale, ma una tappa tardiva e una sorta di bilancio di quella cultura che dal filoellenismo di inizio secolo e dal patriottismo del 1821 era approdata a un'attitudine a riflettere anche attraverso la Grecia e più in generale l'Oriente sulla situazione presente dell'Europa, sia dal punto di vista politico, sia dal punto di vista socio-antropologico, con particolare attenzione, nel caso di Cristina, alla condizione delle donne. La scrittura della principessa della stagione successiva agli anni 1848–1849 funziona in parte dunque come un bilancio che guarda all'Europa della sconfitta dei moti rivoluzionari, e nello stesso tempo all'Oriente, passando per la Grecia e l'eredità delle rivendicazioni nazionalistiche e delle lotte

---

[4] Ead., *Souvenirs dans l'exil*, «Feuilletons du National», Paris, Prost, 1850. Su questo testo e sul periodo in Turchia cfr. F. Caporuscio, *La narrazione dell'Oriente e la svolta letteraria di Cristina Trivulzio Belgiojoso: il testo-laboratorio dei* Souvenirs dans l'exil, in «altrelettere», 18.3.2015, DOI:10.5903/al_uzh-30, p. 14; Ead., *"Souvenirs dans l'exil" ovvero l'esilio come modus narrandi*, in N. Di Nunzio, F. Ragni (a cura di) *«Già troppe volte esuli». Letteratura di frontiera e d'esilio*, Università degli studi di Perugia, [Culture Linguaggi Territori], 3, 2014, pp. 193–206.

democratiche e repubblicane; un bilancio che è quindi una sorta di connettore, nell'intreccio tra memoria letteraria e esperienza storico-politica, tra l'immagine che l'Europa ha elaborato della Grecia e dell'Oriente nei primi decenni del secolo e la situazione di metà secolo condizionata fortemente dagli eventi storici e politici degli ultimi anni.

Da dove derivava a Cristina questa familiarità con la Grecia e con l'Oriente, di cui lei parla regolarmente come se questi territori anche ideali e non solo fisici appartenessero al suo bagaglio culturale personale? Una prima risposta arriva dalle frequentazioni che la principessa ebbe soprattutto in Francia e che furono determinanti per la sua formazione. Nel corso del soggiorno parigino Cristina incontra infatti regolarmente René de Chateaubriand e Madame Récamier, di cui parla anche nei *Souvenirs dans l'exil*: il viaggio in Palestina di Chateaubriand risaliva al 1806 e quindi ben quaranta anni erano trascorsi da quell'esperienza, quaranta anni ricchi di fatti storici determinanti; la prima versione dell'*Itinéraire de Paris à Jerusalem* pubblicata nel 1811[5] era fortemente critica nei confronti della Grecia contemporanea, ma con la *Note sur la Grèce*, scritta nel 1825 in piena epoca rivoluzionaria e aggiunta alla riedizione del 1826 dell'*Itinéraire*[6], Chateaubriand celebrava la liberazione e riponeva grandi speranze nel paese appena uscito dalla dominazione turca.

Cristina inoltre aveva frequentato a Parigi Claude Fauriel, essendo amica della famiglia Manzoni e in particolare di Giulia Beccaria che aveva sicuramente funzionato da tramite con il letterato e erudito francese; era anche molto amica di Mary Clarke, che, dopo una relazione con Fauriel, aveva poi sposato l'orientalista Jules Mohl, professore al Collège de France, con il quale Cristina intrattiene un intenso scambio epistolare[7] soprattutto nei mesi della stesura dell' *Essai sur la formation du dogme catholique*.

Cristina frequenta quindi un ambiente profondamente filoellenista e interessato all'Oriente, che partecipa almeno idealmente alla rivoluzione del 1821; Fauriel, proprio negli anni della rivoluzione greca, è autore dei

---

5 F.R. de Chateaubriand, *Itinéraire de Paris à Jérusalem*, Paris, Le Normant, 1811.

6 Id., *Itinéraire de Paris à Jerusalem,* in *Oeuvres complètes*, Paris, Ladvocat, 1826, t. VI-VII.

7 S. Tatti, *La scrittura epistolare di Cristina di Belgiojoso e le lettere inedite a Jules Mohl (1835–1868*), in «Franco-italica», 1998, 13, pp. 63–157.

Chants populaires de la Grèce moderne[8], pubblicati nel 1823, preceduti da un discorso preliminare che esalta la genuinità del carattere greco, la sopravvivenza nel popolo di uno spirito libertario e anche di una capacità imprenditoriale che avevano resistito agli anni della dominazione turca, considerata come un periodo di decadenza e di arretramento economico e culturale. I *Chants populaires* di Fauriel sono quindi un'apologia dei greci, contengono il riconoscimento del valore della loro vitalità e la considerazione del loro anelito alla libertà e propongono ai lettori i canti dei klepti, ladroni o briganti che però avevano condotto una forte resistenza contro i turchi ed erano quindi figure facilmente idealizzabili di patrioti; una suggestione che influenzerà anche Cristina, pronta a individuare proprio nelle figure più ai margini della società la persistenza di un'ispirazione popolare autentica. Fauriel aveva inoltre rivestito un ruolo centrale nella pubblicazione e traduzione de *I profughi di Parga* di Giovanni Berchet, esule a sua volta in Francia, che pubblica il libro dedicato alla rivolta di parganioti a Parigi nel 1823[9].

Ancora, in questa mappa che ricostruisce la presenza di un ambiente propenso al filellenismo attorno alla Belgiojoso, va segnalato anche il fatto che Cristina fu intima, a Parigi, del dalmata Nicolò Tommaseo, esule anche lui prima a Parigi nel 1833 e poi, dopo aver partecipato alla Repubblica veneziana nel 1849, a Corfù; nel corso del soggiorno di Tommaseo in Francia, all'inizio degli anni Trenta dell'Ottocento, Cristina condivide con lui anche la partecipazione a giornali politici e l'organizzazione di iniziative in favore degli esuli.

Questa è dunque, almeno a grandi linee, la premessa di conoscenze e relazioni che precede e prepara il viaggio in Grecia e che candida Cristina ad essere un'osservatrice consapevole e attenta, pronta a convertire l'esperienza di esilio in scrittura storico filosofica e antropologica, grazie anche a questa articolata formazione pregressa che ha un ruolo importante nella sua visione della Grecia. Oltre a questo bagaglio letterario e storico, in questo frangente, ha però anche un grande rilievo l'elemento politico: la storia greca poteva funzionare, in un momento di rielaborazione della sconfitta del 1849, come una sorta di specchio nel quale l'Italia risorgimentale poteva riflettersi, anche se ormai la vicenda indipendentista si

---

8 C. Fauriel, *Chants populaires de la Grèce moderne recueillis et publiés avec une traduction française, des écleracissements et des notes par C. Fauriel*, Paris, Firmin Didot, 1824.

9 G. Berchet, *I profughi di Parga*, Paris, Didot, 1823.

era conclusa da più di vent'anni. La soddisfazione per l'evoluzione politica della Grecia è evidente nel riconoscimento dell'eroismo dei patrioti greci del '21 citati nei *Souvenirs dans l'exil* della Belgiojoso; nello stesso tempo l'autrice esprime un giudizio sarcastico sulla monarchia e sulla coppia reale bavarese, imposta sul trono greco dalle potenze europee, e sul tessuto umano ateniese, composto da una classe media incapace di rinnovarsi veramente e di allinearsi alla civiltà occidentale nelle sue conquiste più autentiche.

Il giudizio espresso a caldo da Cristina è simile a quello molto più ampio e dettagliato che lei elaborerà nei confronti della Turchia, dove vivrà d'altronde per quattro anni, un tempo che le permetterà di valutare con attenzione tutte le contraddizioni della società ottomana. Grandi potenzialità sono dunque riconosciute ai Greci, che vivono però in uno stato di prostrazione e arretratezza: spinta da una fiducia incondizionata verso il progresso, Cristina, negli articoli di giornale scritti all'inizio del suo viaggio e inviati al «New York Daily Tribune», sottolineando la distanza che esiste tra l'Europa civilizzata e l'Est dell'Europa, esprime una condanna generalizzata contro le classi elevate, colpevoli di non aver sufficientemente occidentalizzato i costumi se non in modo esclusivamente esteriore e salva invece gli abitanti della campagna e le classi inferiori della società, non corrotti dai vizi di una finta civilizzazione e naturalmente portati a un senso innato della giustizia e a una visione positiva della vita. E d'altronde anche i diari e le lettere di alcuni italiani come Santorre di Santarosa o Giacinto Provana di Collegno, che avevano conosciuto la situazione greca vent'anni prima, convergono su un giudizio negativo relativamente alla Grecia contemporanea[10].

Questa è dunque una prima ricognizione relativa al quadro di riferimento all'interno del quale si muove la Belgiojoso pronta ad affrontare l'esperienza della vita in Oriente. La prima testimonianza di Cristina sull'esperienza della fuga da Roma e sul viaggio in Grecia e Turchia sono i già citati *Souvenirs dans l'exil*, una raccolta di lettere inviate fittiziamente all'amica Caroline Joubert, pubblicate prima sul giornale «Le National» e poi raccolte in volume nel 1850. Si tratta di lettere che seguono il viaggio di Cristina dopo la partenza da Civitavecchia, nelle quali la scrittrice

---

[10] Si veda anche A. Di Benedetto, *"Le rovine d'Atene": Letteratura filellenica in Italia tra Sette e Ottocento*, «Italica», 76, n. 3 (1999), pp. 335–354.

mescola ricordi del primo esilio a Parigi con la cronaca del viaggio che la conduce in Turchia ricco di digressioni e osservazioni sugli incontri e i costumi locali. Cristina sperimenta qui un tipo di scrittura giornalistica che unisce all'approccio storico-politico uno sfondo autobiografico, caratterizzato da un tono più confessionale e intimo.

Non appena giunge sul suolo greco, a Egìna, dove deve trascorrere la quarantena prima di approdare ad Atene, Cristina cita un autore della sua biblioteca letteraria di ambito greco, Jean Alexandre Buchon, erudito e liberale vicino ai patrioti italiani, autore di *La Grèce continentale et la Morée: voyage, séjour et études historiques (1840–1841*), pubblicato a Parigi nel 1843[11].

Si tratta di un titolo che risale agli anni immediatamente precedenti a quelli in cui Cristina scrive e la cui citazione costituisce un pretesto per un riferimento politico sarcastico nei confronti di Amalia di Oldenburg regina di Grecia, sposa di Ottone di Baviera, re di Grecia dal 1832. Il soggiorno obbligato nell'isola dei viaggiatori di fronte ad Atene, per scontare la quarantena, è presentato come una sorta di capriccio della regina che non sopporta i potenziali malati di colera e li relega in un luogo sufficientemente lontano.

Cristina non nasconde, attraverso note irriverenti nei confronti della regina, il suo giudizio polemico verso la monarchia greca e verso la soluzione politica che le potenze europee avevano individuato per la Grecia: «entre parenthèse, j'ai envie de me faire présenter à la reine des Grecs pour lui parler du pauvre Buchon et de son ouvrage sur la Grèce; je ne serai pas étonnée de la voir rougir; lui, du moins, n'en aurait pas douté»[12]. Il rossore supposto della regina di fronte alla lettura di Buchon riguarda la descrizione della vita di corte; la giovanissima regina vi è descritta mentre eccelle nella danza, nell'etichetta, nella moda; lo sguardo sarcastico di Cristina, che in questi stessi anni è presentata ai lettori del «New York Daily Tribune» chiaramente come una socialista[13], suona come una condanna generalizzata delle soluzioni politiche imposte alla Grecia, in linea con la posizione un po' più sfumata di Buchon. Nel suo

---

11 J.A. Buchon, *La Grèce continentale et la Morée: voyage, séjour et études historiques (1840–1841*), Paris, Charles Gosselin, 1843.

12 C. di Belgiojoso, *Souvenirs dans l'exil*, *cit.*, p. 8.

13 S. Tatti, *Gli articoli per il « New York Daily Tribune » di Cristina Trivulzio di Belgiojoso esule in Turchia*, «Fictions», 2019, XVIII, pp. 73–84.

volume infatti, lo storico francese era partito dalla storia della Grecia antica ma si era poi soffermato sull'ultimo periodo e aveva riconosciuto il contributo dei francesi alla conquista dell'indipendenza del paese. La diagnosi sulla decisione di fare della Grecia uscita dall'impero ottomano un regno e non una repubblica democratica è vista come l'esito di un compromesso tra le potenze europee che in questo modo, attraverso l'istituzione della monarchia, avrebbero potuto più facilmente avanzare delle mire espansionistiche sul paese. Buchon è fiducioso nel desiderio di riscatto del popolo greco ma riconosce che dopo secoli di servitù il processo di miglioramento delle abitudini del popolo è necessariamente molto lento, nonostante la spinta all'occidentalizzazione dei costumi delle classi medie della società. Il suo era dunque uno sguardo abbastanza disincantato nei confronti del paese reale, verso il quale dimostra tuttavia una benevola predisposizione, in linea, tutto sommato, con quella che sarà la posizione di Cristina.

Il secondo riferimento alla biblioteca di Cristina apre il capitolo V dei *Souvenirs dans l'exil*. Qui l'autrice esordisce scrivendo all'amica in Francia: «Avez vous jamais songé que la Grèce n'était pas un pays fantastique comme l'Arcadie ou le pays de Cucagne, mais bien un pays pour de bon, avec ses monts et ses vaux, ses fleuves et ses mers, ses hommes et ses brutes»[14]. Fino al momento in cui non aveva avuto un'esperienza reale del paese, Cristina ammette che la Grecia per lei era o la Grecia antica, «la patrie de tous les gens d'ésprit d'une époque ou l'esprit ne courait pas les grands chemins» o la Grecia moderna e idealizzata del 1821, «une pépinière de héros qui ont livrés des combats de géants et éveillé la Muse polyglotte de MM. Delavigne et Lamartine, Lord Byron et sa Pleiade, Berchet et Carrer[15], etc sans compter les poètes allemands que je n'ai pas lu, et cet excellent poète

---

[14] *Ivi*, p. 10.

[15] Cristina cita i più significativi rappresentanti del filellenismo letterario che aveva celebrato la Grecia e la sua rivoluzione: Casimir Delavigne compose diversi componimenti sulla Grecia e celebrò l'eroismo di Lord Byron (*Messéniennes et poésies diverses de M. C. Delavigne, nouvelle édition*, Paris, Furne, 1833); Alphonse de Lamartine scrisse *Impressions, souvenirs, pensées et paysages pendant un voyage en Orient, 1832–1833, ou Notes d'un voyageur*, Paris, Gosselin, 1835; George Gordon Byron, morto combattendo a Missolungi nel 1824, fece un viaggio in Grecia tra il 1809 e il 1810, al centro del *Child Harold's Pilgrimage*, un poema narrativo in vari libri pubblicato a partire dal 1812: Lord Byron, *Childe Harold's Pilgrimage. A Romaunt*, London, John Murray, 1812. Giovanni Berchet è autore de *I profughi di Parga*, *cit.*; Luigi

Barthélemy[16] qui dépensa trente ans de sa virtueuse exsistence à décrire la Grèce du haut de son quatrième étage, dans l'Hôtel de Choiseuil»[17].

Questa serie di riferimenti letterari di autori che hanno celebrato la Grecia contemporanea è la premessa per presentare al lettore lo scenario completamente diverso che si apre di fronte alla scrittrice, quando la realtà subentra e si sostituisce ai miti letterari e politici, una realtà con la quale d'altronde si erano confrontati anche i patrioti che avevano preceduto sul suolo greco la viaggiatrice; ecco quindi la Grecia reale con tutti i suoi limiti (delinquenza, arretratezza sociale, condizione deprecabile della donna), evidenziati in funzione di un rilancio dell'idea di progresso come conquista dell'occidente anche in relazione alla delusione per le soluzioni politiche che avevano risolto la rivoluzione greca. La civiltà – suggerisce Cristina – è dalla parte dell'occidente e le conquiste realizzate non possono essere cancellate nemmeno dopo il 1849, ma anzi devono essere esportate e costituiscono la cifra comune del mondo occidentale che in questo periodo amplia i suoi confini fino a comprendere anche gli Stati Uniti, visti gli stretti rapporti della Belgiojoso con l'intellighenzia della costa orientale americana[18].

Cristina intende demistificare dunque i miti letterari, sia quelli legati all'orientalismo sia quelli specifici relativi alla Grecia, con l'intento di mettere il lettore di fronte a una realtà obiettiva caratterizzata da una situazione di degrado e corruzione, da una società dominata da ladri e mercanti astuti, dove domina la furbizia e la scaltrezza; l'intento è quello di presentare la Grecia moderna e reale, non gli stereotipi letterari diffusi, quali quelli creati da Barthélemy, dall'autore del *Telemaco*[19], dall'abbé Galland[20], ma la nazione contemporanea con la quale confrontarsi, nelle

---

Carrer, letterato veneziano, dedicò alcune poesie alla Grecia, in parte comprese in *Prose e poesie*, Venezia, co' tipi del Gondoliere, 1837.

16 J.J. Barthélemy, *Voyage du jeune Anacharsis en Grèce dans le milieu du IVe siècle*, Paris, chez H. L. Guerin & L. F. Delatour, 1788; l'autore fu protetto dal Duca de Choisieul presso il quale abitò.

17 C. di Belgiojoso, *Souvenirs dans l'exil*, *cit.*, p. 10.

18 S. Tatti, *Gli articoli per il « New York Daily Tribune » di Cristina Trivulzio di Belgiojoso esule in Turchia, cit.*

19 F. de Salignac de La Mothe-Fénelon, *Les Aventures de Télémaque fils d'Ulysse*, Paris, chez la Veuve Claude Barbin, 1699.

20 L'abbé Galland è il primo traduttore in francese delle *Mille e una notte*: *Les Mille & une nuit. Contes arabes traduits en françois par M. Galland*, Paris, impr. de la Veuve Claude Barbin, 1704–1717.

sue specificità culturali, sociali, politiche e di cui si evidenziano anche tutti i limiti.

D'altronde anche prima del viaggio reale la diffidenza nei confronti di una visione della Grecia antica come paese superiore poneva Cristina in una posizione che va oltre quella di tanti letterati e dei primi poeti filellenici: in una lettera a Jules Mohl del 1842, la principessa aveva inserito una frase che mostra lo spessore delle sue argomentazioni in una direzione che l'avvicina ai romantici italiani e allo stesso Manzoni: «Je n'écris pas l'histoire romaine, Dieu merci; mais je ne puis m'empêcher de dire et de motiver mon avis sur ces grandeurs établies qui m'indignent et sur ces honnêtes barbares qui, au risque de paraître établir un paradoxe qui n'a même pas le mérite de la nouveauté, me semblent de beaucoup préférables aux Romains et surtout aux Grecs»[21].

La Grecia moderna è dunque una terra di malfattori («Pour vous initier aux mystères de la Grèce, c'est surtout de ce qui manque à ce beau pays et à son peuple que je devrais vous entretenir. Au premier rang se placent les moyens de repression à l'égard des voleurs»[22]); manca ogni rispetto nei confronti della donna («La galanterie, la courtoisie, les égards dus par le sexe fort au sexe faible sont choses ignorées en Grèce»[23]); la classe al potere è la più corrotta e l'unica salvezza è data dalla genuinità nelle classi popolari, nelle quali esiste una spontaneità innata che le preserva dalla corruzione che invece investe in pieno le classi elevate che hanno assunto solo gli aspetti deteriori della civiltà occidentale.

Rovesciando quindi quella che Cristina definisce la *grécomanie*[24], la scrittrice nota con sarcasmo che i greci non conoscono Liszt, si vestono, così almeno fanno le donne delle classi elevate, scimmiottando le occidentali con risultati grotteschi, non conoscono il diritto. La vista dei luoghi simbolo del passato avvalora questo giudizio; la gita a Maratona[25] si risolve in un'estrema delusione, nel raffronto tra il presente e l'eroismo passato. A Augustin Thierry la principessa confessa «son impuissance à tirer de la vue réelle des lieux célèbres, les emotions qui lui en procurent

---

21 Cristina di Belgiojoso, Lettera a Jules Mohl, Locate, 24 janvier 1842, in *La scrittura epistolare di Cristina di Belgiojoso e le lettere inedite a Jules Mohl (1835–1868)*, *cit.*, p. 126.

22 C. di Belgiojoso, *Souvenirs dans l'exil*, *cit.*, p. 17.

23 *Ibidem*.

24 *Ivi*, p. 25.

25 *Ivi*, pp. 25–26.

en quelque sorte la vue antérieure et anticipée»[26]. Cristina rifiuta anzi di inviare una lettera a Thierry dedicata alla descrizione della Grecia, perché sarebbe stata troppo amara e una volta giunta a Istambul confessa: «j'avais pris la Grèce et tout ce qu'elle renferme tellement à tic, que je n'aurais plus su qu'en dire, si ce n'est: va t'en à tous les diables! Ce qui n'est guère épistolaire, ni assez littéraire pour vous être adressé».[27]

Eppure, all'interno di questa valutazione molto critica, ci sono delle spie di come il tema della Grecia sia un tema sensibile, rivelatore sia della difficoltà indubbia di Cristina nel giudicare serenamente proprio per le molteplici implicazioni della questione e per il contrasto tra l'immagine letteraria e quella reale del paese, sia per i condizionamenti della questione politica e dell'esito della rivoluzione la quale, se aveva messo la Grecia nelle condizioni di liberarsi dell'impero turco non aveva comunque dato gli esiti auspicati nelle soluzioni istituzionali del governo del paese.

Così Cristina rintraccia un originario spirito greco libertario e ribelle nelle figure idealizzate appartenenti al popolo minuto come i klepti, briganti, autori anche di canti popolari che interpretano lo spirito greco primitivo più autentico: «Mais si il y a beaucoup de voleurs en Grèce, en revanche il y aussi des brigands, de ces êtres fantastiques, de ces caractères poétiques, comme le dit mon vieux Vico, qui ont disparu de toute la terre, y compris les Calabres et les Abruzzes, et dont la graine précieuse ne prend plus racine que sur les rochers de l'Attique»[28].

Cristina si dice orgogliosa di conoscere i canti in lingua klepta[29] e annuncia anzi di voler cercare quelli ancora non tradotti, considerati più autentici, e sembra quasi sfidare Fauriel che, aiutato da Mustoxidi[30], aveva portato in lingua francese i testi greci ignorando però la lingua dei "ladri": «Lorsque Fauriel a traduit des chants grecs, il avait, a-t-il dit, M. Mustoxidi qui l'aidait lorsque le texte s'éloignait trop du texte littéraire; mais ce savant lui meme ignorait le Klephte, qui signifie (traduction littéraire) la langue des voleurs»[31]. Ecco che la civiltà greca diventa

---

26 A. Augustin-Thierry, *Une héroïne romantique: la princesse Belgiojoso*, Paris, Librairie Plon, 1926, p. 172.

27 *Ivi*, p. 177.

28 C. di Belgiojoso, *Souvenirs dans l'exil, cit.*, p. 13.

29 *Ivi*, p. 16

30 Su questa figura centrale del filellenismo europeo cfr. ora A. Scardicchio, *Mustoxidi in Italia*, Alessandria, Edizioni dell'Orso, 2022.

31 *Ibidem*.

così una sorta di serbatoio di primitivismo, più che una terra di antica o moderna civiltà. La vicenda dei klepti inoltre ha anche delle implicazioni politiche rivoluzionarie dal momento che il termine era diventato anche sinonimo di patrioti e guerrieri partigiani, perché i cosiddetti briganti avevano avuto un ruolo importante, fin dal 1500, nella resistenza contro i turchi.

Non appena le lettere a Caroline Joubert furono pubblicate, nel 1850, la reazione fu immediata, soprattutto da parte degli esuli italiani che risiedevano in Grecia e che godevano degli aiuti governativi; i commentatori contemporanei raccontano che Cristina fu costretta a partire anche sulla spinta delle polemiche suscitate dai suoi scritti; in realtà il trasferimento in Turchia era preventivato da tempo.[32]

Arrivata in Turchia Cristina acquista una tenuta dove avvia un esperimento di azienda avanzata condotta secondo parametri europei da lei già utilizzati nella conduzione dell'azienda agricola di Locate Trivulzio presso Milano; dalla tenuta nell'Anatolia la principessa partì, nel 1853, per un lungo viaggio fino in Palestina, a Gerusalemme, dove la figlia Maria ricevette il battesimo. Queste esperienze sono all'origine di diverse scritture, come *reportages* di viaggio, scrittura odeporica e scrittura narrativa, oltre che articoli di giornale[33].

Tra i racconti turchi pubblicati dopo il ritorno in Europa avvenuto nel 1855, ambientati in Oriente e segnati dalla volontà di mettere in discussione gli stereotipi dell'orientalismo, soprattutto per quanto riguarda la condizione della donna, si trova il racconto *Un contadino turco* pubblicato a Parigi nella «Revue des deux mondes», nel 1857[34]. La trama di questo racconto è costruita attorno alle vicende di una famiglia di contadini turchi che attraversano varie esperienze avventurose e romanzesche fino a un lieto fine determinato da un matrimonio che, contrariamente alle consuetudini locali, è un matrimonio d'amore. Uno dei protagonisti del racconto è il greco Atanase, un imbroglione che rappresenta il prototipo del greco furbo e opportunista, la cui vicenda si intreccia a vari livelli con

---

32 L. Severgnini, *Introduzione*, in C. di Belgiojoso, *Ricordi nell'esilio*, Roma, Edizioni Paoline, 1978, pp. 17–18.

33 Cfr. S. Tatti, *Gli articoli per il « New York Daily Tribune » di Cristina Trivulzio di Belgiojoso esule in Turchia*, *cit.*

34 C. di Belgiojoso, *Un paysan turc*, «Revue des deux mondes», XXVII, 12, I, 1 novembre 1857, pp. 68–93; II, 15 novembre 1857, pp. 241–271; III, 1 décembre 1857, pp. 506–531.

quella dei due giovani e innocenti protagonisti del romanzo; nonostante il giudizio negativo su Atanase e sul suo comportamento immorale che attraversa tutto il romanzo, alla fine proprio al mercante è data una possibilità di riscatto, nella conclusione che vede il greco perfettamente ambientato a Parigi. La sua vicenda d'altronde spinge Cristina a svolgere una riflessione di ordine generale: «Ho creduto di dovermi soffermare a lungo su questo personaggio poiché un certo aspetto della società orientale, ossia il bizzarro potere che i Greci esercitano sui Turchi e perfino sugli Europei, si riassume nella figura di questo degno nipote di Ulisse. Mi chiedo anche se la genialità di Athanase addirittura non superasse quella del suo illustre antenato. Piazzate il nostro greco nel consiglio dei generali, sotto le mura di Troia: la città non sarebbe mai stata conquistata e i Greci non sarebbero neanche mai stati sconfitti; l'assedio di Troia si sarebbe protratto per tutta la vita di Athanase e i due popoli si sarebbero rovinati a suo profitto.»[35]

E in effetti quello che emerge dal romanzo è un doppio giudizio sulla Grecia che conferma quello già espresso da Cristina nei *Souvenirs dans l'exil*: da un lato c'è una presa di distanza dai greci contemporanei che non avevano saputo usufruire del ventennio di libertà dopo il regime tirannico e corrotto turco e che erano ben lontani dall'assumere il ruolo da essi rivestito in un glorioso passato che è sempre più sfumato, manifestando una scarsa attitudine all'eroismo e alla dignità; dall'altro il racconto rivela l'esistenza di un'ammirazione verso la genuinità e il primitivismo più autentico della civiltà popolare greca, all'origine di una valutazione positiva del popolo greco che diventa anche lo specchio attraverso cui tornare sulla società occidentale, che non deve cedere alla corruzione dei costumi e mantenere, attraverso un comportamento etico, le conquiste che il progresso ha permesso di affermare.

Il confronto con il paese reale implica quindi il superamento di un approccio letterario e l'attualizzazione dell'immagine politica della Grecia; pur mantenendo un'ammirazione verso lo spirito di indipendenza che aveva guidato l'eroismo dei greci, citati regolarmente attraverso la loro discendenza femminile[36], Cristina persegue il suo intento di difendere,

---

35 Ead., *Un contadino turco*, Introduzione e cura di S. Tatti, traduzione di A. Testa, Roma, Croce, 2019, pp. 68–69.

36 C. di Belgiojoso, *Souvenirs dans l'exil*, *cit.*, p. 18.

contro ogni mito letterario, la superiorità della civiltà occidentale, in grado di guidare i popoli verso il progresso della vita civile e politica.

La principessa condivide comunque con gli scrittori che l'avevano preceduta nell'interesse per l'Oriente, il fatto di considerare la Grecia (per lo spessore di riferimenti dati dalla sua storia, dalle aspettative legate alla sua vicenda, dalla forza dell'immagine letteraria costruita nel tempo) come un luogo anche dello spirito dal quale riflettere sulla propria esperienza non solo individuale, ma storica; una Grecia dunque che va oltre l'occasione del viaggio e anche dell'analisi storico-politica per assumere la dimensione di un caso di studio emblematico e ricco di risonanze dal quale ripensare la storia presente sullo sfondo di una visione universale della civiltà umana.

Il filellenismo dei Greci di Puglia nell'ultimo quarto del XIX secolo: Vito Domenico Palumbo e la traduzione dei *Canti Rodii*

Francesco G. Giannachi

Università del Salento (Lecce)

Non era scontato che nel Salento della seconda metà del XIX secolo, ed in particolare all'interno della minoranza ellenofona salentina, si sviluppasse un sentimento filellenico forte, tale da spingere alla produzione di versioni italiane di opere letterarie greche, oltre che alla decisa adesione agli ideali di libertà ed indipendenza dall'oppressione ottomana che animavano il popolo ellenico. Bastino a questo proposito poche considerazioni. Innanzitutto nel Regno di Napoli, accanto al dirompente filellenismo di tanti liberali, antimonarchici, emigrati ed oriundi greci, c'era stata una pervicace vena di antiellenismo propria della monarchia e della classe dirigente, sentimento certamente meno entusiasta e coinvolgente ma altrettanto forte, alimentato dai timori rivoluzionari e da un atteggiamento prudenziale che portava all'irrigidimento e confluiva nel consueto immobilismo borbonico in materia di politica estera. Ciò accadeva ogni volta che si scorgeva all'orizzonte la possibilità di un dilagare della rivoluzione libertaria dalla Grecia verso le propaggini italiane affacciate sul Canale d'Otranto e, quindi, da lì in tutto il Regno[1]. Proprio negli anni 1821–1826 il Sud Salento era considerato dal governo borbonico del Regno di Napoli come una sentinella delle vicende che accadevano in Grecia, un termometro, potremmo dire, dei moti ellenici, che erano visti a Napoli con molto fastidio, anzi con una certa paura. Ad Otranto, dove ogni settimana attraccava la *Corriera Jonica* proveniente

[1] R. Moscati, *La questione greca e il governo napoletano*, in «Rassegna storica del Risorgimento», XX, 1933, pp. 21–49.

da Corfù, la polizia aveva i propri informatori che ascoltavano le voci del porto, vedevano gli sbarchi, prestavano attenzione alle amicizie tra Greci e Salentini e soprattutto riferivano puntualmente all'Intendenza di Terra d'Otranto che poi, a sua volta, faceva giungere le notizie al Ministero e Real Segreteria della Polizia Generale. Tra gli *Atti di Polizia* conservati presso l'Archivio di Stato di Lecce, relativi agli anni 1821–1826, rimangono le note che l'otrantino Francesco Corchia inviava con puntualità all'Intendente, contenenti tutte le notizie che riusciva a reperire sui fatti greci[2].

In secondo luogo l'isola alloglotta greca di Puglia, meglio nota oggi come Grecìa Salentina, era già una realtà linguistica ridotta a soli nove centri nel cuore della attuale Provincia di Lecce[3] ed aveva già perso da secoli qualsiasi contatto umano e culturale con la madrepatria. Ne sia prova il fatto che molti Greci del Salento letteralmente scoprirono al di là del Canale d'Otranto l'esistenza di un popolo che parlava una lingua molto simile alla loro solo ai tempi della spedizione di Macedonia nel 1916 e, poi, con lo scellerato "fronte greco-albanese" nel secondo conflitto mondiale[4].

Pur in questa temperie politica, sociale e culturale, non mancò l'adesione agli ideali dell'indipendenza ellenica, come testimoniano le liste di nomi di Salentini che le spie governative, negli anni Venti del XIX sec., segnalavano come filelleni, tantomeno mancò l'azione culturale che, se

---

2 Rimando al mio *La rivoluzione greca nei resoconti di alcune spie in Terra d'Otranto: nuova luce su alcuni documenti dell'Archivio di Stato di Lecce*, in corso di stampa in F. Zaccone, P. Efthymiou, C. Bintoudis (a cura di), *Il filellenismo italiano e la Rivoluzione greca del 1821*, Roma, Sapienza Università Editrice, 2023. Solo per citare alcuni documenti, il Corchia in data 21 settembre 1822 riferiva della caduta di Souli, presso Iannina, in mano turca, e della fuga di 1500 sulioti a Corfù; il 14 marzo 1826 inviava un dettagliato resoconto sull'attacco a Missolungi, ecc. I documenti sono ora conservati presso l'Archivio di Stato di Lecce (per i due documenti appena citati si vedano le segnature: Intendenza di Terra d'Otranto, *Atti di Polizia, Attendibili politici* busta 40 f. 970, Otranto, a. 1822; Intendenza di Terra d'Otranto, *Atti di Polizia, Attendibili politici* busta 46 f. 1163, Otranto, a. 1826).

3 Per una presentazione delle principali dinamiche storiche dell'area greca del Salento si veda R. Aprile, *Grecìa Salentina. Origini e storia*, Calimera, Ghetonia, 1994.

4 Sull'argomento F.G. Giannachi, *La letteratura neogreca tra gli ellenofoni del Salento: le traduzioni da opere di Gheòrghios Drossinis,* in F. Zaccone, P. Efthymiou, C. Bintoudis (a cura di), *La letteratura neogreca del XX secolo. Un caso europeo* (Atti del convegno internazionale di Studi neogreci in onore di Paola Maria Minucci), Roma, Sapienza Università Editrice, 2020, pp. 439–442.

tardò qualche decennio ad arrivare, si fece sentire, comunque, con molto vigore. Possiamo, infatti, dire che dal Salento partì un vero e proprio impulso alla lettura dei testi neogreci[5] e, quindi, alla conoscenza della storia culturale e letteraria del nuovo stato indipendente.

Alfiere di questa rinnovata adesione allo spirito ellenico fu Vito Domenico Palumbo, nato a Calimera nel 1854 ed ivi morto nel 1918, primo illuminato promotore della scoperta letteraria della Grecia moderna. Egli fu poeta e traduttore ma soprattutto benemerito raccoglitore di racconti e canti di tradizione orale in *grìco*, il dialetto neogreco del Salento. Un accurato saggio di Paolo Stomeo mette bene in luce i rapporti che Palumbo intrecciò con la Grecia nell'ultimo quarto del XIX sec. e la sua amicizia con eminenti studiosi e letterati ellenici tra i quali ricordiamo almeno Charalàmbis (Baby) Anninos[6], Kostìs Palamàs, Nikolaos Politis[7]. Nell'ambito della letteratura neogreca Palumbo tradusse molto e purtroppo ora ci rimane solo quel poco che riuscì a stampare, quasi sempre a sue spese. È andata perduta, purtroppo, tutta la restante parte di traduzioni rimaste inedite, che l'Autore sperava di poter stampare

---

5 Sulla conoscenza della lingua e della letteratura neogreca in Italia al tempo di Palumbo si vedano: C. Carpinato, *Studiare la lingua greca (antica e moderna) in Italia. Retrospettiva e prospettive future*, in C. Carpinato, O. Tribulato (a cura di), *Storia e storie della lingua greca*, Venezia, Edizioni Ca' Foscari, 2014, pp. 165–220. C. Carpinato, *Lingua e letteratura (neo)greca a Ca' Foscari: 1868–2018. Appunti per una storia del greco e dei greci a Venezia negli ultimi 150 anni*, in A. Cardinaletti, L. Cerasi, P. Rigobon (a cura di), *Le lingue occidentali nei 150 anni di storia di Ca' Foscari*, Edizioni Ca' Foscari, Venezia, pp. 85–116.

6 A parte alcuni dati che riferisce Paolo Stomeo (si veda alla n. successiva) sui rapporti tra Palumbo e Anninos, il sodalizio culturale tra i due è tutto ancora da approfondire. In I.A. Toumasatos, *Ένας ἑπτανήςιος ςτὴν Αθήνα. Χαραλάμπης (Μπάμπης) Άννινος (1852–1934)*, t. II, Argostoli, EKIE, 2020, p. 161 si afferma che Palumbo abbia tradotto in italiano la commedia di Anninos *Η νίκη τοῦ Λεωνίδα* (*La vittoria di Leonida*), che fu messa in scena in vari teatri italiani tra il 1895 ed il 1896 dalla compagnia del Cav. Enrico Dominici. Purtroppo non si riesce a trovare traccia di questa traduzione né, come mi conferma per lettera l'autore della monografia appena citata (che ringrazio), si conserva copia nell'archivio di Baby Anninos presso la Κοργιαλένειος Βιβλιοθήκη di Argostoli. Si può affermare che l'amicizia tra Palumbo ed Anninos fu molto solida e duratura, come testimonia quanto il Calimerese stesso scrisse nel volume in onore di Anninos (*Λεύκωμα ἐπὶ τῇ συμπληρώσει τῆς τριακονταετηρίδος τοῦ φιλολογικοῦ σταδίου τοῦ Χαραλάμπους Ἀννίνου. 1869–1899*, Atene, Γ. Κασδονης, 1900, pp. 41–42), testo sul quale ritornerò in un prossimo lavoro.

7 P. Stomeo, *Vito Domenico Palumbo neoellenista greco salentino*, in «Studi Salentini» 1, 1956, pp. 136–175.

con l'ausilio di qualche finanziatore o l'appoggio di un editore illuminato che, purtroppo, mancò. Comunque il suo volume di *Traduzioni dal Greco-moderno* stampate a Lipsia nel 1881 presso l'editore Wolfgang Gerhard[8] contiene le versioni italiane del dramma *Vita-Sogno* di Dimitrios Paparigopoulos (in effetti un estratto dal dramma *Agorà*), di tre liriche di Dimitrios Vikèlas (*Apologia, Maria, La moglie del marinaio*) e due ancora di Paparigopoulos (*Sogno, Vanità delle vanità*), per passare, poi, a circa dieci canti popolari, tra cui spiccano, perché profondamente connaturati con lo spirito neoellenico, *Aretùla* ed il *Canto dell'armatolòs.* Nello stesso volume Palumbo offriva la versione di alcuni passi, circa cento versi, dall'*Achilleide* bizantina (romanzo in versi del tardo XIV s.) che allora il Nostro poteva leggere nell'edizione di Kostantinos Sathas del 1880.

Le traduzioni di Palumbo furono subito apprezzate, come dimostra una scheda bibliografica (anonima) pubblicata nel 1882 sulla rivista belga *Le Muséon: revue d'études orientales* che usciva a Louvain-la-Neuve per i tipi dell'editore Peeters. Venivano recensite sia le *Traduzioni*, sia la prima versione in italiano dei *Canti Rodii*[9]; il giudizio era ampiamente lusinghiero. I due volumi erano definiti "deux charmants opuscules qui plaideront certainement avec succès la cause de la Grèce littéraire"[10]. Veniva messa in luce la perizia di Palumbo nelle due lingue, italiana e greca, grazie al fatto che egli apparteneva ad una "famille descendant des Hellènes du moyen-âge" e, cosa più interessante, venivano citati anche gli ottimi riscontri che Palumbo aveva ottenuto in Grecia per entrambi i volumi. In particolare si attingeva a due riviste letterarie e se ne traduceva una parte del testo che parlava del Calimerese. Riporto qui i due estratti[11]:

> da *Telegraphos* del 13 luglio 1881
>
> Il est impossible de donner une traduction mieux réussie. Plut à Dieu que toutes les versions d'ouvrages grecs faits en Europe ressemblassent à celle-ci. M. Palumbo connaît parfaitement le grec modern, il en a compris le sens dans ses nuances les plus fines et il a su conserver le caractère naïf et la beauté un peu sauvage des chants populaires. Sa traduction est fidèle avant tout et de plus elle est claire, nette, précise et élégante.

---

8 V.D. Palumbo, *Traduzioni dal Greco-moderno*, Leipzig, Wolfgang Gerhard, 1881.

9 Sulla quale si veda *infra*.

10 Rec. a V.D. Palumbo, *Traduzioni dal Greco moderno; Ἀλφάβητος τῆς ἀγάπης Canti rodii*, in «Le Muséon: revue d'études orientales» 1, 1882, p. 620.

11 *Ibidem*.

da *Ephemeris* del 7 gennaio 1882

La traduction des chants rhodiens l'emporte de beaucoup sur celle de Wagner. Elle se distingue par l'élégance et la fraîcheur du style, comme par une fidélité qui témoigne d'une connaissance très étendue de notre langue populaire.

La recensione era chiusa dall'augurio che "notre jeune savant puisse continuer des publications aussi utiles qu'intéressantes"[12]. Pochi anni dopo (1885), infatti, proprio sulle pagine di *Le Muséon*, Palumbo pubblicò alcune delle sue *Traduzioni dal greco moderno* in versione francese, con l'intento di "faire chose agréable aux lecteurs du *Museón* en leur donnant la traduction de quelques compositions littéraires ignorées et propres à faire connaître une nation ou une époque". Continuava, inoltre, scrivendo con evidente adesione filellenica: "Dans les morceaux que nous donnons aujourd'hui à nos lecteurs on retrouvera le caractère des productions d'un people longtemps opprimé et toujours exposé aux coups d'implacables ennemis"[13].

Al 1890 risale la traduzione di un canto popolare neogreco che Palumbo riuscì a far stampare nella serie edita dalla prestigiosa casa editrice Ricordi ed intitolata *Il bel canto*[14]. Questa versione italiana veniva musicata da Luigi Caracciolo[15], compositore di origini pugliesi ma ben noto anche all'estero (Irlanda, Regno Unito) e dedicata ad Annita Polcari. Palumbo assegnava come titolo ai versi *Malinconia* ma possiamo facilmente risalire al componimento originale che il Nostro leggeva nella raccolta dei *Canti greci* di Tommaseo dove era intitolato *La dolente.* Riporto il testo greco del Tommaseo[16] e la versione di Palumbo, che dobbiamo pensare essere stata adattata anche alle esigenze musicali e canore:

---

[12] Id., pp. 620–621.

[13] V.D. Palumbo, *Poésie neo-hellenique*, in «Le Muséon: revue d'études orientales» 4, 1885, pp. 232–239 (citazioni da p. 232).

[14] *Il bel canto. Album per canto e pianoforte*, n. 6, Milano, G. Ricordi & C., 1890, pp. 4–8.

[15] A. Ascarelli, *Caracciolo Luigi*, in *Dizionario Biografico degli Italiani*, 19, Roma, Istituto della Enciclopedia italiana, 1976 (rinvio alla versione elettronica https://www.treccani.it/enciclopedia/luigi-caracciolo).

[16] *Canti popolari toscani, corsi, illirici, greci raccolti da N. Tommaseo*, v. III, Venezia, Stabilimento tipogr. enciclop. Girolamo Tasso, 1842, p. 49.

Κόρη ἀγγελοκάμοτη κ᾿ἐρωτοπληγωμένη
σὲ παρεθύρι τοῦ γιαλοῦ ἐγλυκοτραγωδοῦσε.
Τὰ μάτια βλέπουν τὸν γιαλὸν καὶ μαῦρα δάκρυα χύνουν.
Μὲ μιὰ φωνὴν ἀγγελικιὰ τὰ πάθη της δηγᾶται,
τὰ κύματα παρακαλεῖ καὶ ᾿στον ἀέρα λέγει,
Ὅπου ἰδοῦν τὸν ἀγαπᾷ νὰ τόνε χαιρετοῦνε.
Ναῦτες ᾿π᾿ ἀκοῦνε τὴν φωνὴ, θωροῦν τὴν εὐμορφιά της,
ἀλησμόνήσαν τὰ πανιὰ, ἀφήσαν τὰ κουπιά τους,
νὰ ταξιδεύσουν δὲν ᾿ποροῦν, δὲν ξεύρουν ν᾿ ἁρμενίσουν.
Ἀμίτε, ναῦτες, ᾿στο καλὸ καὶ ᾿στὴν καλὴν τὴν ὥραν.
Κ᾿ ἐγὼ καὶ ἄν ἐτραγώδησα σὲ μυρολόϊ το ᾿πα.
Ναῦτες μου, μὴν ἀκούετε μαύρης καρδιᾶς τὰ πάθη.

Una fanciulla fatta come un angelo s'affaccia e canta al suo balcone al mar; prega l'onde ed i venti, se lo vedano, che le abbiano il suo bene a salutar. Ed una nave co' le vele a' l'aure passa, sentono il canto i marinar, veggon la bella; vele e nave obliano e quel loco non sanno più lasciar. Seguite alla buon'ora il vostro viaggio, pei marinari io qui non sto a cantar, ah! ah! prego l'onde ed i venti, se lo vedano, che m'abbiano il mio bene, il mio bene a salutar.

L'interesse di Palumbo per la letteratura in lingua demotica e per la lirica tardo-medievale è evidente grazie anche alle sue traduzioni dell'*Alfabeto d'amore*, silloge di versi erotici nota anche come *Canti rodii* e con buona probabilità appartenente ad un romanzo d'amore in versi poi dissoltosi nei *disiecta membra* che si leggono oggi nel manoscritto *Add.* 8241 del *British Museum*. Interessante anche la ricerca etnografica di Palumbo, che mirava a recuperare in Terra d'Otranto leggende che avessero stretti legami con altre diffuse in suolo greco: rientra in questa categoria la leggenda *Perché Oria fuma*[17] che poggia su un motivo molto simile a quello della *Ballata del Ponte di Arta* molto diffusa in area balcanica.

Il Palumbo alternò sempre, in verità, l'interesse per la letteratura neogreca delle origini con quello per la prosa e la poesia a lui contemporanee. Tradusse, infatti, soprattutto opere di scrittori suoi contemporanei e con molti di loro fu in contatto epistolare diretto. Nel 1896 pubblicò la traduzione italiana dei *Poemetti* di Aristotelis Valaoritis; nel 1989 continuò il suo approfondimento della letteratura neoellenica con l'*Oculista* di Vikèlas; poi nel 1900 si cimentò con la versione di un passo dei *Caratteri*

[17] Si vedano le osservazioni di Palumbo nei fascicoli IV, V e VI di «*Cultura Salentina*», 1887.

di Andreas Laskaratos (*Lo zotico*), ancora nel 1905 tradusse *Il canto del Sole* di Kostìs Palamas.

Quanto ho appena elencato è solo quel poco che Palumbo riuscì a pubblicare dal momento che, come ho detto già prima, permaneva in lui la speranza di riuscire a stampare la versione italiana della *Papessa Giovanna* di Emanuil Roidis, del fortunato saggio di Dimitrios Vikèlas *I Bizantini nel medioevo* (titolo originale *Περὶ Βυζαντινῶν* stampato a Londra nel 1874), del dramma di Grigorios Bernadakis intitolato *Fausta*, di un saggio del letterato ed etnografo Nikolaos Politis dal titolo *Il sole nei miti popolari*. Fu, dunque, Palumbo il primo greco-salentino ad occuparsi di letteratura neoellenica e a divulgarla su giornali e riviste che nascevano in provincia di Lecce a cavallo tra i secoli XIX e XX, così come in edizioni economiche che molto spesso egli pubblicava in proprio. Questo facilitava il contatto del grande pubblico delle persone di media cultura con i nomi degli autori e con i titoli ed i testi delle opere. Anche Gheorghios Drosinis fu tra gli autori che Palumbo volle tradurre in italiano, sebbene si sia limitato ad una versione italiana e ad una in greco salentino della sola lirica *Diamantaki*[18].

Ritorno con maggiori dettagli sulla traduzione dei cosiddetti *Canti Rodi*. Nel marzo del 1878 il neoellenista tedesco Wilhelm Wagner scoprì in un manoscritto del tardo XV sec., conservato presso il fondo librario antico del *British Museum* sotto la segnatura *Additional* 8241, una raccolta di versi greci attribuibili al tardo periodo bizantino (XIV sec.). Il manoscritto in questione, cartaceo e vergato con una scrittura non particolarmente elegante, contiene anche altri testi che al tempo di Wagner erano già noti e che solitamente si fanno rientrare tra i componimenti della tarda letteratura bizantina o meglio di quella protoneoellenica.

Vale la pena ricordare almeno in breve la storia recente di questo codice. Esso faceva parte della collezione di Lord Frederick North Guilford (1766–1827) che aveva deciso di donarlo, insieme ad altri cimeli

---

[18] Per tutti i riferimenti bibliografici alle traduzioni di Palumbo (che non sono espressamente oggetto di questo studio) ed archivistici rimando a Stomeo, *Vito Domenico*, cit.; P. Stomeo, *Bibliografia neo-ellenica di Vito Domenico Palumbo*, *in* «Studi Salentini» 1, 1959, pp. 272–273; V. Lambropulu, *Ο λόγιος Ιταλός Vito Domenico Palumbo στον Παρνασσό. 1896–1996, εκατό χρόνια*, *in* «Parnassòs. Filologhikò Periodikò» 40, 1998, pp. 26–55. Sulla figura di Palumbo rimando anche a G. Gabrieli, *Vito Domenico Palumbo. L'ultimo rappresentante della cultura greco-salentina*, *in* «Roma e l'Oriente» 87–90, 1918, pp. 156–170; O. Parlangèli, *Vito Domenico Palumbo und Sein Werk*, in «Byzantinische Zeitschrift», 46/1, 1953, pp. 53–56.

librari, all'Accademia dello Ionio di Corfù, istituzione culturale per la cui fondazione e mantenimento egli stesso si era speso. Lungaggini burocratiche e problemi di carattere legale fecero sì che anche questa parte dell'eredità del nobiluomo inglese confluisse tra i beni del nipote, Lord Sheffield e poi, dal 1831 passasse al *British Museum*. Se, malauguratamente, il manoscritto fosse realmente andato a Corfù, come era desiderio di Lord Guilford, oggi probabilmente non potremmo studiarlo e neanche conosceremmo i versi dei cosiddetti *Canti Rodii*. Si tratta, infatti, dell'unico manoscritto noto a trasmetterli ed il bombardamento tedesco su Corfù durante il Secondo conflitto mondiale, con la conseguente distruzione dei locali della biblioteca dell'Accademia dello Ionio, avrebbe irrimediabilmente mandato in fumo il prezioso cimelio librario.

La silloge poetica che attirò l'attenzione di Wagner è costituita da cinquantaquattro componimenti, per un totale di settecentoquindici versi. Il titolo che nel manoscritto viene preposto al testo è Καταλόγια. Στίχοι περὶ ἔρωτος ἀγάπης. Ad uno sguardo attento la prima parte del titolo (Καταλόγια) nel manoscritto è separata dalla seconda (Στίχοι περὶ ἔρωτος ἀγάπης) da una banda decorativa a fiori e foglie, tanto che la studiosa che più di recente si è occupata dei cosiddetti *Canti Rodii*, B. Panagiotopoulou-Doulavera, ha ipotizzato che il vero titolo, quello già presente nell'antigrafo del codice britannico, sia in realtà costituito solo dalla seconda porzione (Στίχοι περὶ ἔρωτος ἀγάπης) e che la prima parola sia molto probabilmente un aggiunta dell'ultimo copista, utile a rimarcare il fatto che i carmi compresi in quest'antologia erano dei canti. La parola καταλόγι nel lessico tardo-medievale indica il canto popolare (d'amore, di morte, eroico) tramandato oralmente e comunemente ascoltato nei luoghi più comuni della *performance* popolare (strade, case, piazze). Questo particolare non è secondario perché, se realmente fosse così, avremmo già alla fine del XV sec. una chiara classificazione letteraria del materiale poetico della silloge, già compiuta dallo scriba stesso del codice. E ciò significa che almeno alcuni dei testi contenuti nell'antologia poetica erano già sedimentati nella sua memoria in quanto già ascoltati varie volte in ambito popolare. Questa verosimile ricostruzione ci offre dettagli interessanti sullo stato di ricezione dei *Canti Rodii* nella seconda metà del XV sec. ma non dice nulla, invece, sulla genesi di questi versi. L'analisi degli studiosi, contenutistica in primo luogo e poi linguistica, permette, invece, di asserire che quanto oggi nel manoscritto si presenta sotto forma di porzioni divise, canti apparentemente staccati, è solo il relitto di un'opera unitaria, uno dei tanti romanzi d'amore in versi della tarda età bizantina, che ha poi subito per ragioni non immediatamente perspicue uno smembramento in varie porzioni. Alcune di queste sono poi passate nel novero dei canti popolari e sono state trasmesse oralmente, tanto da essere riconosciute probabilmente dal copista stesso del manoscritto *Add.* 8241 e classificate come καταλόγια[19].

Ancora oggi, comunque, si continua a chiamare la raccolta *Canti Rodii* perché il Wagner attribuì la loro origine a Rodi, in virtù di un riferimento interno all'isola del Dodecaneso. Studi successivi hanno dimostrato che il verso su cui il primo editore ha fondato la sua teoria non può, da solo, giustificare un'attribuzione così precisa. Si è propensi a riconoscere la genesi del primigenio romanzo in versi nell'ambito insulare dell'Egeo.

Come già detto sopra, Wilhelm Wagner scoprì i versi nel manoscritto *Add.* 8241 del *British Museum* nel marzo del 1878 e diede, poi, alle stampe la prima edizione un anno dopo (per i già prestigiosi tipi di Teubner, Lipsia 1879)[20], coniando il titolo *Ἀλφάβητος τῆς ἀγάπης - Das ABC der Liebe*, in virtù della presenza tra i versi di alcuni componimenti alfabetici che, appunto, utilizzano un segno dell'alfabeto greco, secondo la sequenza canonica, come prima lettera del primo verso di ogni strofa. Wagner al testo greco aggiunse anche una traduzione ritmica in tedesco e dedicò l'intera opera a Demetrios Vikèlas (1835–1908) letterato e benefattore greco, vissuto tra la Grecia, la Gran Bretagna e la Francia[21]. Il nostro Palumbo, come si apprende da una lettera che sarà citata oltre, fu informato dell'edizione di Wagner da un articolo apparso sul *Fanfulla della Domenica* del 18 aprile 1880 e già nel giugno del 1880 aveva

---

19 *Καταλόγια. Στίχοι περί έρωτος αγάπης*, επιμελ. Βικι Παναγιωτοπούλου-Δουλαβέρα, Thessalonike, ΙΝΣ, 2017. Sui *Canti Rodii* di vedano anche E. Kriaras, *Φιλολογικά: Α' Περί τα ερωτοπαίγνια, in* «Αθηνά» 45, 1933, pp. 228–240; L. Politis, *Μερικές σημειώσεις στα "Ερωτοπαίγνια*, in «Ελληνικά» 13, v. 2,1954, pp. 266–273; G.Th. Zoras, *Μνημεία της Μεσαιωνικής Και Νεωτέρας Φιλολογίας μας. 11. Τα Εκατόλογα της Αγάπης*, in «Νέα Εστία» 59, v. 685/686 (15 gen.-1 feb.. 1956), pp. 135–141; E.G. Kapsomenos, *Ο έρωτας στο δημοτικό τραγούδι*, in «Αρχαιολογία και τέχνες» 111, 2009, pp. 34–39.

20 *Αλφάβητος της αγάπης. Das ABC Der Liebe. Eine Sammlung Rhodischer Liebeslieder Zum Ersten Male Herausgegeben Metrisch Übersetzt Und Mit Einem Wörterbuche Versehen von* Wilhelm Wagner, Leipzig, Teubner, 1879

21 Su Vikèlas si veda il recente e completo lavoro prosopografico, con edizione dell'epistolario conservato, C.A. Konstantellia, *Δημήτριος Βικέλας. Άτυπος πρεσβευτής των Εθνικών θεμάτων Και των Ελληνικών Γραμμάτων (με βάση ανέκδοτες αρχειακές πηγές)*, Atene, ΣΔΩΒ, 2018.

pronta la sua traduzione metrica in italiano e la proponeva per lettera all'orientalista Angelo De Gubernatis (1840–1913) in vista di una possibile pubblicazione[22].

È un fatto evidente, dunque, che Palumbo fu immediatamente colpito dai versi pubblicati da Wagner e volle approntare la sua traduzione ritmica, anche perché non era contento di alcune scelte del primo editore e della versione tedesca. Nell'appendice all'edizione del 1881 Palumbo, infatti, scriveva (pp. 167–169): "Come ho tradotto? Bene o male, io non potrei giudicare esatto [...] Quando ho saputo, o mi è parso, rendere l'idea dell'originale con l'istesse parole, l'ho fatto. Non ho spinta però la smania di fedeltà fino a tradurre sempre alla lettera, a rischio di presentare dei mostricini da inviarsi all'ospedale – Sezione Ortopedica – anche che dei poemetti. [...] Oso chiedere un po' di indulgenza, trattandosi di un testo che molte volte è oscuro, pieno di strappi, rattoppati più o meno bene, o ricamati a puntolini dal Wagner [...] Avrò presi dei granchi, senza fallo. E che perciò? Se ha sbagliato il Padreterno quando ha fatto l'uomo (v. il libro della Genesi), non è meraviglia che anch'io abbia presa qualche cantonata. Credo però di avere prese meno del Wagner.".

Ad un anno dalla pubblicazione dell'edizione curata da Wagner, Vito Domenico Palumbo aveva, dunque, già pronta la sua traduzione metrica dei versi scoperti nel ms. *Add.* 8241. Ho ritrovato presso la Biblioteca Nazionale di Firenze (*Collezione di autografi*, cassetta 95 n. 66) venticinque lettere di Palumbo[23] indirizzate ad Angelo De Gubernatis,

22 Le lettere di Vito D. Palumbo a Demetrio Vikelas, recentemente edite, permettono di riscostruire ancor più nel dettaglio la vicenda editoriale. Inizialmente Palumbo avrebbe voluto che Ruggiero Bonghi (1826–1895), il primo letterato a dare notizia dei *Canti Rodii* in Italia, sul *Fanfulla della domenica* del 1880, scrivesse l'introduzione alla sua traduzione. Così, infatti, Palumbo scriveva a Vikèlas da Napoli il 12 giugno 1880: "Ho pronta per le stampe la traduzione dei Canti Rodii pubblicati dal Wagner, e spero che avrò per quelli una prefazione del nostro Bonghi, il traduttore di Platone. Si potrebbe proporre a Maissonneuve se vuole assumere la pubblicazione?". I contatti col Bonghi avvennero realmente (si veda *infra*) ma non diedero i frutti sperati. Il 5 settembre 1880 egli scriveva di nuovo a Vikelas da Calimera dando la notizia dei nuovi contatti con De Gubernatis: "Vorrei pubblicare l'alfabeto d'amore del Wagner che ho già pronto tradotto con una prefazione del Prof. De Gubernatis". Per le lettere si veda Konstantellia, *Δημήτριος ΒιΚέλας*, *cit.*, pp. 452–453.

23 Un aspetto da approfondire ancora in maniera completa riguarda proprio l'epistolografia di Palumbo. Molte lettere sono state citate per brevi estratti da Stomeo, *Vito Domenico* cit. (solo quelle presenti nell'archivio di alcuni eredi del Nostro, cioè

orientalista e glottologo che dal 1863 insegnava presso l'Istituto di Studi Superiori Fiorentino.

Il Calimerese scrisse per la prima volta a De Gubernatis il 30 giugno 1880, da Napoli:

> Illustrissimo Professore,
>
> si ricorderà Ella più del suo scolaro Palumbo, il quale non fu mai buono a impararsi quattro parole di sanscrito? Mi immagino che no, ed a ragione. Io però, se ho dimenticato il sanscrito – cosa facilissima del resto, non avendone mai saputo nulla – non ho potuto dimenticare la sua squisita gentilezza, e memore di ciò oso rivolgermi a Lei per pregarla di un favore.
>
> Ho tradotto l'Ἀλφάβητος τῆς Ἀγάπης – Canti Rodii, pubblicati da W. Wagner l'anno scorso in Lipsia – Teubner; dei quali ebbi notizia per un articolo del Bonghi sul Fanfulla Domenicale del 18 Aprile di quest'anno.
>
> Vorrei presentarmi al pubblico sotto il patrocinio d'una persona autorevole e non saprei a chi meglio che a Lei rivolgermi per chiedere una piccola prefazione al mio lavoretto; sempre che dopo averlo letto lo giudichi degno di esser pubblicato.
>
> Il ricordo della sua squisita gentilezza mi fa sperare bene, ed io son sicuro che Ella mi ordinerà di inviarle il manoscritto.
>
> Ho qualche altro lavoretto di questo genere per le mani; e se questo saggio non farà fiasco, pubblicherò qualche altra traduzione del greco moderno.
>
> Mi scusi infinitamente e mi creda, mentre con la più alta stima la saluto.
>
> Suo devoto
>
> Vito Dom. Palumbo

Palumbo era spirito onesto e schietto e, dopo l'evidente diponibilità di De Gubernatis a leggere le traduzioni ed a premettere alcune sue pagine al volume, il Nostro scrisse, sempre da Napoli in data 17 luglio 1880, un'altra lettera al suo illustre corrispondente, nella quale raccontava anche alcuni eventi accaduti pochi mesi prima:

---

la famiglia Palumbo-Lucrezi il cui archivio privato oggi è inaccessibile) e quelle a Vikèlas sono state edite da Konstantellia, *Δημήτριος Βικέλας*. Ho ritrovato in alcuni fondi archivistici le lettere a Hubert Pernot e quelle a Nikolaos Politis e saranno oggetto di un prossimo approfondimento.

Amatissimo Professore

[...]

Essendomi venuta l'idea di tradurre questi canti, appunto dalla lettura dell'articolo del Bonghi, mi rivolsi a lui pregandolo di una raccomandazione presso qualche libraio-editore, che se egli si fosse benignato di raccomandarmi, li avrei tradotti, giacché conosce bene che per i novellini il mondo è tutto ostacoli. Il Bonghi mi rispose che sì. Allora io tradussi l'opuscolo e scrissi al Bonghi di nuovo, pregandolo non più di una raccomandazione presso qualche editore, ma d'una prefazioncina e gli suggeriva appunto di adoperare lo stesso articolo del Fanfulla con qualche modificazione.

Mi ebbi un no giuntellato di cortesia e con contorno di scuse, e...arrabbiato mandai al diavolo l'idea di pubblicare la mia versione.

Giorni fa pensavo daccapo a questo lavoretto, ché, a dir vero, mi dispiaceva lasciarlo dormire e mi ricordai di Lei [...].

De Gubernatis non ricevette il manoscritto di Palumbo prima dell'autunno 1880, come attesta una cartolina postale inviata da Napoli a Lastra a Signa (località in cui il De Gubernatis villeggiava) del 3 settembre 1880 in cui si legge:

Illustrissimo e carissimo Professore,

mi scuserà tanto per mio ritardo; ma mi levo ora da una lunga malattia, e parto domani per casa. Perciò la prego di farmi sapere a Calimera di Lecce se si trova ancora a Lastra a Signa o a Firenze perché le invii il manoscritto.

La saluto di tutto cuore.

Suo affezionatissimo

Palumbo

Ritornato a Napoli, dopo il soggiorno a Calimera, Vito Domenico scrisse nuovamente a De Gubernatis il 20 dicembre 1880:

Caro e Riverito Professore,

Le scrissi circa un mese fa, appena giunto a Napoli, per ringraziarla della tanto lusinghiera prefazione e delle note che mi han giovato moltissimo a correggere la mia traduzione. Le chiedevo inoltre se credeva che io mettessi una noticina riguardante il dialetto del mio paese, e se mi permetteva di aggiungere in ultimo "ricordandosi del suo Professore".

[...]

La prego in ultimo, come anche in quell'altra, di favorirmi qualche parola di raccomandazione per la Casa Treves, presso la quale desidererei pubblicare la traduzione che ho fatta di uno studio storico del Bikelas su i Bizantini

(Περὶ Βυζαντινῶν), tradotto pure in Tedesco ed in Francese, dal Wagner e dal Legrand.

Spero pure che vorrà accettare la dedica. Non saprei come altrimenti sdebitarmi di quanto le sono obbligato.

[...]

Suo devotissimo

Vito D. Palumbo

Il Palumbo studioso si faceva di nuovo ed umilmente studente di fronte al De Gubernatis e, come se stesse compilando una tesi di laurea, chiedeva consigli sui paragrafi da aggiungere. Desiderava, quindi, completare il volume con una nota sul dialetto greco-salentino, a riprova che il vero interesse per i *Canti Rodii* era nato proprio da evidenti analogie lessicali o contenutistiche che il Nostro aveva riscontrato tra quei versi da poco scoperti e databili al XIV sec. e la letteratura *grìca* di tradizione orale. Si potrebbe pensare che De Gubernatis non dovette essere d'accordo circa l'intervento di Palumbo sul greco del Salento, dal momento che nella prima edizione il Nostro non si lasciò andare, nemmeno nelle scarne noterelle finali (pp. 167–178), a riferimenti o comparazioni con la lingua o la letteratura del suo idioma materno. Il consiglio dell'illustre glottologo probabilmente fu quello di astenersi dal mettere in evidenza un aspetto che poteva apparirgli marginale. Eppure De Gubernatis stesso accennava nella prefazione alle origini del Calimerese e non negava che l'origine greco-salentina del traduttore fosse stata innegabilmente utile. Si legge (p. X):

> Era dunque naturale che una simil condizione peculiare de'canti Rodii invogliasse un italiano a tradurli; ed è buona fortuna nostra che vi si sia accinto un valente e studioso giovine di Terra d'Otranto, il Signor Vito D. Palumbo che apprese da fanciullo quel dialetto greco che offre forse maggior somiglianza col greco medievale dei canti Rodii. Questo singolare vantaggio ch'ebbe il Palumbo sopra il Wagner gli permise pure di riuscire talora traduttore più fedele.

A molto avrebbe giovato possedere le lettere di risposta che De Gubernatis inviava a Palumbo e dalle quali avremmo meglio compreso le scelte ed i consigli del noto orientalista. Risulta, comunque, evidente che De Gubernatis preferì evitare anche le parole di dedica che Palumbo gli aveva proposto.

Il 27 luglio 1881 Palumbo inviava al suo corrispondente una copia delle *Traduzioni dal Greco moderno* (Lipsia 1881, dedicate al letterato greco Charalàmbis Anninos) ed il 16 febbraio 1882 finalmente poteva spedirgli anche tre copie dell'*Alfabeto dell'amore*.

Nel 1913 usciva a Lecce, per i tipi della Editrice Salentina dei fratelli Spacciante, la seconda edizione delle traduzioni di Palumbo, rinnovata parzialmente negli aspetti formali ed anche in certi tratti sostanziali. Cambiava, innanzitutto, il titolo che non era più *L'alfabeto d'amore. Canti Rodii. Traduzione dal greco medievale con prefazione del professore A. De Gubernatis*. Nel frontespizio era stampato soltanto *Canti di Rodi. Traduzione di Vito D. Palumbo*. Sulla reale data di pubblicazione di questa edizione rivista sorge un piccolo dubbio. Nella prima di copertina è stampata in numeri romani la data MCMXIII, mentre nel frontespizio quella in numeri arabi 1912. La dedica interna è datata "Calimera, settembre 1912" e questo fa pensare che se Palumbo terminò di scrivere il paragrafo dedicatorio, presumibilmente a coronamento dell'intera opera già nell'autunno del 1912, la stampa possa essere stata realizzata proprio alla fine del 1912 stesso. Inoltre la prefazione di De Gubernatis era stata eliminata ed al suo posto era comparsa un'ampia introduzione del Palumbo nella quale egli dava notizie precise circa i testi che aveva tradotto, ne ripercorreva la storia editoriale accennando al manoscritto del *British Museum*, all'edizione di Wagner ed agli studi critici, primo tra tutti quello del Politis, che erano usciti dopo il 1879.

La dedica di questa seconda edizione era indirizzata ad uno dei più insigni storici del folklore e della letteratura popolare greci, Nikolaos Politis, proprio lo studioso che, subito dopo l'edizione del Wagner, aveva contribuito molto ad una migliore contestualizzazione dei *Canti Rodii* nel panorama letterario della tarda letteratura bizantina e si era speso per emendare alcune congetture del primo editore soprattutto nella sequenza secondo la quale le liriche, solo apparentemente slegate tra loro, dovevano essere pubblicate e lette. Palumbo, inoltre, accennava in nota (p. XI) anche alla prossima edizione critica dei *Canti Rodii* che sarebbe uscita di lì a poco per le cure di Dirk Christiaan Hesseling e Hubert Pernot (Parigi 1913)[24]. Come ha già dimostrato Paolo Stomeo, Palumbo era in contatto con i due bizantinisti mitteleuropei. Il fatto stesso che anticipi la notizia della loro edizione fa intuire che ne era pienamente

---

24 *Ερωτοπαίγνια (Chansons d' amour) publiées d' après un manuscript du XV siècle avec une traduction, une étude critique sur les ΕΚατόλογα par* D.C. Hesseling et H. Pernot, Paris-Athina, H. Welter & Éleftheroudakis et Barth, 1913.

a conoscenza e che, quindi, c'era stato uno scambio epistolare tra i tre studiosi, materiale le cui tracce ho sinora in parte recuperate.

Nell'introduzione, inoltre, Palumbo si soffermava sull'ordine dei canti così come essi si presentavano nel manoscritto, ordine che Wagner aveva sovvertito, disponendo le liriche in maniera diversa.

Neanche in questa seconda edizione il Palumbo inserì il suo saggio o appendice sul greco del Salento, così come voleva fare nel 1882 venendone forse dissuaso dal De Gubernatis. Alle pagine XIV-XV dell'introduzione, però, non si trattenne dal mettere in risalto la corrispondenza lessicale tra alcuni canti popolari di Calimera ed un paio di versi dei *Canti Rodii*.

Questa rapida incursione nella produzione filellenica di Vito Domenico Palumbo può solo dare l'idea di quanto la sua attività di studioso sia stata utile alla diffusione in Italia, e non solo, delle lettere neogreche. Egli si sentiva profondamente legato agli ideali del popolo greco e del novello Stato, tanto che la sua azione culturale non si limitò a presentare in Italia i modelli letterari greci ma si rivolse anche ad un campo d'azione che alla fine del XIX sec. godeva di altrettanta fortuna quanto la letteratura: l'archeologia[25]. Questo aspetto della produzione di Palumbo è stato poco messo in luce sinora ma meriterebbe certamente un degno approfondimento, dal momento che molti suoi contributi sono dedicati alla presentazione di scoperte archeologiche su suolo greco, di cui egli era venuto a conoscenza grazie al soggiorno ad Atene ed ai contatti con la Scuola archeologica. La figura di Palumbo, studioso della Grecia moderna e della minoranza ellenofona del Salento, necessita ancora di approfondimento.

---

25 V.D. Palumbo, *Note sur quelques-unes des dernières découvertes archéologiques en Gréce*, in «Le Muséon: revue d'études orientales» 2, 1883, pp. 303–304; Id., *Notes sur quelques-unes des dernières découvertes archéologiques en Gréce (1)*, in «Le Muséon: revue d'études orientales» 2, 1883, pp. 498–499; Id., *Notes archéologique*, in «Le Muséon: revue d'études orientales» 2, 1883, pp. 652–656; Id., *Il tesoro artistico delle acque di Citera*, in «La Lettura» 1, 1891, pp. 819–822.

Quadro degli eventi storici

Guerra russo-turca 1768–1774

1770	'fatti di Orlov': i Greci si ribellano ai Turchi ottomani, con il sostegno di Caterina II. Si risveglia l'interesse dell'opinione pubblica per le sorti della Grecia: nasce il filellenismo

Vicende dell'Eptaneso 1797–1815

1797	caduta della Repubblica di Venezia (poi ceduta all'Austria a Campoformio) e passaggio dell'Eptaneso alla Francia
1800	trattato russo-turco di Costantinopoli = nascita della Repubblica Settinsulare, formalmente autonoma ma sostanzialmente sotto il controllo turco
1806–1807	Repubblica Settinsulare prima conquistata dalla Quarta coalizione, poi ceduto a Napoleone col trattato di Tilsit (1807)
1811	formazione degli Stati uniti delle Isole Ionie favorita da G. Capodistria (corfiota al servizio dello zar)
1814	gli inglesi occupano Corfù
1815	le isole ionie passano sotto il protettorato inglese; il whig T. Maitland ne è il *Lord High Commissioner* (= 'alto commissario delle colonie ioniche')

Fatti di Parga 1816–1819 (piccola repubblica sulla costa ionica della Grecia, alleata di Venezia dal 1401 e mai caduta in mano turca)

1816	convenzione di Costantinopoli ratifica la cessione di Parga all'impero ottomano	
1817	17 mag.	accordi anglo-turchi di Ioànnina definiscono le modalità della cessione
	28 mag.	protesta dei pargioti a De Bosset (comandante del presidio inglese a Parga)
	24 giu.	Mauroianni (segretario della comunità pargiota) scrive a Foscolo perché perori la causa pargiota innanzi al Giorgio III e al Parlamento
	23 ott.	risposta di Foscolo
1819	10 mag.	si compie la questione pargiota: gli inglesi cedono Parga all'impero ottomano, esodo forzato dei pargioti a Corfù
	post 10 mag.	si accende il dibattito internazionale
	giu.-lug.	Foscolo stende l'art. *On Parga* e lo consegna a Jeffrey (direttore dell'«Edinburgh Review»)
	ott.	*On Parga* vienne pubblicato anonimamente

Guerra d'indipendenza e oltre 1821–1833

1821	comincia la guerra d'indipendenza
1822 apr.	eccidio di Chios
1825 apr.	eroica difesa e sgombero di Missolungi
1826	lotte di Suli (patria di Markos Bòtsaris) contro il dispotismo e la tirannia
1827 ott.	battaglia navale di Navarino
1829	Trattato di Adrianopoli e proclamazione dell'indipendenza greca
1831	assassinio di Capodistrias, primo presidente della Grecia
1833	istituzione della monarchia assoluta (re Ottone)

Indice dei nomi
a cura di Vincenzo Bianco

Il secolo lungo

Letteratura italiana / Littérature italienne / Italian literature (1796–1918)

La collana, diretta da Claudio Gigante e Dirk Vanden Berghe, ospita testi e saggi dedicati alla letteratura italiana del secolo XIX, inteso qui nella sua massima estensione cronologica, dalla prima campagna napoleonica alla fine della Grande Guerra: che rappresenta anche il periodo in cui si compì la parabola del Risorgimento.

L'entità dei mutamenti sociali e culturali avveratisi nel corso dell'Ottocento fu tale da condizionare l'intero «secolo breve» che gli avrebbe immediatamente fatto seguito. Anche per questo, la produzione letteraria italiana di una fase così cruciale della storia moderna merita di essere l'oggetto di una collana di studi specifica, aperta ad approcci metodologici diversi ma con un'attenzione particolare alle ricerche eseguite direttamente sui testi.

Verranno accolti contributi in italiano e nelle principali lingue europee.

*

La collection, dirigée par Claudio Gigante et Dirk Vanden Berghe, rassemble textes et études consacrés à la littérature italienne du XIXe siècle, période considérée ici dans sa plus ample extension chronologique, de la première campagne napoléonienne en Italie à la fin de la Grande Guerre; ce qui en réalité coïncide avec l'ère du Risorgimento.

Les profonds changements sociaux et culturels qui se sont produits au cours du XIXe siècle ont fortement influencé le « court XXe siècle ». Pour cette raison, la production littéraire italienne d'une période décisive de l'histoire moderne mérite d'être l'objet d'une série spécifique de travaux de recherche, ouverte aux approches méthodologiques différenciées mais axée principalement sur une lecture rapprochée du texte littéraire.

La collection accueille des travaux en italien et dans les principales langues européennes.

*

The series, directed by Claudio Gigante and Dirk Vanden Berghe, contains texts and essays on Italian literature of the nineteenth century, understood here in its widest chronological extension, from the first Napoleonic campaign until the end of the first World War; which represents as well the period in whom the Risorgimento was fulfilled.

The extent of the social and cultural changes that took place in the course of the nineteenth century was such as to influence the whole "Short Century" that would have immediately followed. For this reason, the Italian literary production of such a crucial phase in modern history deserves to be the subject of a specific series of studies, open to different methodological approaches but with a focus on research carried out directly on the texts.

Contributions are welcomed in Italian and in major European languages.

www.peterlang.com

Milton Keynes UK
Ingram Content Group UK Ltd.
UKHW010959180224
438019UK00006B/29

9 782875 746290